방송, 소통의 미학

2008 좋은 방송을 위한 시민의 비평상 수상집

방송문화진흥회 엮음

이 도서의 국립중앙도서관 출판시도서목록(CIP)은 e-CIP 홈페이지(http://www.nl.go.kr/ecip)에서 이용하
실 수 있습니다. (CIP제어번호: 2008002155)

좋은 방송은 제작자의 노력만으로 만들어지는 것이 아니라 시청자가 함께 할 때 이루어지는 결과가 아닌가 합니다. 때문에 시청자들의 건전하고 생산적인 비평은 방송 제작에 의미 있는 도움을 줄 수 있고, 나아가 세상을 바르게 읽어낼 수 있는 힘도 기릅니다. 방송문화진흥회는 해마다 '좋은 방송을 위한 시민의 비평상'을 통해 시민들의 건설적 비평이라는 토대 위에 좋은 방송을 만들어가고자 노력하고 있습니다.

『방송, 소통의 미학』은 올해로 11회를 맞는 '좋은 방송을 위한 시민의 비평상'에 응모된 많은 비평문 중에서, 엄정한 심사를 거쳐 선정된 수상작과 입선작을 묶어서 발간한 시민의 비평집입니다.

공모된 비평문들을 통해 다매체 시대에 걸맞게 시청자들의 관심 영역 또한 확장되고 있는 현실을 볼 수 있었으며, 무엇보다도 방송을 바라보는 시민들의 성숙한 시각과 세련된 비평에 감탄하였습니다. 또한 세상을 비추던 방송이 이제는 세상과 소통하는 역할을 하게 되었음을 알 수 있었습니다.

본 비평집이 방송을 제작하고 시청하는 모든 분들에게 도움이 되고, 우리 사회에 올바른 방송 비평의 저변을 넓히는 데 조금이나마 보탬이 되기를 바랍니다.

비평문을 응모해주신 여러분께 감사드리며 수상자들에게 진심으로 축하의 말씀을 드립니다. 끝으로 바쁜 일정에도 많은 분량의 심사를 맡아주신 심사위원 여러분과 늘 좋은 책으로 출간해주시는 도서출판 한울 관계자 분들에게도 고마운 마음을 전합니다.

방송문화진흥회는 앞으로도 시청자들의 관심에 발맞추어 보다 알차게 방송문화 진흥을 위한 다양한 사업을 추진해나가겠습니다. 감사합니다.

2008년 7월

방송문화진흥회 이사장 이옥경

우선 많은 양의 방송 비평문을 읽는다는 일 자체는 여간 큰 고통이 아닙니다만 한편으로는 매우 즐거운 일입니다. 최선을 다해 글을 쓴 여러 필자들을 한꺼번에 만날 수 있으며 글 속에 담긴 생각과 주장을 통해 오늘의 방송 현실을 엿볼 수 있는 기회를 얻었다는 소중함 때문입니다. 그럼에도 불구하고 점수를 주고 순위를 매기기 위한 비평문 읽기 작업은 여전히 곤혹스러웠는데 무엇보다도 심사대상에 오른 비평문들의 수준이 전반적으로 높았기 때문입니다. 예심을 통해 올라온 대부분의 작품들은 손쉽게 우열을 가리기 어려울 만큼 잘 쓰인 비평문들이 많았습니다. 따라서 우리 심사위원들은 상대적으로 보다 완성도가 높은 비평문에 더 많은 점수를 주고자 노력했으며 단순한 감상평에 그치거나 특정 프로그램에 대한 모니터 보고서 같은 응모작보다는 참신한 시각과 나름대로의 설득력을 갖춘 비평문에 후한 점수를 주었습니다.

다만 '혹시 비평쓰기를 전문적으로 가르치는 학원이 있는 것은 아닐까?' 하는 의문이 들 만큼 많은 응모작들이 닮아 있다는 점과 신기할 정도로 비평 대상 프로그램, 글의 전개 및 서술 방식 등이 유사한 사례가 많았음은 아쉬운 부분이었습니다. 참신하고 창조적인 비평문이 더 많았으면 하는 바람에 심사위원 모두가 동의했습니다.

물론 응모작 중에는 다양한 소재로의 접근을 시도한 작품들도 있었으며 지상파 방송, 그중에서도 드라마 콘텐츠에 대한 비평문들이 비교 우위를 점하고 있었던 전년도와는 달리 교양, 예능을 망라하는 지상파 프로그램에 대한 비평은 물론 케이블, 심지어는 지역 텔레비전과 라디오 프로그램에 대한 글도 만날 수 있었습니다. 이는 곧 다매체·다채널 시대에 시청자들의 관심 분야가 다양해지고 아울러 관점의 정립 또한 발 빠르게 이루어지고 있음을 의미한다고 생각합니다.

또한 특기할 만한 부분은 방송의 선정성 문제라든가 정치적 공정성에 대한 기계적 잣대에서 벗어난 문화 비평 형태의 글도 대폭 늘었다는 점인데, '방송은 공공재'라는 엄숙주의에서 벗어나 시청자들도 방송 프로그램의 문화 콘텐츠적 성격에 주목하기 시작했다는 징후로 읽힌다고 보입니다. 시청자로서의 시민 비평가들이 보여준 이 같은 변화는 방송 프로그램의 질적 수준에 대한 심도 깊은 논의가 가능한 단계에 이르렀다는 것을 증명하고 있으며, 아울러 신문 등 기존의 주류 언론들을 통해 이루어지던 방송 비평의 관성적 태도 또한 재정립이 필요하다는 사실을 역설하고 있습니다. 글로벌 환경, 다매체 시대를 맞아 시청자들은 이미 적응을 마쳤는데 방송을 만드는 이들이나 전문적으로 비평하는 이들은 아직 구태에서 벗어나지 못하고 있는 것은 아닌지 냉정하게 되돌아볼 때입니다.

그럼에도 불구하고 아직까지 다수의 방송 비평이 단지 공익성 혹은 윤리적 문제에 천착하고 있는 경향이 반복되고, 가시적인 선정성이라든가 표현 수위에 집중하다 보니 이면에 담긴 제작자들의 세계관이나 방송 콘텐츠의 완성도에 관한 심도 깊은 논의와 비평은 왕성하게 이루어지지 못하고 있는 현실이 다소 안타깝습니다. 또한 프로그램 내용에 취해서 비평의 형식과 모양을 제대로 갖추지 못한 응모작도 더러 있었는데 특정 프로그램이나 방송사를 극찬하거나 맹비난에만 힘을 쏟느라 근거 제시나 논리적 전개가 미흡한 경우가 그렇습니다. 반대로 한 편의 연구보고서나 학술 논문과 유사하다는 평가를 받은 비평문도 있었는데 지나치게 과학적이고 장황한 설명을 곁들인 글도 좋은 비평문이라고 볼 수 없을 것입니다.

한편 학생부문 심사 과정에서는 다음과 같은 평가와 논의들이 있었습니다.

비평은 정답을 찾기 위한 과정이 아닙니다. 그것은 오롯이 한 개인의 해석이자 주장이며, 객관적 진실이란 단지 그 시각과 해석을 뒷받침하기 위해 복무하는 것입니다. 하지만 '논술 세대'임에도 오늘날의 학생들에게는 정답, 혹은 객관적인 시각에 대한 강박이 크게 자리하고 있는 듯하여, 교과서적인 정답에 가까운 결론이 내려진 채 당사자의 의견은 그 과정에서 묻혀버리거나 지나치게 연역적으로 주제가 돌출되는 경우가 많았습니다.

물론 학생의 글이라고는 믿기지 않을 정도로 정교하게 벼려진 글들의 숫자도 적지 않아 놀라움과 찬탄을 안겨주기도 했지만 학생부문의 존재 이유는 신선한 시각을 적극적으로 수용하는 데 있을 것입니다. 따라서 학생부문의 응모작들은 일반부문과 달리 '청소년다운 비평 시각'이 살아 있어야 한다고 봅니다. 청소년들은 선입견 없는 공정하고 맑은 눈의 잣대로 그들이 즐겨보는 프로그램을 평가하고 재창조해주어야 하며, 앞으로는 다소 투박하더라도 어른들은 결코 보여주지 못할 재기와 함께 방송문화의 발전을 위한 창의적인 힌트들을 제공해주기를 기대해봅니다.

끝으로 응모한 대부분의 작품들이 나름대로의 장점과 특성을 지니고 있어 평가가 상당히 어려웠습니다. 결국 당선과 낙선의 차이가 사실상 크지 않다는 점을 밝히며 수상자 여러분들과 참여해주신 모든 분들께 감사의 말씀을 드립니다.

2008년 7월
'제11회 좋은 방송을 위한 시민의 비평상' 심사위원 일동

차례 ··

최우수작

로맨스 드라마의 진화와
청춘의 새로운 표상

미니시리즈 <커피프린스 1호점>, <메리대구 공방전>

김은하

1. 잡종 장르의 탄생과 '여성'

텔레비전 드라마는 현재 어떤 서사 장르보다 민감하고 속 깊게 수용자와 소통 중이다. 20~40대 여성 대상의 트렌디 드라마들은 이러한 변화를 주도하고 있는데, <커피프린스 1호점>(이윤정 연출, 2007), <메리대구 공방전>(고동선 연출, 2007)은 근래의 보기 드문 수확이다. 이 작품들은 여성들의 욕망을 적극적으로 읽어내 시청자와의 공감의 밀도를 높이는 한편으로 '여성'을 새롭게 정의한다. 멜로와 신파, 불륜과 치정이 난무하는 텔레비전 드라마는 얄팍한 통찰력, 상투적인 관습, 통속적 감성 등 대중문화의 저급함을 증명하는 하위 장르였다. 텔레비전 드라마는 교양 있는 식자층의 세계에서 경멸받아왔으며, 이렇듯 진부한 상상력에 푹 빠진 사람은 늘 '여성'으로 표상되어왔다. 그러나 이제 진부한 것은 텔레비전 드라마 혹은 '여성'이 아니라, 그러한 관념 자체다.

<커피프린스 1호점>, <메리대구 공방전>은 로맨스 소설 원작의 로맨스 드라마다. 그러나 로맨스 장르의 법칙을 깸으로써 텔레비전 드라마가 구축한 진부한 상상력에 반역을 가한다. 무엇보다 로맨스 드라마임에도 불구하고, 백마 탄 왕자님을 기다리는 수동적인 여주인공이 없다. 얼핏 이들 작품들은 신데렐라 스토리의 유산을 극복하지 못한 듯 보인다. <커피프린스 1호점>의 소녀 가장 고은찬(윤은혜 분)은 대기업 회장의 외동 아들 최한결(공유 분)의 애인이 되며 둘의 결혼이 암시되기 때문이다. <메리대구 공방전>의 백수처녀 황메리(이하나 분)는 베스트셀러 작가로 등극한 강대구(지현우 분)의 애인이다. 그러나 남성의 권력과 여성의 아름다움이 교환되지는 않는다. 여성인물들은 이상적인 아름다움-여성성을 결여하고 있으며, 남성들 역시 구원자로서의 권위를 결여하고 있다. 무엇보다 일-자아실현에 대한 여성들의 욕망은 서사를 촉발시키는 모티프이다. 로맨스 서사는 대체로 결혼으로 종료되지만, 결혼의 서사는 지연된다.

이 작품들은 기존의 로맨스 서사의 법칙을 모방하되 이를 비튼다. 이러한 반격 혹은 해체를 위한 실험의식은 잡종 장르적 성격으로 나타난다. 이를테면 은찬과 한결이 길에 떨어진 밤을 줍다가 우연히 골목에서 만나는 장면 등 네티즌이 뽑은 명장면들은 소녀취향의 순정만화를 연상시킨다. 제작자들은 여성들 간의 감정과 경험을 축적한 정서적 공감의 끈을 유지하려 한다. 그러나 순정만화 특유의 센티멘털한 감정은 약화되고 명랑성이 부각된다. 센티멘털한 감정에 몰입하게 하다가도 명랑엽기 코드를 빌려 오는 것이다.

<메리대구 공방전> 역시 명랑 만화의 형식을 도입하고 무협소설을 안 이야기로 끌어안는 등 스타일에 대한 남다른 고민을 보여준다. 특히 이 작품들은 아르바이트 월드에서 전전하는 노동자나 백수들을 등장시켜

고용불안 시대의 실감을 담아내는 한편으로 88만 원 세대에게 속 깊은 격려와 조언을 들려준다. 이는 로맨스 드라마가 당대의 삶을 충실히 담아낼 수 있는 시대극적 요소가 강함을 암시한다. 이렇듯 잡종성으로 인해 로맨스 드라마의 관습적 상상력이 흔들린다.

2. 식탐처녀들의 향연, 욕망에 대한 유쾌한 다시 쓰기

여성 캐릭터들은 로맨스 드라마의 규칙을 배반한다. 은찬과 메리는 드라마 역사상 매우 낯선 캐릭터이다. 기실 여성이지만 미소년으로 오인받는 은찬은 소년과 소녀의 경계를 가로지르는 유동적 인물이며 메리 역시 곧 노처녀로 분류될 이십대 후반의 나이에도 성숙한 여성상과 거리가 멀다. 이렇듯 이들은 남성과 여성 혹은 아이와 어른의 경계에 서 있는 모호하고 다성적인 주체들이다.

이들이 관습적인 여성상, 즉 이타적이고 순수한 여성상을 전복하는 새로운 여성 아이콘임은 과잉 식욕으로도 드러난다. 그녀들은 먹는 것을 노골적으로 밝히는 식탐 처녀다. 피가 가시지 않은 고기를 낼름 집어삼키거나, 피자 한 판을 게걸스럽게 먹어치우는 등 대식가의 면모가 빈번히 강조된다. 그러나 그러한 모습은 결코 혐오스럽게 그려지지 않는다. 대식가 애인을 바라보는 한결과 대구는 "난 네게 반했어"라고 말하는 듯하다. 탐식하는 여자는 도발적인 이미지임이 분명하다. 왜냐하면 여성들은 요리하고 먹이는, 즉 이타적인 존재로 재현되어왔기 때문이다. 뚱뚱한 여성에 대한 극렬한 혐오증이 말해주듯이 여성에게 맘껏 먹을 권리는 허용되지 않는다. 백혈병에 걸려 핏기 가신 얼굴로 죽어가는 소녀야말로 병리적 아름다움의 결정체다.

'국민문학'이라 할 「소나기」(황순원)는 소녀-여성의 죽음을 통해 순수의 시절이 훼손되는 과정을 담아낸다. 몰락한 가문의 소녀는 근대화의 병폐 혹은 식민지의 우울을 환기하듯이 처연하게 죽고, 소년은 과묵한 입매의 사내가 될 준비를 마친다. 소녀들은 사내아이가 성장하기 위해 맞닥뜨려야 할 상실의 은유였다. 소녀는 추상적인 기호로서 순수, 추억, 그리움 등 탈물질적이고 비성적인 관념을 의미하면서 무욕한 아름다움의 결정체가 되었다. "소녀같다"는 말은 여성들을 황홀하게 만드는 최고의 찬사의 말인 것이다. 여성들은 이 가상의 소녀를 모방하고 질투하면서 '진정한' 여성이 되기 위해 노력해왔다. 멜로드라마 혹은 로맨스 드라마야말로, 모방 대상으로서 지극히 순수한 여성들을 이상적 여성으로 제시해온 대표적 장르다.

이 작품의 미덕은 여성의 욕망에 대한 가부장적 시선을 넘어서는 데 있다. 로맨스 드라마의 고질적 상투형인 나쁜 여자와 착한 여자의 이분법은 해체된다. 얼핏 보기에 은찬과 유주(채정안 분)는 한결과 한성(이선균 분)을 놓고 대립하는 듯 보인다. 그러나 이들은 서로를 미워하기보다 선망 혹은 흠모한다. 자신에게 결여된 부분을 서로에게서 발견하고 아쉬워하는 것이다. 이는 두 여자를 긴장하게 하지만 적대적으로 만들지 못한다. 기실 갈등하고 대립하는 것은 한결과 한성이다. 이들은 처음에 유주를, 나중에 은찬을 사이에 두고 대립하며 서로에게 주먹을 들이민다. 즉, 전형적인 로맨스 드라마에서와 같이 한 남자를 두고 적의에 불타는 여여관계는 존재하지 않는다. <메리대구 공방전> 역시 대구를 둘러싸고, 메리와 소란이 애정 갈등을 겪는 듯하지만, 처음부터 대구의 마음은 메리에게로 기울어져 있기 때문에 기실 경쟁이 이루어지지 않는다.

여성 캐릭터들은 여성다움을 결여하고 있지만, 결코 처벌받지 않는다. 은찬은 소년-사내로 오인받으리만큼 여성답지 않지만, 남자들은 그녀의 소년다움에 더욱 매혹된다. 유주는 다른 남자와 동거하고도 한성에게로 돌아온 '나쁜 여자'다. 그러나 이 작품은 여성의 몸과 성(섹슈얼리티)에 대한 성숙한 시선을 제시한다. 한결은 상처 입은 한성에게 "유주는 소유할 수 없는 여자인데 그것을 모르냐"고 말한다. 유주와 한성은 서로를 한 번씩 배반하며 갈등을 겪지만, 이들의 '흔들림'은 도덕적으로 단죄되지 않는다. 그것은 불화 혹은 더 깊은 소통으로 이어질 수 있는 연애의 과정으로 제시된다. 메리 역시 여성적 성숙함과는 거리가 멀며 대구와 도진 사이에서 흔들리지만 결코 비난받지 않는다. 이들은 스스로의 오류를 깨닫지 결코 사회적 통념과 규범 때문에 반성하지 않는다.

3. 유희로서의 '일'과 지연되는 결혼 서사

<커피프린스 1호점>은 은찬이 배달 오토바이를 타고 신호등에 서 있는 장면으로, <메리대구 공방전>은 뮤지컬 배우 지망생인 메리가 뮤지컬 공연 도중 주연배우의 노래를 따라 부르다 극장에서 쫓겨나는 장면으로 시작한다. 여주인공들은 백마 탄 왕자님을 기다리는 수동적인 여성이 아니다. 은찬은 중국집 배달원, 신문 배달, 태권도 사범, 밤 까기, 인형 눈 붙이기 등 경이로울 만큼 다양한 아르바이트 월드의 '근로 청년'이다. 메리는 연봉이 백만 원도 안 되고 재능 역시 미지수인 백수처녀다. 그러나 은찬은 당당하며 메리는 자신의 '명랑한' 이름처럼 현실에 짓눌리지 않는다. 로맨스 드라마에서 여주인공의 직업세계 혹은 일은 연애 서사에 비해 부차적인 것으로 제시된다. 그렇지만 이들 작품에서 연애서사보다 앞서는 것은 일 혹은 일하고자 하는 욕망이다.

재크린 살스비는 로맨스물을 분석하면서, '낭만적 사랑'이란 기실 "금

전결혼의 추악함을 은폐하기 위한 환상의 베일"일 뿐이라고 지적한다. 낭만적 사랑에 기반한 결혼은, 자립할 수 없는 여성들과 안락한 가정을 소망하는 부유한 남성이 성과 돈을 교환하는 경제 행위이자 제도라는 것이다. 애정 서사보다 일-자기실현의 서사가 우세하다는 것은 신데렐라 스토리가 근본적으로 흔들리고 있음을 암시한다. 은찬은 결혼을 조르는 한결에게 "어떤 사람도 누구를 책임질 수는 없는 거예요. 각자 자기 자신을 책임져야 될 뿐이에요. 내 힘으로 일어설 때까지 절대 결혼 안 해요 나"(15회)라고 답하며 유학을 떠난다. 메리 역시 엘리트 교사 선도진과의 결혼을 단념함으로써 안전한 중산층 대열에 합류하는 것마저 포기한다. 그녀는 자신의 점심값조차 없지만 불멸의 작품을 꿈꾸는 무협지 작가 대구를 선택한다. 대구에 대한 선택은 그녀가 뮤지컬, 즉 일을 통한 자기실현의 꿈을 포기하지 않았음을 의미한다.

　나아가 이 작품들은 일-노동의 가치가 한없이 추락하고 소비와 낭비가 미덕이 된 시대의 타락한 가치관에 맞서며, 일-노동을 인간을 고귀하게 만드는 덕목으로 제시한다. 소녀가장인 은찬은 주로 하위계급 남성이 해온 육체노동에 종사한다. 그녀는 여성성이 지워지거나 여성성을 감추어야 할 만큼 격무에 시달린다. 그렇지만 은찬은 형편 나쁜 신데렐라들과 달리 결코 동정과 연민의 대상이 되지 않는다. 가난은 그녀를 고통스럽게 하지만, 노동을 통해 자립해왔기 때문에 늘 당당한 것이다. 메리의 생활은 궁상에 가깝지만 기실 초라한 것은 메리가 아니라 '소란'이나 '은자'다. 소란은 완벽한 성형미인이고 부유하지만, 열등감과 공허함에 시달리며 쇼핑에 몰입한다. 메리의 친구 장은자 역시 비록 명품 샵의 매니저로 높은 연봉을 자랑하지만, 일-자아실현의 꿈을 갖지 못한 채 왕자님을 기다리는 초라한 존재다.

이들의 일-노동은 유쾌하게 그려진다. 생존하기 위해 고군분투하는 은찬은 노동의 신성함이라는 해묵은 의미를 새롭게 일깨운다. '근로'라는 말은 착취적이고 무미건조한 저급 노동을 연상시킨다. 그러나 저급이고 폼이 나지 않으며 간혹 돈을 떼이기도 하지만, 노동하는 은찬은 활기에 넘친다. 메리의 일-노동 역시 유쾌하다. 메리는 아르바이트의 목록에도 들어가 있지 않을 잡다한 일에 간혹 참여한다. 그녀는 삼류 트로트 가수의 음반에 코러스를 넣거나, 역시 삼류 가수의 삼류 뮤직비디오를 찍기 위해 빈민가의 옥상에서 노래를 부르고 춤을 춘다. 그러나 메리만이 아닌 그녀의 삼류 딴따라들 역시 이 저급한 노동에 열정적이고 진지하게 참여한다. 이들에게서는 저급과 고급의 이분법을 무색하게 만들 만큼 자부심마저 엿보인다. 뮤지컬을 연습 중인 메리의 얼굴에는 꿈을 가진 자의 황홀이 담겨 있다. 일-노동은 살기 위해 지불해야 할 고역이 아니라 유희이고 희열인 것이다.

이렇듯 일-노동이 서사발생의 모티프가 되면서 결혼은 지연된다. 은찬은 한결의 구애에도 불구하고 4년 이후로 결혼을 미루며 바리스타가 되기 위해 유학을 떠난다. 메리의 신랑감 찾기가 주된 스토리를 이루지만, 혼담은 자연스럽게 미루어진다. 메리는 결혼을 하는 게 아니라 자신이 뮤지컬 배우로서의 재능이 있음을 확인받는다. 그녀는 자신에게 재능이 있다는 사실을 타인에게 확인받는 것으로 그간의 고통을 보상받는다. 왕자-남성이 고난의 대가로 주어지지 않는다. 더불어 일이냐 사랑이냐 식의 이분법 역시 폐기된다. 일을 선택한다 할지라도 사랑이 울지는 않는 것이다. 여기에는 일-자기실현에 허기진 여성들의 목소리, 여성 중심적으로 사랑과 결혼을 다시 쓰고자 하는 바람이 담겨 있다.

4. 불황의 시대와 모호한 주체들의 모험

이 작품들은 로맨스 드라마에 변형을 가하는 가운데 '여성'을 새로운 청춘의 표상으로 제시한다. 앞서 말했듯이 이 작품들은 백수 혹은 '무규칙 이종(無規則 異種) 알바' 노동을 전전하는 젊은이들의 어두운 현실을 배면에 깔고 있다. 주인공들은 대기업이나 국공립 출현의 번듯한 직장에 다니기는커녕 아르바이트로 겨우 버티고 있거나 앞날이 캄캄한 백수처녀다. 은찬에게서 불황의 늪과 경제적 몰락의 공포를 읽을 수 있다. 메리의 독백에는 밤새도록 이력서를 써봤지만 취업 시장의 높은 벽 앞에서 좌절한 젊은이의 비명이 묻어 있다. 메리는 "물론 여러 번 좌절하고 나한테도 기회가 올까…… 이 힘든 터널이 과연 끝날까…… 울던 밤이 길었습니다. 희망을 잡고 있는 것도 자기와의 싸움이죠"라고 성공한 어느 날을 그리며 독백한다. 이렇듯 꿈이 있다는 게 고통스러우리만큼 일-자기실현의 길이 가로막힌 게 현실이다. 바야흐로 불안이 영혼을 잠식해오는 경제불황의 시대인 것이다.

그러나 이 작품들은 사회적 약자들의 고단한 처지를 동정적으로 그리는 데 전혀 관심이 없다. 제작자들은 이들 88만 원 세대들에게서 과거 권위주의 시대와 구분되는 대안문화의 감수성과 가치관을 찾으려는 의욕을 보인다. 이를테면 노동-일 세계 자체를 유쾌하게 조명함으로써 우월한 중심과 열등한 주변의 이분법을 무너뜨려버린다. 이는 노동에 귀천이 없다거나 가난한 자들이여 언젠가 노력하면 나아질 수 있다는 식의 오만한 혹은 거짓 위로와 전적으로 다르다. 이들은 직장이 얼마나 그럴듯한가보다 자기의 취향에 적합한지, 구성원 간의 소통은 평등하고 깊은가 등을 더 중시한다.

카페 '커피프린스'에서 사장과 부하, 고참과 신참의 위계 관계는 완전히 깨져 있다. 이들의 소통방식이 평등하다는 점을 주목할 필요가 있다. 사장인 한결이 권위를 세우려 할 때 은찬이들은 그를 야유한다. 또한 이 일터에서는 냉정하고 합리적인 공적 영역과 친밀하고 민주적인 사적 영역이라는 이분법이 지켜지지 않는다. 한결이 직원인 민엽이 결근을 반복해 해고하려 하자, 은찬은 민엽의 사정을 알아보지 않는다며 한결을 비판한다. 이들의 직장은 놀이터만큼이나 유쾌하며 구성원들은 감정을 나누고 서로의 비밀을 공유해가는 가운데 친밀한 관계를 형성한다. 카페 '커피프린스'야말로 유토피아적인 일터다. 바리스타, 뮤지컬 배우, 무협지 작가 등 일류가 못 되어도 인생은 찬란하고 아름다울 수 있는 것이다. 화려하고 권위 있는 것은 결코 이들을 주눅 들게 하지 못한다.

이 작품들은 우리 시대 청춘 혹은 청년을 재발견, 재정의한다. 그간 박카스 광고의 반듯한 젊은이가 보여주었듯이 청춘의 성별은 분명 남성이었다. 그러나 이 작품들에서 청춘 혹은 청년의 성별은 여성이다. 여성은 제도와 관습 그리고 진부한 관념을 찢고 자신의 목적지를 향해 가는 모험적 주체로 제시된다. 이들은 단지 사회적 약자를 대표하는 표상이 아니다. 여성들은 이제 새로운 문화혁명의 전위로 제시된다. 이들은 남성/여성, 중심/주변, 정상/비정상, 고급/저급, 어른/아이, 노동/유희 등 완고한 이분법의 경계를 가로지르며 유쾌한 모험에 나선 청춘의 표상이다.

우수작

\<우리 결혼했어요\>의 '반쪽' 찾기

고대권

0.

　세상살이는 어떤 측면에서 심심함과의 싸움이다. 심심함은 단순히 할 일이 없는 상황을 의미하지는 않는다. 아침에 일어나면 밥을 먹어야 하고, 옷에서 냄새가 나면 빨래를 해야 한다. 저녁 무렵엔 친구들을 만나 수다를 떨며 술을 마셔야 하고, 왠지 정서가 고갈되었다는 느낌이 엄습해올 때면 극장이라도 찾아가 잠시 어둠 속에 몸을 맡겨야 한다. 인간의 '존재'라는 사건에 대해 많은 설명들이 있었지만, 가장 정확한 설명들 중 하나는 인간은 존재'되어진다'는 해석이 아닌가 한다. 아침에 떠오르는 해에 의해, 어김없이 찾아오는 내일에 의해, 세상 속에 나의 위치를 각인시키는 갖가지 사회적 관계들에 의해 인간은 존재되어진다. 그리고 이렇게 인간이 존재되어지는 한, 인간은 또 심심하고 무료하다. 역설적이게도 재미있게 살기 위해서는 재미없는 일들을 먼저 처리해야 하고, 정작 재미있자고 시작한 일은 시간이

지나면 지루해진다. 재미를 포기하고 다만 지루하지 않기 위해서 바빠지는 사람들도 더러 있는데, 바빠서 심심할 새가 없다는 자기 위안은 '화려한 솔로'라는 말만큼 객쩍다.

심심하고 무료한 사람들을 위해 예능 프로그램 제작진들은 바쁘다. 재미 있는 것, 기발한 것, 감동적인 것을 찾으려는 이들의 노력은 예능 프로그램 의 지속적인 진화를 추동했고, 급기야 '리얼 버라이어티'라는 새로운 장르 가 등장했다. 다소 무모해보였던 리얼 버라이어티의 도전은 이제는 방송계 의 '대세'가 되어버린 느낌이다. 본 글은 리얼 버라이어티 프로그램 중 가장 진화한 형태를 보여주고 있는 MBC의 <우리 결혼했어요>가 내재하 고 있는 신선함을 언급하며, 또한 동시에 그것의 한계를 짚어볼 것이다.

1.

리얼 버라이어티라는 표현이 처음으로 등장했던 프로그램은 MBC의 <무한도전>이었다. 정교하게 가공된 대본보다는 특정한 '상황'과 '미션' 을 주고, 출연진들이 각자의 캐릭터 속에서 해당 상황을 해결해나가는 과정을 담는 것, 그리고 이 과정에서 작위적인 설정이나 눈속임을 배제하고 '솔직함'을 우선시하는 것이 리얼 버라이어티라는 장르가 추구하는 덕목이 다. 장르가 이렇다 보니 가끔 막말이 나오기도 하고 출연진들 간의 다툼이 있기도 하지만, 이 모든 것들이 '장르의 속성'이라는 이유 하에 묶인다. 오히려 출연자들의 솔직한 모습은 시청자들에게 긍정적으로 어필하기도 하고, 시청자들은 솔직한 모습에 '호흡을 맞춘다'.

<무한도전> 이후, 리얼 버라이어티는 예능 프로그램의 간판 장르가 되었다. KBS의 <1박2일>을 비롯한 많은 프로그램들이 소재와 접근 방식

에서 미세한 차이를 보일 뿐, 일단은 리얼 버라이어티의 계보를 잇고 있으며, 지상파 방송에 비해 상대적으로 잘 구성된 프로그램을 제작하기 힘든 여건에 놓인 중·소 방송사들도 이 장르를 차용하고 있다. 그리고 최근 인기가 급상승 중인 MBC의 <우리 결혼했어요>는 현재적으로 리얼 버라이어티 프로그램의 최종적인 진화형태를 보여주고 있다. <우리 결혼했어요>의 성공 비결은 다음과 같다.

첫째, 리얼 버라이어티 프로그램은 방송의 소비자인 시청자와 비슷한 눈높이에서 호흡을 맞춘다. 이는 단순하게 방송 프로그램이 수준을 낮추었다는 의미가 아니다. 결혼을 소재로 한 드라마와 <우리 결혼했어요>를 비교해보면 쉽게 알 수 있다. 결혼과 사랑에선 언제나 위기와 선택의 순간이 따라오게 마련이다. 그리고 갈등도 빈번하게 등장한다. 드라마 자체의 속성상, 드라마에서는 작가와 PD의 계산 하에 선택된 갈등이 예정된 방향으로 해결된다. 작가와 PD는 드라마에 있어서 시청자에 비해 그 개입도 측면에서 전능한 존재에 가까운데, 이것이 식상함을 불러온다. 작가와 PD는 전능한 존재에 가까운 권한을 가졌지만, 이들이 이야기를 이끌어가는 능력은 전능하다기보다는 전문적인 수준에서 그치기 때문이다. 다양한 수준에서 다양한 스토리 콘텐츠에 노출된 시청자들은 대개 이야기의 결말을 예상하고 있고, 심지어 그 진행방식도 충분히 예측할 수 있다. 상황이 이러하니 작가와 PD들은 좀 더 복잡한 관계를 만들거나 기발한 상황을 찾거나 마음에 착착 감기는 대사를 만들기 위해 노력한다. 즉, 이들의 노력은 다시 한 번 전통적인 전능자로서의 입장을 유지하기 위한 방향으로 지속된다.

그러나 <우리 결혼했어요>를 비롯한 리얼 버라이어티 프로그램은 작가나 PD, 그리고 출연진들이 전능자이기를 포기한다. 일반적인 사랑 드라마처럼, <우리 결혼했어요>에서도 위기와 선택의 순간이 주어지고 갈등도 등장한다. 하지만 이러한 문제점들은 주어진 대본이 아니라 출연자가 가지고 있는 사랑관, 연애관, 성격, 재치 등 다양한 요인에 의해 때로는 즉흥적으로, 때로는 치밀한 계산 하에 다양한 방식으로 해결된다. 즉, 커플 사이에서의 문제는 순수하게 이 둘이 지니고 있는 역량에 의해 해결되고, 따라서 실제적인 사랑과 연애에 관한 설득력의 밀도는 당연히 더 높아지게 된다. 시청자들은 이들이 문제를 해결하는 과정에서 갑자기 어떤 비밀을 알고 있는 친구가 등장하거나 라이벌이 등장할 것이라고 생각하지 않는다. 대신 특정한 성격을 대변하는 다양한 커플들이 등장해 서로의 문제 해결 과정에 대한 자기 의견을 보태고 이는 곧 평균적으로 시청자의 입장과도 비슷한 농도를 유지하게 된다. 이 과정에선 일반적인 이야기 구조가 가지고 있는 '선악'의 대립이나 긴장감을 극대화하기 위한 과도한 설정이 배제된다. 즉, 사랑의 진행을 지켜보는 것을 방해하는 정신적인 피로함의 요소들은 최소화되고, 이는 곧 두 번째 효과로 이어진다.

둘째, <우리 결혼했어요>는 방송의 테두리를 벗어나 중층의 맥락을 만들어낸다. 앞서 <우리 결혼했어요>를 리얼 버라이어티의 최종 진화형으로 언급했던 것은 <우리 결혼했어요>의 스토리가 방송을 넘어 실제의 세계 속에서 동시에 진행되고 있기 때문이다. 이를테면 시청자들은 <우리 결혼했어요>의 커플들이 실제의 세계에서도 연인이 되거나 결혼을 할 수 있을까라는 문제에 대해 적지 않은 호기심을 가지고 있다. 그리고 이들 커플이 실제로 사귀고 있다고 믿기도 한다. 혹은 특정 커플이 실제로 사귀었으면 좋겠다고 생각하기도 한다. 이것을 환상과 실제 사이에서 느끼게 되는 '혼란'이라고 규정하려는 시도도 있다.

용어상의 문제가 있지만 일단 혼란이라는 단어를 차용한다면, 이러한 혼란이 가능한 것은 <우리 결혼했어요>가 특별한 형식을 사용하고 있기

때문이다. 스튜디오 녹화와 각 커플 간의 일상 녹화 사이에 위치한 '인터뷰'
는 인터뷰라는 특수한 형식의 효과를 빌려 이 커플들의 행동이 단순한
조작적 행위에 그치지 않을 수 있음을 암시하는 기능을 담당한다. 즉, 일상
에 대한 녹화는 설정이라 하더라도 이들의 인터뷰, 즉 '고백'은 설정이
아닐 것이라는 믿음을 심어준다. 따라서 출연 커플들의 감정선은 방송과
현실 사이에서 아슬아슬한 균형을 이루고 있는 것처럼 여겨진다.

몇 번의 출연진 교체과정에서 가장 많은 사랑을 받고 있는 알랙스-
신애, 크라운제이-서인영, 솔비-앤디 커플은 이러한 위태로운 균형을 극대
화했다는 공통점을 가지고 있다. <우리 결혼했어요>에서의 위태로움은
일반적인 드라마에서 '갈등'이 해내는 역할을 수행하고 있는 셈이다. 심지
어 이 세 커플에 대한 관심은 시청자에게서만 발견되는 것이 아니다. 이
커플들은 <우리 결혼했어요>를 벗어난 다른 프로그램에 출연해서도 <우
리 결혼했어요>에서의 감정에 관한 질문을 받거나, 커플의 일원으로서의
역할을 요구받는다.

이를 한마디로 요약한다면, <우리 결혼했어요>는 사랑이라는 주제
하에서 서로 다른 면에 존재하던 시청자의 현실과 방송 프로그램의 현실을
교묘하게 하나의 평면으로 옮겨놓은, 비유를 들자면 뫼비우스의 띠의 뒤틀
린 지점에 해당한다. 뫼비우스의 띠가 지니고 있는 특징은 한 면을 따라가다
보면 어느새 뒷면에 도착하게 된다는 것이다. 그러나 이는 뫼비우스의
띠 내에서 운동을 할 경우에 한정되는 경험이며, 뫼비우스의 띠를 밖에서
관찰하게 되면, 우리는 그 띠의 전체를 알게 된다. <우리 결혼했어요>
역시 비슷한 문제를 가지고 있다.

2.

<우리 결혼했어요>가 아무리 현실과 환상 사이에서 적절한 균형을 유지하고 있다 하더라도, 그것은 균형일 뿐이다. 예를 들자면 알렉스와 신애가 남산타워에서 사랑의 자물쇠를 채우는 순간, 시청자들은 바로 그 옆에서 이를 지켜보고 있다고 생각할 수 있지만 바로 그런 느낌을 만들기 위해 카메라는 두 대가 사용되었다. 이미 개략적인 수준에서 콘티가 결정되고, 더불어 카메라의 위치도 결정되었다는 것을 의미한다.

솔비와 앤디가 놀이공원에서 즐겁게 노는 모습은 마치 일상의 한순간인 것처럼 포착되지만, 놀이기구에는 이미 카메라가 고정 설치되어 있다. 또한 정해진 대본과 구조화된 진행이 없는 가운데, 진행상의 미숙을 보조하기 위해 등장하는 자막 편집과 달콤한 음악은 출연자들의 감정선을 극대화하기도 하지만 때론 왜곡하기도 한다. 이 모든 것들은 우리의 삶에는 없는 것들이다. 우리의 삶에는 누군가 절망에 빠졌을 때 아쉬워하거나, 누군가 행운을 거머쥐었을 때 환호해주는 방청객의 함성소리가 없다. 한마디로, 당연한 이야기지만 방송은 방송일 뿐이고, 현실은 현실일 뿐이다.

<우리 결혼했어요> 속에서 운동하는 시청자들은 방송과 현실에 대해 뫼비우스의 띠 안에서의 운동을 경험하지만, 그것으로부터 벗어나는 순간, 진짜와 아주 비슷한 가짜에 불과한 어떤 것을 경험했다는 것을 깨닫게 된다.

물론 대부분의 시청자들은 이것을 이미 알고 있다. 다만 그것을 용인하고 있을 뿐이며, 용인의 대가는 주말 저녁의 즐거움이다. 시청자들은 주말 저녁의 웃음을 통해 일주일 내내 쌓아두었던 스트레스를 날려 보내고, 다시 새로운 한 주를 시작할 여유와 용기를 갖게 된다. 그리고 이를 위해

'즐거움'이나 '흥미진진함'을 주지 못하는 삶의 내용들은 브라운관 너머에서 방치된다. 대부분의 리얼 버라이어티들은 태생적으로 코미디 프로그램에서 파생되었고, 따라서 '즐거움', '웃김', '재미있음'과 같은 뉘앙스를 가지지 못하는 감정들은 경향적으로 배제된다. 한마디로 현재의 리얼 버라이어티가 보여주는 리얼은 그 구성에 있어서나 효과에 있어서나 반쪽에 불과하다. 이는 막 사랑에 빠져 콩깍지를 쓴 상황과 비슷하다.

그러나 여유와 용기만 가지고 나서기엔 세상이 만만하지 않다. 즐거움과 웃음만을 통해 얻게 된 용기와 여유는 체질이 약해져서 때로 단순한 도피로 변질될 수도 있기 때문이다. 이를테면 개인적인 차원에서 무료함과 존재되어짐의 답답함을 벗어던지기 위한 노력으로부터의 도피, 사회적인 차원에서 진행되는 실제적인 사건들로부터의 도피로 변질될 수 있는 것이다. 즉, 리얼 버라이어티의 세계는 실재하는 세계와의 균형, 곧 '안전한 거리' 속에서 그 효과가 극대화된다는 속성 때문에, 역설적이게도 실재하는 세계로부터 언제나 '적당히' 멀어지게 되는 상황이 초래될 수 있다.

리얼 버라이어티와는 달리 우리의 일상적인 삶은 '사랑'이나 '도전', '여행'만으로는 채워지지 않을 공백에 의해 지배받고 있다. 개인적인 차원에서 본다면, 우리의 실재하는 삶에서는 누구도 '미션용지'를 주지 않는다. 우리에겐 오히려 '아무것도 일어나지 않는 하루'가 더 많을 수도 있다. 반복되는 무료함과 지루함은 때로 삶 자체를 시시한 것으로 바꾸어내기도 한다.

지금의 리얼 버라이어티가 약속해주는 것은 편성 시간대의 행복감에 불과하다. 생활의 맥락에서 삶을 살 만한 것으로 만들어내는 것은 시청자로서가 아니라 생활인으로서 개인의 역할을 요구한다. 슬픔을 감내하고 외로움을 이겨내는 것은 온전히 개인, 즉 시청자의 몫이 된다. 사회적인 차원에서 본다면, 우리가 그 속에 살고 있는 실재적인 세계는 관심과 적극적인 참여를 요구한다. 텔레비전의 편성에서는 무척 부차적인 것으로 다루어지고 있지만, 실제 우리의 삶에 영향을 미치는 것들은 예능 프로그램보다는 교양 프로그램이나 다큐멘터리에서 더 많이 발견된다. 물론 예능은 예능이고, 교양은 교양이다. 마치 현실은 현실이고 방송은 방송이듯이. 그러나 이 말은 예능과 교양이 다르다는 말일 뿐, 예능이 교양의 요소들을 배제해야 한다는 주장을 담은 표현은 아닐 것이다. 분명히, 지금 보여줄 수 있는 것이 리얼 버라이어티의 모든 것이라면 리얼 버라이어티는 삶 못지않게 시시한 것으로 여겨질 것이다.

3.

서두의 언급처럼, <우리 결혼했어요>는 현실과의 경계를 넘나드는 측면에서만 본다면 리얼 버라이어티라는 형식의 최종적인 진화형이라고 생각된다. 섣부른 감이 있지만 이를 다시 말하면, 리얼 버라이어티라는 하나의 패러다임이 고착될 수 있다는 의미이기도 하다. 긍정적인 감정들에 충실한 웃음. 진지하지만 반쪽에 불과하다. 가상 결혼을 한 커플들이 등장하든, 스타들의 친구들이 소개팅을 하든 크게 다르지 않다. 몇몇 남자들이 모여 도전을 하든 여행을 하든 크게 다르지 않은 것과 비슷한 이치다.

여전히 발전시킬 여지는 많이 있을 것이다. 예를 들어 <우리 결혼했어요>만 생각하더라도 형식적으로 '토크'를 강화시킬 수도 있고, 스토리상 아기를 입양할 수도 있을 것이다. 확실한 것은 <우리 결혼했어요>는 아직 신혼 초에 머물러 있다는 것이다. 연령상 황혼기에 접어든 부부들의 모습도 볼 수 없고, 형식상 재혼부부의 모습도 볼 수 없는 것을 보면 알 수 있다. 오직 핑크빛인 <우리 결혼했어요>가 자신의 반쪽을 찾아갈 수 있을지를 지켜보는 것은 아마 리얼 버라이어티의 성장을 지켜보는 것과 비슷한 효과를 낼 것이다.

우수작

그 여자들의 죄
TV드라마 속, 뒤틀린 여성 캐릭터

박말숙

1. 나는 질투한다, 여자를

솔직하게 말하면 나는 사회적으로 성공한 여자가 부럽다. 나는 이런 식으로 잘나가는 여자를 보면 속이 막 꼬인다. 가령 유명한 여자 아나운서가 있는데, 아나운서로서의 유명세 때문에 그녀가 쓴 책도 베스트셀러가 될 때. 그녀는 성공을 발판으로 또 성공한다. 나는 남자들이 그랬다면 그러려니 할지도 모르는 일에 여자들이 그랬다면 더 날카로워진다. 그래서 여자의 적은 여자다.

우리 사회에서는 여자보다는 남자에게 기회가 많은 것은 분명하다. 그런 현실은 사회적으로 내세울 성공적인 이력이 없는 나에 대한 위로였다. 그러나 나와 동성인 여자의 사회적 성공 앞에서는 할 말이 없다. 그래서 나의 자존감을 지키려고 다른 방어기제를 찾는다. 내 인생이 뭔가 억울한데, 그게 뭘까? 나는 사회가 요구하는 정당한 길을 걸을 때 성공한 그녀들은 어떤 규칙 위반을 하지 않았나? 그렇다. 그녀들의 성공은 내가 가족을 위해 내 시간과 힘을 바칠 때 그녀들은 그 시간과 힘을 자신을 위해 투자했기 때문이다…… 뭐 이런 정도의. 잘나가는 친구를 보면서 내 인생이 너무 뒤처졌다 느껴질 때, 이웃 아줌마들끼리 그런 농이라도 해보지만 위로가 되기보다는 씁쓸함이 더 많이 남는다.

그런데 'TV드라마'의 세계로 들어가면 나의 이러한 허섭한 자위의 논리를 든든하게 지지해준다. 그것이 TV드라마가 여성관객을 끌어들이는 힘인지도 모르겠다. 남녀 간의 삼각관계가 이루어지는 멜로드라마에 등장하는 소위 '잘난 여자'들은 높은 학벌과 좋은 직업을 가지고 있다. 하지만 그 부러움의 대상인 여자들은 대체로 드라마의 악역들이며, 이기적이고 성격 파탄 직전의 나쁜 캐릭터를 입고 있다. '잘난 여자'가 '나쁜 여자'의 캐릭터를 입고 나오는 경우는 너무나 흔하게 눈에 띈다. 많은 여자들이 '잘난 여자'는 '나쁜 여자'라는 드라마적인 공식에 위로를 받고 싶어 한다. 주변의 여자들이 모이면 드라마 속의 독하고 이기적인 '잘난 여자'를 씹으면서 스트레스를 날린다. 한마디로 "그렇게 독하니까 성공을 한 거야"로 결론을 내는 것이다.

하지만 역시 씁쓸하다. 세상의 모든 잘난 여자가 다 그렇게 나쁜 여자가 되어야 하나? 그러한 드라마적인 설정은 어쩌면 여성 자신에게 득보다 실이 많은 일이 될 것이다.

2. 잘난 여자 ≒ 나쁜 여자의 전형

잘난 여자라서 나쁜 여자가 될 수밖에 없었던 등장인물은 셀 수 없이 많지만, MBC 주말드라마 <깍두기>의 서지해, KBS 일일드라마 <미우나

고우나>의 황미혜, SBS 주말드라마 <황금신부>의 옥지영이 떠오른다. 종영한 지 오래되지 않은 드라마로서 모든 연령대의 가족이 볼 수 있는 드라마였다.

<깍두기>에 나오는 나쁜 여자 서지해. 서지해는 MBS 방송국의 아나운서였다. 그녀는 방송국에 입사한 지 얼마 되지 않아서 PD 정동진과 결혼을 하고 곧 딸 하솜이를 낳는다. 그런데 회사에서 서지해에게 해외연수의 기회를 준다. 남편 정동진은 갓난아이를 두고 엄마가 해외연수를 간다는 것을 받아들이지 못한다. 결국 그들은 이혼을 하고 서지해는 해외연수를 다녀온다. 해외연수를 다녀온 서지해는 실력 있는 유명한 방송 진행자로 성장한다. 서지해는 해외연수라는 기회를 놓치지 않기 위해 이혼을 할 수밖에 없었다.

<황금신부>에 나오는 나쁜 여자는 옥지영이다. 옥지영과 강준우는 대학시절 애인이었다. 대학 졸업 후 지영은 MBA과정을 하기 위해 미국으로 유학을 가지만, 가난한 집안의 아들인 강준우는 한국에 남는다. 옥지영은 미국 유학 중에 대규모 식품 회사 사장의 아들인 김영민과 사랑하게 된다. 옥지영은 미국에서 한국에 있는 강준우에게 이별을 통고한다.

<미우나 고우나>에서는 나쁜 여자의 한 사람으로 황미애가 등장한다. 그러나 황미애는 서지해와 옥지영과 같은 화려한 타이틀을 가진 잘난 여자가 아니다. 어쩌면 몹시 구차한 삶을 살아가는 여성의 전형일지도 모른다. 그녀도 자신의 인생을 살고 사회적으로 성공하고자 하는 자신의 욕구를 따른다.

황미애는 남편 오달현이 연극을 하느라고 전세비까지 빼서 시작한 사업을 망치고 밑천까지 홀랑 잃어버리자 오달현과 이혼을 하고 친정으로 들어간다. 황미애는 이혼한 사실을 숨기고 자기의 꿈인 배우로서 성공하기

위해 연예기획사와 방송국 주변을 오가며 길을 찾는다.

서지해, 옥지영, 황미애는 자신의 삶의 성취와 가정이라는 두 가지 중에 오직 하나만을 선택해야 하는 자리에 서게 되었다. 그녀들에게 자신의 삶과 가정은 양립할 수 없는 것들이었다. 결국 그녀들은 자신의 삶을 선택한다. 그 결과로 그녀들은 가족과 사회로부터 비난을 받고 가정과 모성을 박탈당한다.

자신의 삶을 선택한 결과로 그녀들이 받아야 하는 벌은 정당한가? 아니, 자신의 삶을 선택한 것이 벌을 받아야만 하는 일일까?

3. 그녀들을 위한 변론

그런데 <깍두기>의 서지해와 <황금신부>의 옥지영과 <미우나 고우나>의 황미애가 여자가 아니라 남자였다면 상황은 어떻게 달라졌을까? 서지해 대신 남편 정동진에게 해외연수의 기회가 왔다고 가정해보자. 주변 인물들은 해외연수의 기회가 온 것을 축하하고 만약 해외연수 가기에 걸림돌이 있다면 기꺼이 그것을 치우려고 애쓸 것이다. 한국의 가족애는 그렇게 표현된다.

그러나 서지해가 해외연수를 가게 되었을 때, 서지해는 시집식구들의 도움도 남편의 이해도 전혀 받지 못한다. 서지해와 정동진이 이혼을 한 뒤 딸 다솜은 정동진의 집 어른들에 의해 많은 사랑을 받고 정상적으로 잘 자란다. 아들과 며느리가 이혼을 한 뒤에도 손녀를 잘 키울 수 있는 시집이라면 서지해가 해외연수를 가게 될 때 아이를 잘 맡아 키워주겠노라고 할 수도 있지 않을까? 그랬더라면 서지해는 이혼이라는 극단적인 방법을 선택하지 않아도 되었을 것이다.

<미우나 고우나>에서 오달현은 가족 부양의 책임자였지만 전혀 자기 책임을 지지 못했고 가족이 살 공간조차 잃어버리게 했다. 이런 지긋지긋한 상황에서 벗어나고자 황미애가 선택한 카드가 이혼이라는 것이었다. 사실 결혼파탄과 이혼의 책임 소재는 남편인 오달현에게 있다. 그럼에도 이혼에 대한 비난을 받는 것은 황미애다.

<황금신부>의 옥지영을 보면 아직도 결혼 전의 연애 사실이 이렇게 한 여자의 족쇄가 되는 시대인가 하는 의문이 든다. 옥지영은 결혼 전 연애 때문에 파경을 맞게 된다. 옥지영에게 결혼 전의 연애는 치명적인 결함이었다. 그러나 결혼 전의 연애에 그토록 예민한 반응을 보이는 옥지영의 남편 김영민과 시집식구들이야말로 비정상적인 인격자들로 보인다.

남성의 경우, 뚜렷하게 반사회적이거나 비도덕적인 것을 제외한 욕망추구는 매우 긍정적인 것으로 인정된다. 남성이 더 큰 목표나 더 높은 자아성취를 향해 달려가면 그것은 사회 공공의 가치추구로 인정되고 격려되고 권장된다.

그러나 여성들의 사회적 자아성취 욕구는 아직도 부정적인 것으로 인식되는 경우가 많다. 여성들이 자아성취를 향해 갈 때 육아와 가정돌보기를 할 수 없기 때문이다. 내 인생과 내 가정이 어울려 세워져야 함에도, 여성에게 자기 삶과 자신의 가정은 서로 배타적이다. 여성이 자아성취를 선택하면 가정을 잃어버리는 경우를 세 드라마는 보여준다. 그녀들은 자신의 삶을 선택하면서 삶에서 가장 중요한 것을 잃어버린다. 이것은 현실과 세 드라마의 공통점이다. 세 드라마 속의 여자들에게 만약 육아와 가정을 지키면서도 자신의 삶을 충족시킬 수 있는 어떤 조그만 여지만 있었어도 그녀들은 극단적인 선택을 피할 수 있었을 것이다. 그만큼 사회와 가족이 여성에게 얼마나 인색한가를 볼 수 있다.

세 드라마는 이러한 현실을 드라마 속으로 그대로 옮긴다. 그러나 여성을 둘러싸고 있는 현실의 부당성에 대해서는 눈감고 그 현실에서 버둥거리는 여성들을 엄하게 꾸짖는다. 정말 무서운 것은 드라마가 현실의 세계가 가지고 있는 여성억압을 더욱 미화하고 옹호하는 자리에 서 있다는 점이다.

4. 캐릭터의 힘

자신의 자아성취라는 것 때문에 어쩔 수 없이 가정이 희생된 데 대해서 나쁜 여자라고 대놓고 비난하기는 힘들다. 하지만 드라마는 끝내 그녀들을 나쁜 여자로 부각시키는 데 성공한다. 거기에는 지능적이고 고차원적인 계략이 있다. 드라마에서는 그녀들의 정당한 자기성취를 비난하지 않는다. 그보다는 그 잘난 여자들의 캐릭터를 나쁘게 설정하고 잘난 여자들에게 주로 악역을 맡김으로써 그 목적을 이룬다. 그녀들이 원래 나쁘기 때문에 그녀들의 삶의 방법도 나쁘다고 말이다. 잘난 것이 나쁜 것이 아니라 이기적이고 악한 여자들이 잘난 여자가 된다는 공식이다. 그러니 실존적으로 잘난 여자는 나쁜 여자일 수밖에 없다는 것이다.

그녀들이 드라마에서 보여주는 행동은 사실 몹시 자기중심적이다. 하솜과 함께 지내고 싶은 서지해는 길 잃는 하솜을 자기의 집으로 데려가 재운다. 서지해의 시집식구들과 유은호는 마음을 졸이며 밤새 하솜을 찾는데 그런 시집식구들에게 서지해는 한 통의 전화도 해주지 않는다.

<황금신부>의 옥지영에게는 강준우와의 이별 사건이 원죄다. 강준우가 미국에 있는 옥지영을 찾아왔을 때, 옥지영은 강준우가 치한이라는 오해를 받아 미국경찰에 체포되게 했고, 강준우를 위해 아무런 조치도 하지 않았다.

<미우나 고우나>의 황미애는 연예기획사에서 돈을 요구하자 조카 지영

을 배신한 옛 애인 나선재의 어머니가 위로금조로 주는 돈 삼천만 원을 몰래 받아 챙기고 그것을 연예기획사에 갖다 준다.

서지해도 옥지영도 황미애도 바람직한 캐릭터는 아니다. 그녀들은 자기 중심적이고 이기적이고 모질고 때로는 거칠다. 한마디로 못된 여자들이다. 그런데 문제는, 왜 하필이면 자기 자신의 삶을 열심히 추구하는 여자들에게 또는 사회적으로 성공한 많은 여자들에게는 이러한 나쁜 캐릭터를 부여하는가 하는 점이다. 그것은 드라마를 만드는 이들 자신이 성공한 여자들에 대한 부정적인 시각을 가지고 있다는 말에 다름 아니다.

그리고 이 나쁜 여자들을 더 선명하게 각인하기 위해서 그 옆에는 그녀들과 대조되는 착한 여자들을 세워둔다. 그들은 남성위주의 사회에서 가장 잘 순응하는 캐릭터들이다. 착한 여자들은 잘난 여자들의 나쁜 성품을 증명하는 데 한층 효과적으로 사용된다. 착한 여자는 대부분 한 남자를 사이에 두고 나쁜 여자와 경쟁관계에 있는 여자다. 그녀들은 가족과 주변인물을 자신보다 더 사랑하며 그들을 위해 자신을 희생하는 인물이다.

<깍두기>의 유은호는 서지해가 정동진과 재결합하기 위해서 자신을 밀어내고 있는데도 서지해가 병원에 입원했을 때 서지해를 위해 음식을 만들어오고 서지해를 간호한다. 그런 착함의 대가로 유은호는 정동진과 결혼하게 되고 서지해의 딸 하솜이까지 다 얻는다.

<황금신부>의 진주는 베트남에서 온 결혼 이주여성의 한 사람이다. 그녀는 남편의 병에 대해 전혀 모르는 상태에서 한국으로 시집을 온다. 그러나 진주는 남편 강준우가 공황장애를 앓고 있다는 것을 알고서도 남편을 떠나지 않고 그에게 지극한 사랑을 줌으로써 강준우가 공황장애를 극복하도록 만든다. 진주는 자신의 남편을 최고의 신랑감으로 회복시키고 남편과 시집식구의 사랑도 얻는다.

<미우나 고우나>의 쏘냐도 카자흐스탄에서 온 외국여성이며 황미애의 전 남편 오달현과 사랑하는 사이가 된다. 쏘냐는 교통사고를 당할 뻔한 오달현의 아들 찬이를 구하면서 자신의 발을 다친다. 쏘냐는 결국 오달현의 사랑을 얻고 오달현과 함께 찬이를 키우게 된다.

유은호와 진주와 쏘냐와 같은 착한 여자의 캐릭터에는 '희생을 해도 행복한 삶을 살아갈 수 있으니 그러한 삶의 방식을 택하라'는 은근하지만 강력한 억압이 숨어 있다.

나쁜 여자들은 자기 인생을 찾고 가정을 위해 희생하지 않는다. 착한 여자들은 자기 인생을 희생하고 가정을 위해 산다. '희생'이라는 요건이 착한 여자와 나쁜 여자를 가름한다. 드라마는 자기 삶을 포기하지 않고 사는 여자에게 나쁜 캐릭터를 부여해서 결국 희생하지 않는 여자가 나쁜 것이 아니라 나쁜 여자들이 희생하지 않는다고 말한다. 나쁜 캐릭터를 입히는 것은 감성적으로 호소하는 것이다. 감성은 이성보다 직접적으로 강렬하게 반응하고, 관객은 무의식적으로 세뇌된다. 캐릭터 때문에 점점 사태의 본질은 흐려진다.

5. '잘난 여자'도 '좋은 여자'면 안 될까?

드라마의 핵은 갈등이고 갈등을 만드는 기본적이고 대표적인 방법은 선인과 악인의 대치다. 한국 드라마 가운데서, 한 남자를 둘러싼 삼각관계의 남녀관계에서 등장하는 두 여자는 대개 착한 여자와 나쁜 여자로 이분된다. 나쁜 여자는 보통 좋은 학벌과 든든한 집안배경과 사회적으로 성공적인 직업을 가지고 있다. 착한 여자는 현실적으로 어느 하나 내세울 만한 것이 없다. 그러나 나쁜 여자는 자신만의 삶을 추구하는 이기적이고 악한 성품을 가지고 있기 때문에 결국 모든 것을 잃는다. 착한 여자는 가족과 주변 인물들을 위해 자신의 삶을 희생하면서 살지만 결국은 그 선함 때문에 끝내 복을 받고 나쁜 여자들이 가지고자 했던 것들도 다 차지한다.

문제는 유독 드라마에서는 잘난 여자들이 왜 그렇게 악한가 하는 것이다. 드라마는 잘난 여자들에게 이기적이고 악한 캐릭터를 부여해서, 잘난 여자가 된다는 것은 이기적이고 악하기 때문인 것 같은 착각을 일으키게 한다. 그것은 자아성취 욕구가 강한 여자를 나쁜 여자로 인식하게 만들고, 여성의 존재가치가 마치 희생하는 삶을 살아가는 데 있는 것으로 인식하게 만든다. 따라서 여성의 자아성취와 사회적 성공을 정당하게 평가받지 못하게 만든다. 그래서 잘난 여자라는 말은 그 여성이 잘난 여자가 되기까지 겪어온 노력에 대한 찬사가 아니다. 잘난 여자라는 말은 사회전체가 희생을 요구하는 그 커다란 억압에도 맞설 정도의 강한 이기심이 있음을 비꼬는 말이다.

이런 드라마적인 세계관은 우리 사회가 아직도 얼마나 남성위주인지를 보여준다. 드라마의 여성에 대한 태도는 여성에게 과도한 희생을 요구하는 유교적 전통에 아직도 닿아 있다. 특히 TV드라마는 관객과 호흡하면서 그 생명력을 유지한다. 그렇다면 드라마의 시청률만큼 관객도 드라마의 남성위주적인 세계관과 희생적인 여성의 삶에 대해서 거부감이 없다는 말일 수 있다. 그러나 그것이 설령 관객에게 수용된다고 해도 적어도 이 시대에 그 드라마가 보여주는 세계관이 옳은 것인지에 대한 비판까지 피할 수는 없다. '잘난 여자' 곧 '나쁜 여자'의 드라마는 잘난 여자에게는 부정적인 인식을 주고 착한 여자에게는 희생을 더욱 강요하는 억압이 숨어 있다.

적어도 21세기에 사는 여성이라면 자아성취와 가정의 양립에 대해서 한번쯤 고민해봤을 것이다. 그런데 TV드라마가 이런 여성의 고민을 배려한다면 적어도 잘난 여자를, 사회적으로 성공한 여자를 이기적이고 나쁜 캐릭터로 입히는 이 무신경하고 습관적인 설정에 한 번 더 고민해봐야 할 것이다. 많은 여성들의 사랑을 받는 TV드라마, 그러나 드라마에 들어가 보면 드라마는 여성문제 또는 문제적 여성 캐릭터의 종합선물세트 같다. 드라마를 만드는 이들이 좀 더 진지하고 세심하게 여성 등장인물, 여성 캐릭터에 대한 고민을 해준다면 좋겠다.

PD 저널리즘의 확장
<PD수첩>을 통한 시사프렌들리

전수경

프롤로그

새 정권이 들어서면서 거침없이 쏟아내는 정책들로 인해 국민들이 혼란을 겪고 있는 가운데 정부는 미국과 굴욕적인 쇠고기 수입협상을 감행하면서 국민들의 신뢰를 잃게 된다. 퍼주기식의 졸속협상을 비판하는 민의 목소리를 일축하고 오히려 미국 쇠고기 홍보사절이 된 듯한 정부의 태도에 국민들은 다양한 채널을 통해 항의를 해보지만 국민들의 안전한 먹거리를 보장해주기는커녕 오히려 적게 먹고 안 사먹으면 될 것 아니냐는 대통령의 무책임한 답변을 접하게 되면서 마침내 국민들의 실망과 분노가 '촛불집회'라는 저항으로 서서히 표출되기 시작한다.

그 즈음 시의적절하게 MBC <PD수첩>은 '긴급취재, 미국산 쇠고기 과연 광우병에서 안전한가? 1'을 방송하게 된다. 미국사회에 큰 파문을 일으켰던 미국 동물보호단체인 휴메인 소사이어티의 동영상 '주저앉는

소(Downer Cow)' 장면이 국민들에게 광우병의 위험성을 그대로 전달해 큰 충격을 주었고, <PD수첩>의 방송 후로 정국은 걷잡을 수 없는 방향으로 치닫게 된다.

광화문에서 연일 쇠고기 재협상을 촉구하는 촛불집회가 열리기 시작했고 보수단체는 미국 쇠고기 위험성을 과장하여 괴담 수준의 오보를 보냈다고 <PD수첩>을 비난하고 정부는 <PD수첩>을 언론중재위에 고소하기에 이른다. 일부 보수언론은 사설을 통해 검증되지 않는 사실을 과장하고 아레사 빈슨의 경우 인간광우병이 아님에도 불구하고 인간광우병으로 오보를 보냈노라 흥분하지만 아무도 이들의 소리에 귀 기울이지 않는다. 정부 측에서 변명을 하면 할수록 사태는 악화되어 쇠고기 정국이 대운하정책을 비롯해 교육문제 등 정권의 정책반대는 물론 내각 사태와 심지어는 정권퇴진운동으로 확산되면서 현 정권을 압박하는 사태에 이르게 된다.

<PD수첩>은 왜 촛불정국의 도화선이 되었나?

한 주간 동안 시사다큐와 시사보도를 비롯한 수많은 시사고발 프로그램이 시청자 곁을 찾아온다. 때로는 이슈를 부르기도 하고 외면당하기도 하면서. 그러나 오랫동안 시청자들은 그들의 한결같은 모습에 이미 식상해하고 있었다. 심각한 표정으로 사회자와 기자가 마주앉아 고발 현장을 이야기하거나 유명사회자가 다큐멘터리를 전하는 식의 심각한 논조로 현안을 고발하는 식이다. 그런데 <PD수첩>이 이러한 정형화된 모양새를 벗고 전격 생방송 쇼 형식의 진행을 시작하게 된다. 생방송으로 진행하다 보니 사안에 대해 심도가 떨어진다는 비판을 받으면서 별다른 주목을 받지 못한 채 프로그램을 끌어가던 중 미국산 쇠고기의 위험성을 고발한 긴급취재에 이르러 시청자들의 엄청난 반향을 만나게 된 것이다.

시대의 정직한 목격자가 되겠노라 하는 <PD수첩>이 촛불집회의 도화선이 된 이유는 무엇인가? 인터넷 공간을 통해 미국 쇠고기 광우병의혹과 수입협상의 과오가 논란이 되어왔지만 '긴급취재, 미국산쇠고기 과연 광우병에서 안전한가?' 만큼의 위력을 가지지 못했다. 그만큼 <PD수첩>이 제공한 정보에는 인터넷 매체가 제공할 수 없는 충분한 근거와 설득력을 내포하고 있었던 것이다. 이로 인해 국민은 <PD수첩>이 전격적으로 고발하고 담아낸 정보들을 통해 그동안의 불안이 기우가 아니었음을 확신하게 되고 결국 이는 촛불민심으로 타오르게 된 것이다.

평이한 방송 그러나 폭발적인 반향

프로그램의 캐치프레이즈대로 이 시대의 정직한 목격자로서 역할을 감당한 것뿐인데 그 파장은 생각보다 컸고 심지어는 방송사의 거취까지 위협받는 상황이 되어버리고 극보수단체는 방송사를 좌파로 몰면서 공격을 가하는 상황에 이르게 되었다. 그렇다면 <PD수첩>이 긴급 취재한 리포트는 무슨 내용이며 시청자는 본 방송을 통해 무엇을 확인하게 된 것일까?

먼저 본 방송에서는 정부에서 주장하는 '미국사람들도 아무 문제 없이 먹는 미국 쇠고기의 안전성'에 대한 의문을 제기하는 것으로 그 문을 열었다. 그 근거로 미국 버지니아를 찾아 vCJD 인간광우병 의심판정을 받고 죽어간 아레사 빈슨 사례를 취재하고 미국의 도축실태를 고발한 미국 동물보호단체인 휴메인 소사이어티(Humane Society)의 다우너카우 동영상 파문을 취재 전달했으며 일본과 중국의 관계자를 만나 한미쇠고기협상에 대해 싸늘한 반응 취재를 통해 이번 협상 결과 한·중·일 3국의 검역기준 중에서 우리나라가 가장 허술한 조건을 수락했다는 것이 국제적으로 입증되었음을 보도하고 또한 한국인의 유전자가 광우병에 취약함을 과학적으로 증명하는 등 전체적으로 미국 쇠고기가 결코 광우병으로부터 안전하지 않으며 광우병 오염물질 0.001g만으로도 인간 광우병을 일으킬 수 있고 이 오염 물질은 소독하거나 끓여도 없어지지 않음을 심도 있는 취재구성으로 담아냈다.

현지취재를 통한 근거제시와 자체 분석을 통해 전체적으로 우리 정부의 안이한 대응자세를 비판하고 미국의 도축시스템과 잘못된 사료로 인한 광우병 위험을 경계하면서 "농수산부에서는 미국 쇠고기가 100% 안전하다는 말은 못하면서 99.9% 안전하다고 했다. 그렇다면 0.1%의 의미는 무엇인가? 운에 맡기고 미국 쇠고기 먹으란 말인가?" 하는 질문을 던지는 것으로 방송을 맺고 있다.

방송은 비교적 평이했다. 사안에 대해 의문을 갖고 현지취재를 통해 확인, 논란이 되는 부분에 있어 과학적인 근거를 제시하는 전문가 인터뷰……. 늘 해오던 방식으로 그렇게 진행이 되었으나 이번에는 달랐다. 시청자들의 반응은 폭발적이었다. 이는 광우병의 위험에 대해 그만큼 많은 사람들이 관심을 가지고 있었으며 미국 쇠고기가 더 이상 안전하지 않음을 방송을 통해 확인한 만큼 99.9% 안전성을 장담하는 정부에 대한 분노 그리고 국민의 안전한 먹거리를 지키는 일에 무관심하고 미국 요구 들어주기에 급급한 정부의 졸속협상을 확인하게 된 것이다. 그동안의 막연한 우려가 눈앞에 구체적으로 펼쳐지자 국민은 분노하고 촛불을 들고 거리로 나서게 된 것이다.

그렇다면 일부 보수언론과 정부가 주장하는 <PD수첩> 방송내용이 괴담 수준의 오보라는 지적은 전혀 근거 없는 주장일까? 구체적으로 짚어보기로 한다.

<PD수첩>의 보도에 선정성은 없었나?

4월 29일 방송된 <PD수첩> '미국산 쇠고기, 과연 광우병에서 안전한가 1'편에서 아레사 빈슨의 어머니가 인터뷰 중 딸의 병명을 CJD라고 표현한 것을 인간광우병(vCJD)이라고 해석해 방송한 건에 대해 오역과 미 농무부가 인간광우병이 아니라고 발표한 내용을 숨기고 아레사 빈슨을 인간광우병으로 몰아가는 등 괴담 사태를 출발시켰다는 주장과 그 진실을 살펴보자.

1차 방송은 4월 29일, 농무부의 중간발표는 5월 5일이며 이후 <PD수첩>의 2차 방송에서 아레사 빈슨의 소식을 다음과 같이 방송에 반영하고 있다.

MC: 근데 이제 지난번에 우리가 방송하면서 소개한 미국에서 광우병으로, 인간 광우병으로 의심되는 증상으로 사망한 고 아레사 빈슨 씨 사망원인에 대한 새로운 소식이 방송 후에 들어왔죠?

PD: 예, 지난 5월 5일 미국 농무부 레이먼드 차관은 아레사 빈슨의 사망원인이 인간 광우병이 아니다라고 발표했습니다. 그래서 PD수첩도 미국의 질병통제센터에 공식적으로 문의를 했지만 아직까지 답은 없는 상태입니다. 그런데 아레사 씨 부모는 이런 사실을 자신들은 통보받은 적조차, 통보받지, 통보받은 적이 전혀 없다며 이런 사실을 왜 자기들에게 알려주지 않는지 매우 화를 내고 있었습니다. 지금 공식 발표는 7월 초로 예정이 되어 있는데요, 그때 가면 정확한 사망원인을 알 수 있을 겁니다.

전문용어 오역에 관한 문제도 제작진의 입장표명을 보면 충분히 설명이 되고 있다. 아레사 빈슨의 어머니는 <PD수첩> 제작진과의 인터뷰 중

딸의 병명을 얘기할 때마다 광우병(Mad Cow Disease)이 의심된다고 여러 번 이야기했고 이것은 프로그램에 나온 다른 인터뷰에서도 확인할 수 있었다. "즉, 딸의 병명을 평상시 쓰는 말로 말할 때는 광우병이라고 하는데 전문 의학 용어를 사용하여 대답할 때는 광우병을 vCJD라고 하면서도 드물게 CJD라고도 표현하기도 했습니다", "제작진 내부에서도 잘못된 용어인 CJD로 대답한 인터뷰의 사용 여부를 논의했으나 전문 의학적 지식이 부족한 어머니가 두 의학용어인 vCJD와 CJD를 혼동한 것이 틀림없고 방송에 나온 인터뷰에서는 명백히 인간광우병을 지칭했기 때문에 번역은 원래의 의미대로 인간광우병인 vCJD로 하자고 결론을 내렸습니다"라는 제작진의 입장표명이 충분히 설득력이 있게 전달되었다.

7월 초로 예정되었던 공식발표가 앞당겨졌고 <PD수첩> 또한 광우병 의심으로 부검이 있었다고 보도했으며 아레사 빈슨의 경우도 방송에서 광우병으로 단정한 사실이 없는 것으로 확인된다. 이러한 과정으로 보아 <PD수첩>의 긴급취재 방송은 분명 괴담 수준이 아니라 근거가 충분한 내용임을 확인할 수가 있다. 하지만 본 방송은 그 근거를 풀어가는 장치로 '다우너카우' 동영상과 '아레사 빈슨'의 사례를 이용한 것은 분명한 사실로 보인다.

광우병의 위험을 아무리 설명해도 '적게 먹고 안 먹고 미국사람들은 잘 먹고 있다. 심지어 우리 한우는 어떤가?' 식의 답변을 일축하기 위한 효과는 100%로 달성했지만 자극적인 동영상이 광우병과 연관되면서 그 진실이 과장된 측면도 간과할 수는 없다. 또한 한국인 유전자가 광우병에 취약하다는 취재내용도 자세히 분석해보면 유전자가 아니라 식습관이 취약한 것으로 밝혀지는 등 <PD수첩>에서 논리적 근거로 제시했던 쟁점들이 대부분 입증이 안 된 사실인 면도 부정할 수는 없다.

하지만 방송 프로그램은 한 편의 논문이 아니다. 논란이 되는 쟁점에 대해 문제제기를 하면 그 뒤는 전문가 집단에서 해법을 찾아야 하는 것이다. 아무리 미국산쇠고기에 대해 광우병의혹을 제기해도 꿈쩍하지 않았던 정부 측의 단단한 문고리를 열게 한 그곳까지 <PD수첩>은 나름의 역할을 한 것으로 생각한다. 문제는 이러한 방송내용을 일부단체나 심지어는 정부가 나름의 입장에서 진실을 부풀려 이용하는 데서 찾아볼 수가 있는 것이다.

휴메인 소사이어티의 다우너카우 동영상을 광우병이 아니라 미국의 도축시스템과 연결지어 좀 더 냉정한 보도를 했더라면 결과는 어떻게 되었을지 질문해보자. 하지만 <PD수첩>이 냉정하고 차분한 접근을 하기에는 그만큼 사태가 긴박하고 심각했던 것으로 판단하면 이도 비판만 할 수는 없는 입장이다. 방송의 공정성, 객관성은 아무리 강조해도 지나치지 않지만 때로는 경계대상이 되는 선정성을 도구로 시선을 집중시킨 뒤 쟁점을 풀어가는 그러한 구조를 병행해야 하는 텔레비전 매체의 특성을 고려할 때, 이번 사태에서 드러난 <PD수첩>의 선정성은 무죄가 될 수밖에 없는 것이다.

PD 저널리즘은 빛났다

미국과의 쇠고기 협상과정을 공개하지 않고 미국사람도 아무 문제 없이 먹는 쇠고기를 천명하면서 심지어는 적게 사먹고 안 사먹으면 된다는 식의 정부 측 해법을 들으면서 분노하고 불안해하는 국민들에게 그 진실을 명확하게 전해준 <PD수첩-긴급취재> 편은 광우병괴담을 만들어 국민을 선동한 것이 아니라 국민의 알권리를 충족시키는 그 역할이 돋보였다는 평가를 내릴 수 있다. 아레사 빈슨의 사망원인이 본질이 아니다. 결국 정부의 쇠고기협상이 졸속이었음이 드러났고 현재 추가협상이 진행 중이다.

그럼에도 불구하고 보수언론은 본 방송의 내용을 괴담으로 전락시키고 정부는 언론중재위에 본 프로그램을 고소, 언론중재위는 중재에 실패하고 중재위원회 직권으로 반론보도 결정이 내려지고 이와 관련해 <PD수첩>은 일부는 반론보도를 했지만 일부에 대해 이의를 제기할 것이라는 입장을 공식적으로 밝히고 있다. 시대의 정직한 목격자로서 용기 있는 소리를 내는 일은 결코 순탄치 않다. 기자는 매일 매일 속보성에 그 운을 걸어야 하며 타 사와 경쟁의 끈을 늦출 수가 없다. 이러한 구조로 인해 심층보도의 한계를 시사교양물이 이어받아 나름의 대안을 만들어가고 있는 방송 현실에서 <PD수첩>은 그 탁월한 순발력과 심층 취재로 PD 저널리즘의 영역을 확장해가는 대표적인 프로그램으로 주목받고 있는 것이다.

촛불집회에 나선 시민들 손에는 저마다 디카와 핸드폰이 들려 있고 모두들 나름대로 시각으로 찍고 취재한 내용들을 인터넷 포털 사이트를 통해 올리고 토론에 여념이 없는 모습을 볼 수 있었다. 시민들이 여론을 스스로 리드해가고 언론들은 이를 쫓는 데 급급한 모습을 보였다. 심지어는 집회 후에 쓰레기를 조선일보, 동아일보 사옥 앞에 버리고 갔다는 후문도 있다. 왜냐하면 보수언론은 더 이상 의미가 없는 쓰레기임을 암시한 행동이었다 하니 참으로 난감한 사태가 아닐 수 없다.

여론을 리드해가던 주요 신문들이 하루아침에 쓰레기가 되는 현실에서 방송도 이를 구경만 할 수 없는 현실이다. 언론의 계도성이 상실해가고 그 역할의 변화가 시대를 흐름을 쫓지 못하는 현실에서 시대감각을 정확하게 읽어내어 국민이 원하는 정보를 제공하고 이로 인해 올바른 여론형성에 도움이 된다면 방송은 충분히 그 역할을 감당해낸 것이고 국민의 시사 프렌들리에도 기여한 것으로 보인다.

에필로그

촛불정국을 겪으면서 다채널 다매체 시대를 살고 있음을 실감하게 된다. 다양한 매체와 채널을 통해 자신들의 의견을 나누고 민심을 끌어가는 모습을 대하면서 우리네 기존언론의 위상이 위협을 받고 있는 현실 또한 새삼 확인할 수 있었다. 이를 극복하기 위해 기존의 공중파는 점점 공익의 역할을 포기하고 선정성이 강조되는가 하면 일부 신문매체는 그 존재를 위해 기관지처럼 변해간다는 비판이 제기되는 가운데 촛불정국이 대두되었다. 국민 스스로가 취재하고 토론하고 인터넷을 통해 스스로 언로를 확보하면서 민심을 주도하는 양상이 벌어지게 된 것이다.

이러한 변화를 잘 읽어내고 좀 더 국민에게 적극적인 정보의 전달을 위해 PD 저널리즘이 확산되고 있음은 바람직한 방송환경의 변화라고 생각한다. 근래 주목받기 시작한 프로그램 중에 <이영돈 PD의 소비자고발>도 이러한 PD들의 전문성과 적극성이 잘 드러난 프로그램이라고 할 수 있다. 시사고발에 국한되었던 PD들의 영역을 소비자고발로 확대시킨 시도는 바람직한 변화로 평가할 수 있다. 날카롭고 통찰력 있는 시선으로 많은 시청자들을 사로잡기 시작한 <이영돈 PD의 소비자고발> 또한 법적공방에 휘말려 있는 상태이다. 소비자고발이니 만큼 공급자들의 공격이 만만치 않을 것이다. 그럼에도 불구하고 매주 새로운 아이템으로 소비자들의 고충을 시원하게 긁어주는 본 프로그램이 사랑스럽게 다가오는 것은 시청자들과 소통을 위한 제작진의 노고가 충분히 전달되고 소비환경을 업그레이드시키는 방송의 역할이 감지되었기 때문일 것이다.

단순한 일회성 현장고발에 그친 기존 보도의 한계성을 극복하고 심도 있는 정보를 통해 사회 여러 가지 현안을 분석하고 진단하는 시사보도 프로그램이 많이 만들어지고 시청자들이 이를 <PD수첩>이나 <이영돈 PD의 소비자고발>처럼 사랑해줄 때 PD 저널리즘은 그 영역을 확대하면서 시청자 곁에 늘 함께하는 프로그램으로 자리매김할 수 있으리라 생각한다.

　<PD수첩>을 통해 문제가 제기되어 촛불민심이 집결되었고 6·10 항쟁 21주년 촛불 집회도 무사히 넘기고 이제 정부의 결단을 지켜보는 상황에서 서서히 촛불집회를 폄하하고 '불장난이 길어졌다'는 등 반대세력이 서서히 노골적인 목소리를 내기 시작했다. <PD수첩>을 비롯한 탐사보도 프로그램은 이러한 촛불정국을 어떻게 헤쳐갈 것인가? 철저한 진단을 통해 그 방향성에 대한 고민을 프로그램에 반영해가야 할 것이다. 국민과 정부가 원활하게 소통할 수 있는 장을 마련하고 때로는 중재를 할 수 있는 고품격 정보를 통해 이 난국을 수습하는 데 다시금 그 역할을 해줄 것을 국민은 기대하고 있다. 정부 또한 <PD수첩>을 향해 흠집잡기에 연연하기보다 왜 <PD수첩>의 보도가 촛불민심을 촉발한 결과를 초래했는지 그 본질을 들여다봐야 할 것이다. 늘 해오던 탐사보도에 충실했던 PD 저널리즘을 대표하는 시사 프로그램을 언론중재위 고소를 넘어 민형사 소송까지 진행하는 것은 자칫 언론탄압으로 이어질 수 있는 졸속처신임을 인식하고, 방송이 사회감시 기능을 다할 수 있는 방송환경을 만들어가는 데 그 힘을 실어주기 바란다.

우수작

지금은 확대지향의 개표방송 중
개표방송은 메커니즘이다

현재근

1. 신화에 갇힌 개표방송

4년 또는 5년마다 반복되는 국가 이벤트 '총선'과 '대선'. 국가의 장래를 결정하는 척도다. 뿐만 아니라 국민의 정치적 의사를 표출하는 장이기에 그 중요성을 지닌다. 그렇다면 여기서 의문점이 제기될 수 있다. 개표방송은 정말 일회성 이벤트인가? 결코 그렇지 않다. 개표방송은 메커니즘이다. 하지만 여전히 KBS나 MBC 개표방송의 형식과 내용은 '개표방송은 이벤트' 라는 신화에 갇혀 있다. 그 문제점을 한마디로 축약하자면 '확대지향의 개표방송'으로 표현할 수 있다. 지나친 결과 중심의 개표방송이 눈에 보이는 숫자에만 관심을 기울이게 한 것이다. 이것은 정작 그 숫자가 어떤 과정을 거쳤고 어떤 의미를 지니는가에 대한 분석이 부족하게 되는 결과를 낳았다.

'확대지향의 개표방송'의 실체는 구체적 사례를 통해 드러낼 수 있다. 먼저 분석 대상은 2007년 12월 19일에 있었던 대선으로 했음을 밝혀둔다.

2007년 대선과 2008년 총선 개표방송과 형식이 거의 동일하다. 뿐만 아니라 선거구가 245개로 쪼개진 총선보다 하나의 대결에만 초점을 맞추는 대선이 분석에 보다 용이하다는 판단에서다.

2. 확대지향 I : 지금은 보여주기식 개표방송 중

먼저 '보여주기식' 개표방송을 지적할 수 있다. MBC의 경우 본격적인 선거방송 전에 <무한도전>, <무릎팍 도사>와 같은 자사의 인기 프로그램을 특집형식으로 편성하고 있다. 이는 확대지향의 매머드 방송을 의미하는 것이다. 특히 젊은 층에 큰 인기를 누리는 콘텐츠를 많이 보유한 MBC에서 이러한 경향을 보여준다.

물론 개표방송의 딱딱함을 오락 프로그램의 부드러움으로 중화시킨다는 시도는 긍정적이라 할 수 있다. 하지만 여기서 놓치지 말아야 할 점은 개표방송의 핵심은 전문성이라는 사실이다. 따라서 '개표방송'은 전문성의 범주 내에서 파격을 시도해야 한다. 그 전문성의 범주 내에서 파격이라고 할 수 있는 것들은 선거과정에서 정치인 행태의 풍자, 선거 과정에서의 뒷얘기, 어록으로 본 선거분석 등이 있을 수 있다. 이런 시도들은 선거와 긴밀한 관계를 유지하면서도 흥미를 유발할 수 있다. 실제 정치선진국이라는 미국에서는 이런 분야가 크게 발달되어 있다. 하지만 지금 시도되고 있는 <무한도전>, <무릎팍 도사> 등은 선거와는 별 관련성 없이 <무한도전> 멤버, 최일구 앵커 등을 내세워 시청률을 끌어올리는 데만 집착하고 있을 뿐이다.

3. 확대지향 Ⅱ: 숫자에 얽힌 수많은 사연들

개표방송에서 보는 수많은 숫자들은 수많은 사연들과 선거과정의 총체다. 따라서 보여주기식 개표방송은 '개표방송은 메커니즘'이라는 본연의 임무에 소홀할 수 있다. 이런 측면에서 선거 과정에서의 메커니즘을 제대로 분석 또는 재현해주지 못한다면 그 개표방송은 죽은 방송이나 다름없다. 선거과정에 해당하는 중요한 요소로 각 당의 TV광고, 신문광고, 유세과정, 선거기법, 슬로건 등이 있다. 이런 요소는 각 당의 고민, 시대정신 등이 고스란히 녹아 있기에 개표 결과를 분석하는 데 핵심적이라 할 수 있다. 하지만 KBS나 MBC 모두 이를 제대로 분석하지 않고 있다. 다만 KBS가 TV광고만 분석했을 뿐이다. TV광고가 얼마나 중요한지는 이전 두 번의 대선을 통해서도 잘 알 수 있다. 'DJ와 춤을', '노무현의 눈물'과 같은 광고는 당시 선거판세를 뒤집었다고 할 정도로 큰 영향을 끼쳤다. 슬로건 역시 마찬가지다. 노태우의 '보통사람', 김영삼의 '신한국 창조', 김대중의 '준비된 대통령'이란 구호는 그 시대의 시대정신, 선거에 임하는 각 당의 전략이 함축적으로 드러난 것이었다. 이렇게 작은 부분이지만, 파급력이 큰 부분을 다룰 때 개표방송의 묘미는 더욱 커질 수 있다. 선거과정의 소소함을 다루는 축소지향이야말로 개표방송 본연의 의미에 가까이 다가갈 수 있는 지름길인 것이다.

4. 확대지향 Ⅲ: 진행=전문성+전달력

개표방송이 메커니즘이란 것은 연속성을 의미한다. 이 연속성이 잘 유지되면 개표방송 당일 전문성 측면에서 우위를 점할 수 있다. MBC의 경우

수개월 전부터 최명길 선임기자가 뉴스데스크에 직접 출현해 대선 주요 현안에 대해 해설하는 코너를 가져왔다. 이는 개표방송 때까지 신경민 앵커 진행, 최명길·박광온 기자의 해설 체제로 이어졌다. 이런 점은 개표방송이 장기간의 메커니즘이란 점에서 연속성을 유지한 것으로 볼 수 있다. 그리고 진행자의 경력을 보더라도 신경민 기자는 정치부 기자와 워싱턴 특파원을, 최명길·박광온 기자는 경력의 대부분을 정치부에서 쌓았다. 특히 최명길 선임기자는 '방송클럽 대선후보 토론회'에 패널로 참석한 MBC 대표 정치부 기자라 할 수 있다. 이는 신뢰성과 전문성의 확보란 측면에서도 중요한 대목이라 할 수 있다. 방송 진행을 할 때도 최명길·박광온 기자는 직접 마우스를 조작하면서 모니터를 통해 설명함으로써 시청자에게 신뢰감과 이해도를 높이는 데 효과적이었다.

반면 같은 시각 KBS는 9시뉴스 앵커인 홍기섭 기자가 메인앵커를, 이춘구 기자가 해설하는 형식을 취했다. 하지만 MBC에 비해 시각적 효과를 극대화할 만한 모니터는 없었고, 조명까지 어둠침침했다. 이런 스튜디오 분위기에서 설명 위주로 개표방송을 이끌어가려고 하니 숫자와 시각화가 생명인 프로그램에서 전달력이 실망스러울 수밖에 없었다. 특히 홍기섭, 이춘구 기자의 경력이 과연 전문성을 요하는 개표방송에 적합한가에 대해서도 의문을 제기할 수밖에 없다. 특히 홍기섭 앵커의 경우는 9시뉴스 앵커로서 무난한 진행능력을 보여주었다. 하지만 종합뉴스인 9시뉴스와 개표방송은 다른 성격의 프로그램이다. 특히 홍기섭 앵커는 현장에서 주로 경제부 기자로서 경력을 쌓아온 경우에 해당한다. 이는 KBS가 개표방송의 전문성을 다소 간과한 것으로 파악된다. 이런 홍기섭 앵커와 이춘구 기자가 단 둘이서 개표방송을 이끌어나가기에는 다소 힘에 부쳐 보였다. 오히려 지난 2002년 대선이나 10·4 남북정상회담 등 특별 생방송에서 뛰어난 진행능력을 보여준 김준석 기자가 적합하지 않았나 하는 아쉬움이 남는다. 여기에 '방송클럽 대선후보 토론회'에 패널로 MBC 최명길 선임기자와 같이 참여했던 고대영 논설위원 정도가 함께 진행했으면 좋았을 거란 견해이다. 한 걸음 더 나아가서 KBS, MBC에서는 대선, 총선과 같은 대형 특별 생방송에 걸맞은 경력과 프로그램 장악능력을 가진 기자를 장기적 차원에서 육성하는 것이 필요하다. 이를 위해서는 '선거전문기자' 도입이 좋은 해결책이 될 수 있다.

여기에 진행을 더욱 빛나게 해줄 화면 및 프로그램 구성을 빼놓을 수 없다. MBC는 출구조사 직후, 실제 개표 전까지 계속해서 출구조사 결과를 자막으로 화면 하단에 표시했다. 그리고 MBC 자체 패널 조사를 축적한 지난 수개월간 후보자별 지지 변화 추이, 노무현 및 박근혜 지지가 시기별로 어떻게 이동했는가에 대한 변화양상, 2002 대선과의 비교 분석 등을 집중적으로 쏟아내기 시작했다. 이는 결과적으로 출구조사 이후 자칫 흐트러지기 쉬운 개표방송에 대한 긴장감을 유지시키는 효과를 가져왔다. 반면 KBS는 출구조사 발표 직후, MBC와 같이 결과 분석을 했으나 TV 모니터 대신 말과 상황판에 의존함으로써 전달력이 미흡했다. 더군다나 출구조사 결과를 화면에 계속해서 띄워놓지도 않았다. 하지만 MBC와 달리 여론조사 전문가가 직접 등장해 출구조사 결과를 직접 브리핑하는 시도는 신선했다. 다만 설명의 대상의 '출구조사가 나오기까지의 과정'이 아닌 '결과 분석'에 치우침으로써 여론조사 전문가의 전문성을 활용하지 못한 대목이 아쉬웠다. 더군다나 여론조사 전문가 2명이 상황판을 이용해 진행하는 방식이었고 설명요령이 매끄럽지 못해 시청자가 조마조마할 정도였다. 여기서 드는 의문점은 이전 각종 개표방송에서 즐겨 이용하고 홍보했던 '3D 스튜디오'를 왜 전혀 사용하지 않았는가 하는 점이었다. 이 방식을 부분적으로 사용했으면 해당 기자가 아닌 사람이 진행할 때, 전달력을 높여줄 수 있었을 것이다.

본격적으로 개표가 시작된 후에는 MBC가 '분당 투표수'를 화면 하단에 배치함으로써 후보의 득표력을 쉽게 파악하게 했다. 반면 KBS는 97 대선, 2002 대선과 화면구성 면에서 별반 차이가 없었다. 여기서 중요한 것은 차이가 없다는 점이 아니라 개표방송의 양질의 방송을 위한 진지한 고민의 흔적이 보이지 않았다는 점이다. 특히 '동명이인 인터뷰'란 코너가 있었다. 이명박, 정동영 등과 같은 이름을 가진 사람들과 인터뷰한 그 시도 자체는 흥밋거리가 될 수 있다. 다만 긴장감 있는 개표 상황에 초점을 맞춰야 할 시점에 이 코너가 방영됨으로써 맥을 끊어버리는 결과를 초래했다.

5. 확대지향 Ⅳ: 아나운서의 역할 논란

마지막으로 개표방송에서 아나운서의 역할이다. 어느 방송사를 막론하고 출구조사 직후 각 지역별 득표율 또는 총선 방송에서의 당선예상자를 발표할 때 아나운서가 읽어주는 형식을 취한다. 이 역시 개표방송의 확대지향의 일환으로 대규모 인력 투입 차원이라 할 수 있다. 하지만 이것이 개표방송의 신뢰성, 전문성에는 전혀 기여하지 못한다. 그나마 긍정적인 효과라면 '발음의 정확성' 정도가 있을 것이다. 하지만 다음과 같은 경우는 어떨까? 이번 대선에서 서울 지역은 이명박 후보의 압승으로 나타났다. 하지만 2002년 대선에서는 노무현 후보가 서울 지역에서 승리했다. 이 경우 출구조사를 단순히 읊어주는 아나운서의 목소리와 2002년의 데이터 및 기타 여러 요인들을 아는 선거전문기자의 목소리가 같을 수 있을까? 더군다나 순간적인 긴박감과 속속 들어오는 결과에 대처해야 할 상황에서 앵커멘트에는 드러나지 않는 여러 추가 설명은 어떻게 할 것인가? 이런 사항들을 알고 모르고의 차이는 같은 목소리라도 절제된 흥분, 놀라움 등으로 미묘하게 표출되는 차이를 가져온다. 이것이 생방송으로 중계되는 개표방송의 묘미인 것이다. 실제로 최근 KBS의 2008년 총선 출구조사 직후, 예상 당선자를 아나운싱하는 과정에서 위의 문제점들을 드러내는 일이 있었다. 웬만한 국민들도 다들 알 만한 유명 정치인, 접전지 등을 제대로 읽지 못해 홍기섭 앵커가 급히 대신 읽어주는 해프닝이 있었던 것이다. 이는 단순 해프닝으로 보기에는 방송사고에 가까운 것으로 개표방송의 신뢰성에 심대한 타격을 가한 일이었다. 따라서 매머드급 인력 투입의 확대지향보다는 선거전문 또는 정치전문기자가 기존 데이터에 기초해 순간순간의 해설을 덧붙이는 축소지향의 전문성으로 가는 것이 올바른 방향이라고 할 수 있다.

6. 우리가 보고 싶은 개표방송

미국에서 가장 최근 개표방송이었던 2006년 CNN의 중간선거가 우리에게 한 모범이 될 수 있다. CNN은 개표방송이 있기 수개월 전부터 'THE SITUATION ROOM', 'ANDERSON COOPER 360°'의 특정 코너를 통해서 지속적으로 선거양상의 추이를 보도한다. 그리고 선거 당일이 되면 위 두 프로그램의 진행자인 울프 블리처(Wolf Blitzer), 앤더슨 쿠퍼(Anderson Cooper), 그리고 선거전문기자인 존 킹(John King)이 모여서 특별 방송 형식으로 진행할 뿐이다. 특히 중요한 점은 그간 선거흐름의 보도상 심화·해석이 가능했다는 점이었다. 즉, 서로 다른 프로그램을 진행하던 앵커들이 같은 무대에 선 것을 제외하면 평소와 다른 점이 없다. 또한 많은 인원이 투입되는 등의 확대지향은 찾아볼 수 없다. 실제로 이는 연속성을 지니게 돼 시청자들에게도 개표에 대한 이해도를 높이는 효과가 있다. 그리고 평소 이들 앵커가 해당 분야에서 지닌 커리어를 보게 되더라도 그 중량감은 시청자에게 신뢰감을 주기에 충분하다. KBS, MBC가 뉴스전문 채널이 아니기에 이를 당장 똑같이 한다는 것은 불가능할 것이다. 그렇다면 평소 뉴스나 보도 프로그램에 코너를 마련해 최대한 연속성을 가지려는 시도가 그 대안이 될 것이다.

7. 이제는 신화를 깨야 할 시점

따지고 보면 선거라는 것이 대선과 총선만 있는 것이 아니다. 그 사이에 지방선거가 치러지고 각종 재·보궐선거가 '미니총선'의 형식으로 치러지고 있는 형국이다. 이를 감안하면 몇 개월이 멀다하고 선거가 치러지는 것이다. 이미 언론에서는 대한민국은 '선거공화국'이라고도 하지 않는가? 여기에 각 선거의 법정 선거기한이 2주일, 그리고 총선의 후보자 공천과정과 대선의 후보자 경선과정 등을 고려하면 선거는 일시적 이벤트가 아닌 일상에 가까운 것이라고 볼 수 있다. 따라서 기존의 '선거는 일회성 이벤트다'라는 신화는 깨뜨릴 필요가 있다. 즉, 패러다임의 전환이 필요한 것이다. 물론 이런 시스템이 정착되기 위해서는 방송사의 장기적인 안목이 필요하다. 이에 대한 근본적인 해결책으로 '선거전문기자' 도입이 필요하다. 이는 선거철에만 임시적 운영되는 선거보도팀의 기자들을 가리키는 것이 아니다. 상시적으로 선거 취재에만 집중하는 기자를 말한다. 이렇게 되면 선거전문기자가 평소의 여론동향, 선거이슈 등을 주기적으로 보도하게 되고 개표방송까지 진행하게 되는 연속성을 지닐 수 있게 되는 것이다. '개표방송은 메커니즘'이라는 원칙에도 부합할 수 있는 것이다.

앞서 살펴본 우리나라 개표방송의 문제점은 '확대지향'이란 한마디로 표현할 수 있다. TV프로그램의 생명은 그 속성에 충실함 여부에 달려 있다. 그렇다면 개표방송은 엔터테인먼트, 보여주기, 전문성 중 분명 전문성의 영역에 해당한다. 개표방송은 또한 단순히 그 결과만을 보여주는 것이 아니다. 그 선거결과가 나오기까지의 메커니즘을 분석하는 장기적이고 연속적인 과정의 표출이다. 따라서 이를 주기적으로 벌어지는 이벤트적 시각으로 접근해서는 곤란하다. 단순히 선거 결과를 보여주는 것은, '숫자 보여주기'일 뿐이다. 지금 상황에서 우리나라의 개표방송에 필요한 것은 선거 메커니즘에 충실한 '축소지향의 개표방송'이다.

가작

<명랑히어로>
수다와 농담의 역습

김범회

거대한 농담의 시대다. 인수위 이후 이명박 정부 취임 100일을 앞둔 지금까지 그 농담은 거듭해왔다. 첫 농담은 이경숙 인수위원장의 입에서 나왔다. 오렌지는 '아륀지'로, 프렌들리는 '후렌들리'가 되었다. 실소가 터져나왔다. 어이가 없어 헛웃음이 나왔다. 내각 구성을 즈음해서는 본격적으로 그 규모를 키웠다. '통일은 없다'던 자가 통일부 장관 후보로 내정되었고 불법으로 농지를 취입한 혐의를 받은 환경부 장관 후보는 땅을 너무 사랑해서 그랬노라 고백했다. 물론, 농담은 여기서 그치지 않는다. 쇠고기 협상을 기점으로 농담은 절정으로 치닫는다. 이번 농담은 국민을 그 대상으로 삼는다. 촛불문화제에 참여한 군중들을 상대로 배후를 지목했다. 있지도 않은 배후를 그들은 그토록 찾아댔고 국민의 목소리를 '괴담'으로 치환했다. 실로 거대한 농담이 아닐 수 없다. 대운하급이다. 농담의 블록버스터화가 시작됐다.

세상은 암흑이다. 적어도 뉴스만 보면 그렇다. 사건사고는 끊임없이 이어진다. 볼수록 가슴은 답답하고 희망은 없어 보인다. 그런데 그토록 심각하던 뉴스가 어느 순간부터 블랙 코미디가 되었다. 있을 수 없는 일이, 통념에 어긋나는 일들이 버젓이 등장했다. 코미디인 줄 알았던 일들이 어엿한 뉴스가 되었다. 하나의 풍자 쇼가 되어버린 것이다. 그러나 뉴스는 여전히 딱딱했다. 웃음이 날 듯 말 듯, 헛바람으로 새어나가기 일쑤였다. 세상은 코미디의 탈을 쓰고 있는데 뉴스와 시사 프로그램은 여전히 경직되어 있다. 방송은 세상을 비추는 데 역부족이다. 농담엔 농담으로 맞서야 한다. 그러다 최근, 시류를 적절히 반영한 프로그램이 전파를 탔다. 농담에 시사를 끌어들였다. 사회를 향해 태클을 날리겠노라고 외쳐댄다. <명랑히어로>다.

얼마 전 '쇠고기 수입'과 관련해 자신의 입장을 밝힌 몇몇 연예인들이 호감을 산 일이 있었다. 탤런트 김민선은 자신의 미니홈피에 "광우병이 득실거리는 소를 뼈째로 수입하다니 차라리 청산가리를 입 안에 털어넣는 편이 오히려 낫겠다"고 썼다. 이동욱도 팬 카페에 "대통령님께서 직접 미국까지 가셔서 부시의 카트를 운전해 드리면서 쇠고기 전면 수입이라는 큰 성과를 안고 오셨다"고 장문의 글을 올렸다. 초유의 일이었다. 연예인들의 정치적 발언이 이상하리만큼 금기시되던 우리 사회에 꽤 파격적인 일이었다. 대중은 환호했고 관심으로 화답했다. 대중은 그만큼 연예인들의 공적 발언을 기대했다. 다만 그 판이 없었다. 그리고 마침내 그 토로의 장을 <명랑히어로>가 마련했다. 지상파 방송을 통해 처음으로 연예인들이 자신의 정치적·사회적 발언을 시작했다.

<명랑히어로>는 두 가지 꼭지로 이루어져 있다. 전반부의 '한반도 지금 행복한가'와 후반부의 '명랑히어로 어워즈'로 나뉜다. '한반도 지금 행복한가'에서는 한 주간의 이슈가 되었던 뉴스를 뽑아 그에 대한 의견을 난상토론

한다. 그들의 시선으로 이슈를 해석하고 그들만의 오롯한 의견을 말한다. 1회에서 다루어진 생필품 50개 집중관리에 대해서 윤종신은 "이명박 대통령의 애드리브가 아니었을까"라는 발언을 통해 웃음을 선사함과 동시에 설익은 정책에 대한 비판의 칼을 들이밀었다. 또 6회에서 다루어진 '쇠고기' 편에서 이하늘은 "이명박 대통령이 '얼리 버드(Early Bird)'라고 하는데 잠이 안 깨 쇠고기 수입도 비몽사몽간에 한 것 아니냐"고 말했다. 일반 오락 프로그램에서는 상상도 할 수 없던 발언들이 이 <명랑히어로>에서는 당연한 일이 된다.

그간의 토크쇼는 MC와 패널들의 신변잡기가 주를 이뤘다. 주로 연애와 소문에 천착했다. 시사는 절대 금지, 그런 건 밤늦은 시간의 고루한 시사 프로그램에서만 소통되는 것으로 다뤄졌다. 그런데 토요일 오후 5시, 7명의 MC는 불현듯 시사를 들고 나왔다. MC들은 그들의 눈높이에서 이슈를 바라본다. 어려운 얘기는 없다. 환율문제에 대해서 김성주는 "그럼 돈을 많이 찍어내면 될 것 아니냐"는 발언을 농담인 듯 진심으로 얘기할 정도다. 확실한 사실은 아닐지언정 그들은 자신의 언어로 거침없이 얘기한다. 전문가들의 정확하고 올바르나 뜨뜻미지근한 발언은 없다. 시원하게 내지르고 풍자한다. 간혹 논의의 방향을 잃기도 하지만 가식으로 가득한 수사나 정치적 계산은 찾아볼 수 없다. 방향 없는 수다의 곳곳에 촌철살인이 숨어 있다.

이 지점에서 <명랑히어로>는 인터넷의 특징을 잡아챈다. 가령 게시판에 하나의 글이 올라오면 댓글들은 수없이 달리기 시작한다. 댓글은 이슈에 중점을 두기도 하지만 전혀 다른 방향으로 논점을 확장시키기도 한다. <명랑히어로>의 토론이 그렇다. 그들은 쇠고기 문제를 논하다가도 김국진의 이혼 이야기로, 또는 신정환의 도박 이야기로 빠져든다. 종잡을 수 없다. 그러나 그런 점이 <명랑히어로>를 더욱 흥미롭게 하는 요소다. 모범적인 것은 재미없다. 가끔 딴짓도 하고 농땡이도 피고, 그러다가 번뜩이는 아이디어를 발견하는 것이다. 웃음 속에 칼이 있다.

<명랑히어로>는 또한 케이블의 속성마저 흡수한다. 케이블 토크쇼는 자유로운 수위 덕분에 이미 벌써 막말, 비난이 핵심 틀로 자리 잡았다. <명랑히어로>는 케이블의 토크쇼처럼 막말, 비난을 지상파에 접목했다. '막말, 비난'은 거침없는 비판을 가능케 한다. 이를 이끄는 건 김구라다. 그의 능력은 이 프로그램에서 여실히 드러난다. 독한 캐릭터인 그의 독설은 그 화살이 동료를 향할 때는 불쾌함을 주기도 하지만 그 겨냥이 시사로 향한 지금, 매우 적절한 힘을 발휘한다. 게다가 김구라의 독설은 동료 MC들의 발언마저 원활히 이끌어낸다. 그의 독설에 자극받은 MC들은 너나할 것 없이 수위 높은 발언을 거침없이 늘어놓는다. 수다와 독설이 함께하는 시사는 그렇게 우리의 생활로 다가선다.

물론 <명랑히어로>에도 한계는 있다. 우선 MC들이 모두 30~40대 초반에 걸쳐 있어 특정 세대에 집중되어 있다. 당연히 다양한 세대들의 의견은 담을 수 없다. 뉴스와 이슈는 특정 세대에 한정되지 않는다. 교육 문제에 대해서는 당사자인 10대의 목소리가, 물가 문제에서는 주부의 목소리가 필요하다. 그러나 <명랑히어로>에 다양한 목소리는 없다. 같은 세대 안에 다양한 정치적 스펙트럼은 존재하지만 세대 간을 아우를 수 있는 총체적 시각은 없다. 특정 계층 세대만이 방송에 투영된다. 세상을 향해 날리는 태클에 남녀노소의 구별이 있을 수 없다. 좀 더 폭넓은 세대의 MC 구성이 필요하다. 성비도 6대 1로 초남성적이지만 박미선의 적절한 활약은 다행히 이런 성비 문제를 어느 정도 상쇄한다.

두 번째 꼭지, '명랑히어로 어워즈'도 문제다. 이 꼭지는 프로그램의 전반적인 성향과 상반된다. 세상을 밝게 비춘 이들을 찾아 상을 수여한다는 제작 의도는 세상을 향해 태클 걸던 전반부의 분위기와 어긋난다. 사건·사고 기사의 한가운데 미담 기사가 어물쩍 끼어드는 꼴이다. 그 꼴도 제대로 갖추지 못해 궁색하다. 숨은 히어로를 찾아내 수상한다는 제작의도도 간데 없다. 수상자는 대부분 MC들의 지인이거나 잘 알려진 연예인에 한정된다. 태클은 없고 낯 뜨거운 덕담이 다시 전파를 탄다. 보노라면 전반부의 그 숱한 독설들이 건전하지 못해 처연해진다. 이 꼭지 때문에 프로그램의 정체성이 흔들린다. 소모적이라는 인상이 강하다. 수상자 선정에 더 발칙한 잣대를 들이밀거나 그럴 수 없다면 과감히 꼭지를 포기하는 것이 프로그램의 통일성을 위해 이롭다.

그럼에도 <명랑히어로>는 분명 가치 있다. 우리나라 오락 프로그램은 두 가지 강박에 사로잡혀 있다. 바로 '공익'과 '감동'의 강박이다. 방송국은 보도교양과 오락으로 철저히 구분되어 있지만 '공익'의 이데올로기에 짓눌린 오락 프로그램은 어떻게든 오락성 안에 공익성을 주입하려 애쓴다. '인포테인먼트'라는 변종 장르는 그래서 탄생했다. 간혹 재미와 의미를 동시에 갖춘 프로그램도 방송되지만 오락 프로그램에 주입된 공익성은 주로 '지루함'과 등치된다. 웃기려는 시도마저 '공익'과 '감동'에 속박되어 제 힘을 내지 못한다. 이도 저도 아닌 뜨뜻미지근함만 남는다.

<명랑히어로>는 시사를 끌어들이지만 다행히 '공익'의 강박에 사로잡히지 않았다. 순수 오락 프로그램으로서의 역할에 충실하다. 주제는 무겁지만 그들이 풀어내는 이야기는 한없이 가볍다. 환율이 폭등하고 등록금이 천만 원을 넘어서고 먹을거리에서는 이물질이 발견되는 세태에서도 그들은 명랑하다. 한없이 가벼운 그들의 수다가 간혹 비판의 칼날에 오르내리곤 하지만 그것은 되레 이 프로그램의 특장점이 된다. 예능의 가벼움을 방패삼

아 더 날카로운 풍자를 가능케 한다. 끝없이 가벼운 오락성에 역설의 칼이 숨겨져 있는 것이다.

<명랑히어로>는 전문가의 언어로 말하지 않는다. 전문가의 고상한 의견은 시사와 정치를 멀리하게 만들 뿐이다. <명랑히어로>는 <100분토론>이 아니다. 다과와 함께하는 한판 수다의 장이자 흥겨운 놀이터다. '시사'는 하나의 장난감에 불과하다. 그들에게 던져진 사명은 치열한 논쟁 끝에 승리하는 게 아니다. 세태를 알고 세상과 소통하려는 진입로의 대중과 함께 나서는 것이다.

사람들이 세상에 관심을 갖고 모두가 세상사에 참여해야만 이 세상은 온전히 우리 것이 된다. 현재 진행되고 있는 촛불문화제는 그 시작이다. <명랑히어로>는 순수한 오락성으로 시사를 생활로 끌어들였다. 사람들에게 세상과 소통할 도구가 되어주었다. 비록 세상은 아직 명랑하지 못하다. 뉴스는 여전히 눈살을 찌푸리게 하고 한숨을 거듭하게 한다. <명랑히어로>가 다루는 뉴스가 파격적이지 않고 식상함으로 다가올 때, 그 식상함이 오락 프로그램으로서의 <명랑히어로>에 종말을 고할 때, 그때 세상은 더 나아질 것이다. 그날까지 <명랑히어로>의 종횡무진 수다는 거듭되어야 한다. <명랑히어로>가 명랑하게 받아들여지는 사회를 위해, 농담이 농담으로 받아들여지는 사회를 위해.

가작

곁에 있어줘서 고마워요!
KBS 현장르포 <동행>

김소영

한국 사회에 '럭셔리' 바람이 불기 시작했다. 어딘가 모르게 고급스럽고 호화스러운 이미지를 풍기는 이 단어에 사람들은 열광한다. 경제적 여건과 무관하게 너도 나도 타워팰리스를 꿈꾸고, 빚을 내서라도 기어이 명품을 장만하고야 만다.

그러나 물질적 부에 대한 동경 이면에는 그렇지 못한 현실에 대한 혐오가 자리한다. 가난은 온갖 부정적인 이미지와 결합되면서, 최대한 피하고 배척해야 할 대상이 되었다. 속된 말로 '빈티' 난다는 건 최대의 모욕이다. 그래서인지 이제는 어느 시대, 어느 사회에서나 존재해왔던 가난한 사람들이 눈에 띄지 않는다. 가난한 사람들의 쉼터는 최대한 도시 공간의 외부로 밀려나 흩어지고, 새벽이나 야심한 시간에 길을 나서는 그들 삶의 동선 역시 보통 사람들의 동선을 훨씬 벗어나 있다. 그렇게 가난한 사람들은 서서히 잊혀간다.

방송 역시 이런 분위기에 편승한다. 드라마 속 인물들은 대개 고소득

전문직에 종사하는 부유한 이들이며, 그들과 대비되는 서민들 역시 현실 속 극빈층, 차상위 계층과는 비교도 안 될 만큼 넉넉하다. 사람들이 방송에서 가난한 사람들을 마주하는 때는 성금 모금을 위한 자선 프로그램을 시청하는 순간이 유일하다. 그렇게 가난은 서서히 우리 사회에서 배제되고 있다. 바라보기 불편해서 외면하고, 외면하기 때문에 더 숨어들 수밖에 없는 가난한 자들의 삶. 가난한 사람들이 주목받기는커녕, 사회적 낙오자로 손가락질받으며 냉대받는 현실, 그것이 바로 우리 사회 빈곤이 놓인 자리다.

사람이 살고 있었네

KBS 현장르포 <동행>은 가난을 배제하는 사회 분위기에 정면으로 도전한다. <동행>의 카메라가 응시하는 것은 사람들이 불편하다는 이유로 외면하는 한국 사회의 가장 누추한 풍경들이다. 그 풍경 속에서 한국 사회 '신빈곤'의 현실이 가감 없이 까발려진다. '신빈곤'은 이전의 빈곤과는 전혀 다른 형태를 보이는 빈곤의 새로운 양상을 지칭한다. 지난 시절의 가난이 지금 당장은 못 먹고 못 입어도 언젠가는 잘살 수 있게 되리라는 '희망의 가난'이었다면, 지금의 가난은 아무리 열심히 살아도 결코 헤어날 수 없는 '절망의 가난'이다.

<동행>의 출연자 대부분은 일을 하고 있음에도 도무지 가난에서 헤어날 길이 없다. 대부분 신용불량 상태인 그들은 월급받는 족족 차압을 당해 돈을 모을 길이 없다. 그나마 일터에서도 언제 해고될지 모르는 불안정한 고용 상태에 놓여 있는 경우가 허다하다. 하루 종일 손님이 찾아들지 않는 분식집을 근근이 운영하는 것은 여러모로 적자지만, 선뜻 처분할 수도 없다. 먹고살 다른 방도가 없기 때문이다.

빈곤의 그물망에 걸려 이러지도 저러지도 못하는 출연자들의 고통스런 모습을 통해 <동행>이 추적해내고자 하는 것은 간단하다. 가난한 사람들을 옭아매는 빈곤의 그물망이 어떤 방식으로 조직되며 그 그물망은 왜 그리 쉽게 해체될 수 없는가 하는 점이다.

이를테면 번듯한 직장을 얻을 요량으로 대학진학을 꿈꾸는 열아홉 여고생은 등록금이 없다며 대학 진학을 포기하라는 아버지의 강요에 어깨를 들썩이며 운다(7화 '아빠 대학 갈래요!' 편). 가난이 지긋지긋한 소녀가 대학에 가지 못하는 것보다 두려운 건, 어쩌면 자신도 부모님처럼 살게 될지도 모른다는 사실이다. 부모의 경제적 여건이 교육을 매개로 대물림되는 현실이 소녀의 구체적인 고통 속에서 적나라하게 드러나는 셈이다.

그런가 하면 가난으로 인해 사회적 관계망이 제약되고, 단절되는 것 역시 이전과는 다른 신빈곤의 양상이다. 고시원에 사는 게 창피한 나머지 친구들을 집에 불러 놀지 못하는 건 열다섯 성환이의 가장 큰 상처다(25화 '고시원으로 간 삼부자' 편). 그렇게 성환이는 또래 집단으로부터, 학교로부터 멀어지는데도 사회는 대책 없이 이 어린 소년을 방치한다. 물론 신빈곤은 사회적인 단절을 초래할 뿐만 아니라, 절대적인 생존도 위협한다. 병원비가 없어서 병원에 들를 때마다 가슴을 쓸어내리고 병든 자신의 몸을 저주하며 "나는 돈덩어리"라 자조하는 사람들은 정부의 빈곤 대책이 현실의 빈곤 앞에 얼마나 무력한지를 증명하고 있다(제19화 '나의 희망, 아내는 일곱 살' 편).

이들의 존재는 낯설다. 무너져 내리는 흙집, 생쥐가 들끓는 방, 단돈 몇 천 원의 차비가 없어 한 시간을 걸어서 등교할 수밖에 없는 이들의 모습은 충격적으로 다가온다. 그러나 사실 이들은 우리 곁에 항상 있어왔다. 사람들이 보지 못했기에 눈에 띄지 않았을 뿐이다. 사람들은 가난을 외면하고 싶어 했고, 방송 역시 그런 보통 사람들의 심기를 건드리지 않았다. 보통 사람들과 방송이 외면한 절반의 진실을 드러내며 <동행>이 말하고자 한 것은 어쩌면 아주 사소한 것일지도 모른다. 우리가 어디서도 볼 수 없던 그곳에, 우리가 상상하지 못한 방식으로 사람이 살고 있었다는 것.

낯설고, 명랑한

<동행> 이전에도 가난한 이웃들을 비추는 프로그램들은 종종 있었다. 그러나 그러한 프로그램들이 출연자를 그리는 방식은 천편일률적이었다. 대부분 연민을 조장하는 식이다. 시혜의 대상으로 전락한 이들의 이미지는 가난한 사람들에 대한 우리의 편견에서 한 치도 벗어나지 않는다. 그래야만 더 많은 사람들로부터 원조를 끌어올 수 있기 때문이다. 그들의 삶은 대부분 너무도 비참해서 최루탄성 눈물을 자극하고, 자포자기에 빠진 그들은 늘 수동적인 모습으로 비춰진다. 그러나 <동행>은 동정적인 시선으로 그들을 바라보지 않는다. 프로그램은 전반적으로 명랑한 리듬의 배경 음악을 유지하고, 내레이션의 어조는 경쾌하다. 출연자들 역시 억지로 비참함을 호소하지 않는다. 힘들 때는 울지만, 즐거울 때는 웃는다. 화를 내기도 하지만 장난을 치기도 한다. 그들은 우리가 흔히 생각하는 것처럼 그리 무능력하거나 게으르지도 않다.

노숙 10년차의 민 반장은 아픈 노숙자를 병원으로 보내는 일을 하는데, 어느 누구보다 책임감 있고 성실하게 자신의 역할을 수행한다(제4화 '노숙 10년, 위풍당당 민 반장' 편).

또한 <동행>의 출연자들은 경제적으로는 실패했을지언정 자기 삶을 사랑할 줄 안다. 밀린 빚 400만 원을 해결하지 못해 마음고생을 시키는 남편에게 "당신을 만난 걸 단 한 번도 후회한 적 없다"고 위로할 줄 아는 스물여섯의 아내는(제15화 '단칸방 연가' 편) 로맨스를 아는 인물이다.

이들은 가난하지만 어느 누구보다 풍부한 관계망을 만들어가기도 한다. 일당 6만 원을 버느라 아이들을 제대로 돌볼 수 없는 아빠를 대신해 이웃에 사는 노총각은 네 남매의 또 다른 아빠 역할을 맡는다('제8화 한 지붕 두 아빠' 편). 모든 것이 무너져 내리는 절망의 시기, 비슷한 처지에 있는 누군가의 아픔에 손 내밀고 연대할 줄 아는 이들의 성숙함이 빛나는 순간이다. 병풍처럼 전시되지 않고 살아 있는 주체인 그들은 드라마 주인공만큼이나 매력적이다. 그렇게 <동행>은 가난한 이들은 무지하고 게으를 것이라는 우리의 일상적 편견이 얼마나 우스운 것인지 잘 보여준다.

가해자를 고발하는 것 이상으로 피해자의 아픔에 공감하는 데서, 현실의 문제가 개선될 수 있다. 현실의 문제를 개선하는 데 있어 <동행>이 택한 방식은 후자라고 할 수 있다. 가난한 사람들이 일상적으로 겪는 사소한 불편과 상처들을 통해 정부가 실시하는 빈곤 대책의 현실적 무력함을 고발할 수 있다. 그러나 그렇게 피해자의 아픔을 이야기하면서도 그들의 아픔을 전시해서는 곤란하다. 스펙터클한 비참함만 전시하다 보면, 빈곤문제에 대한 구조적 사유는 망각된 채 가난한 이들의 삶이 볼거리로만 전락하기 때문이다. <동행>은 최대한 그들의 삶을 전시하지 않기 위해 노력한다. 매력적이고, 살아 있는 그들의 모습을 통해 우리로 하여금 타자의 아픔에 공감하는 능력을 복원시키고 있다.

너무 안일한 봉합

<동행> 속 출연자들은 하나같이 번번이 현실의 벽 앞에 무너진다.

그러나 <동행>이 절망을 봉합하는 방식은 하나로 집약된다. 가족에 대한 사랑이다. 그들을 다잡는 건 언제나 남은 자식들이며, 아픈 아내이며, 사랑하는 남편이다. 실제로 그들을 살게 하는 유일한 힘은 가족일지도 모른다. 그러나 아무리 현실이 그렇다고 해도 이러한 봉합이 공허할 수밖에 없는 것은 그것이 자신을 살게 할 '남은 가족'조차 허락되지 않는 이들의 존재를 외면하고 있기 때문이다.

'신빈곤'은 가족마저 해체하고 있다. 파산 상태에 놓인 사람들은 일상생활을 영위할 수 없어 어쩔 수 없이 가족이 흩어지기도 하고, 자발적으로 헤어짐을 택하기도 한다. 현실 속 무기력한 부모를, 짐만 되는 남편을 마지막까지 끌어안을 수 없다는 것은 빈곤이 우리에게 주는 또 하나의 상처다. 그럼에도 불구하고 사랑으로 뭉친 가족만이 희망으로 그려지는 것은 신빈곤의 진짜 현실을 외면하는 너무 안일한 태도가 아닐까. 오히려 다른 방식으로 희망의 근거를 찾을 수는 없을까. 가족의 사랑으로 지탱되는 굳은 의지는 그 사랑이 떠난 자리에서 무력할 수밖에 없기 때문이다.

오히려 사랑의 힘으로, 주체의 굳은 의지만으로 가난을 헤쳐나가도록 하는 비정한 체제를 문제 삼는 순간 희망이 열릴 수도 있다. 가난에서 벗어날 수 있게 하는 프로그램을 보다 다양화하는 방안을 모색해볼 수 있다. 자활의 방식을 보다 체계화하고, 대출 상환 프로그램을 개선할 수도 있다. 가족이 아니라 지역 공동체나 사회적 책임을 다하는 기업, 금융시스템이 오히려 이들을 살게 하는 힘이 될 수도 있다. 지금처럼 가족의 사랑만으로 버틸 수 없는 빈곤의 현실을 직시한다면, 오히려 느리지만 그것이 훨씬 더 솔직하고 설득력 있는 전망으로 다가올 수 있다.

동행하기 위하여

양극화가 심화되면서 자신의 의지와 무관하게 극빈층으로 전락한 이들이 많아졌다. 신용불량자, 해고노동자, 노숙자들이 대량으로 쏟아져나와 벼랑 끝에 몰렸다. 방송은 겉으로는 양극화의 심각성을 부르짖지만, 이러한 사회의 변화에 의해 세상 끝으로 밀려난 사람들에게 관심을 기울이지 않는다. 오히려 안락한 세상을 그려내면서 보통 사람들로 하여금 '럭셔리'의 판타지를 조장하고 양극화된 사회문제에 둔감하도록 만들었다. 또한 빈곤 문제에 관심을 기울이고 빈민층을 다룬다고 해도, 대부분의 방송은 가난에 대한 관습적인 시선으로 이들을 희화화하거나 시혜의 대상으로 전락시키는 데만 급급했을 뿐, 이들을 우리 시대의 의미 있는 주체로 호명해내지 못했다. 그런 의미에서 <동행>은 양극화 사회 속에서 경제적 약자를 대하는 태도에 대한 또 하나의 해답을 제시하고 있다.

동행은 함께 걷는 걸음을 의미한다. 동행이 어려운 건, 옆사람 걸음의 보조를 맞추어야 하기 때문이다. 보조를 맞추기 위해서는 천천히 걷는 사람의 속도를 이해하고 기다려줄 수 있는 인내가 필요하다. 그의 걸음이 조금 느리다고 해서 막무가내로 끌어오거나 밀려고 해서는 곤란하다. 그것은 나와 함께 걷는 동행자의 존재를 인정하는 태도가 결코 아니다. <동행>이 우리에게 기대하는 것도 그것일지 모른다. 우리 사회의 경제적 약자를 대할 때 가장 필요한 것은 그들을 사회의 동행자로 인정하는 일이다. 거기서부터 진짜 선의가 시작된다. 가난을 외면하거나 혐오하지 않는 것, 그리하여 가난한 이들을 일방적인 연민과 시혜의 대상으로 바라보지 않는 것이다. 그래야만 지속적으로 우리 옆에 선 그들을 염려하고 돌봐줄 수 있다.

그렇게 오랜 시간 힘들게 우리 곁을 지키고 있던 이들이 다시 건강한 삶의 기운을 회복할 때, 여러 사람의 도움으로 다시 일어설 수 있었다며 환하게 웃을 때, 그런 그들이 다시 자기 걸음의 속도를 기꺼이 늦춰 다른 누군가를 염려할 때 사회는 건강하게 순환한다. 그것이 사회적 연대다. 그렇게 함께 걷다 보면 우리는 서로에게 말할 수 있을 것이다. 곁에 있어줘서 고마워요라고.

가작

살아 있는 모든 것을 위한 기도, <차마고도>

김은준

언젠가부터 우리는 다른 것을 곧 틀린 것으로 동일시했고, 나의 삶을 소중히 여기는 대신 타인의 삶은 덜 소중히 여기거나 별 관심을 기울이지 않았다. 나라, 지역, 때로는 가족 관계 안에서도 마찬가지다. 이렇듯 너나할 것 없이 삶에 대한 상대적 잣대가 난무하는 시대에 문득 브라운관을 통해 나타난 여섯 편의 이야기는 전혀 다른 세상의 모습을 보여주면서도 결국 우리 모두의 이야기를 담고 있었다.

실크로드보다 훨씬 전부터 차와 말이 교환되던 오래된 길. 지도에도 나오지 않는 차마고도는 중국 윈난성과 쓰촨성에서 티베트 라싸를 거쳐 히말라야를 넘어 네팔과 인도의 실크로드와 만나는 교역로다. 거미줄처럼 복잡하고 험한 이 길은 지상에서 가장 멀고 험난한 길이라고 한다. 이 길 위에서 만들어진 <차마고도>는 '방송80주년 대기획'답게 2년의 제작 기간과 편당 2억이 넘는 제작비가 투입된 대작이었다.

<차마고도>는 총 여섯 편으로 구성됐다. 차마고도의 주역이던 마방의

길을 담은 '제1편-마지막 마방'은 팔십을 넘긴 한 마방을 통해 차마고도를 소개하는 것으로 시작된다. 새와 쥐가 다닐 수 있다는 좁은 길을 따라 마방들은 해발 6,000미터가 넘는 높은 산을 넘어 먼 길을 떠난다. 이들에게 마방의 여정은 단순히 교역을 위한 것만이 아니라 신앙의 길이기도 했다.

천년 티베트 불교 순례자의 길을 담은 '제2편-순례의 길'에서는 차마고 도에서 만난 순례자들의 순례 여정을 보여주었다. 중국 사천성에서 티베트 라싸까지 일곱 달이 걸리는 대장정이었지만 순례자들의 기도는 뜻밖에도 의외였다. 살아 있는 모든 것을 위한 기도, 그리고 이웃의 안녕과 평화를 위한 기도 그뿐이었다. 목동이었던 그들은 온 몸을 땅에 던져 절하는 오체투 지로 순례의 길을 걸어간다. 자신의 고행보다는 세상 모든 생명체의 평안을 선택한 순례자들은 그렇게 티베트 천년 불교의 전통을 이어나가고 있었다.

'제3편-생명의 차'에서는 차마고도의 주요 교역품이던 차(茶)를 통해 중국 윈난성에서 티베트, 네팔, 인도까지 열린 교역로와 함께, 차로 인해 속국의 위치가 된 티베트의 역사와 그 속에서 살아가는 마방의 숙명을 보여주었다. 풀 한 포기 자라기 어려운 불모지에서 차를 얻기 위해 말(馬)을 내어줘야 했던, 그래서 중국과의 관계에서 군신의 관계를 맺을 수밖에 없었던 티베트의 슬픈 역사는 마방의 길 곳곳에 묻어 있었다.

'제4편-천년 염정'이 보여준 것은 난창강 협곡의 우물물에서 붉은 소금 이 생산되기까지의 과정이었다. 태양과 바람, 그리고 여인들의 땀과 눈물로 만들어지는 옌징의 소금은 아직도 차마고도의 살아 있는 교역품이지만 점차 수요가 줄어가고 있으며, 인근에 발전소가 건설되면 물에 잠길 위기에 직면해 있었다. 협곡에 만들어진 붉은 소금밭과 쉴 새 없이 무거운 우물물을 져 날라야 하는 현지 여인들의 삶을 통해, 척박함 속에 일궈진 강인하고도 슬픈 삶이 그려지고 있었다.

반면 '제5편- 히말라야 카라반'에서는 소금호수가 만들어낸 소금덩어리를 싣고 장정을 떠나는 히말라야 카라반들의 여정을 보여주었다. 작은 나무 한 그루 자라기 어려운 척박한 곳이지만 이곳에는 신이 내린 선물, 소금이 있었다. 티베트 드록파 유목민들은 호수에서 채취한 소금을 국경지대에서 팔고, 이 소금은 다시 히말라야 돌포파를 통해 네팔과 인도로 팔려나간다. 소금 교역을 하기 위해 겨울철 히말라야 산맥을 넘는 히말라야 카라반의 고된 여정이 오늘날에도 계속되고 있었다.

'제6편- 신비의 구게왕국'에서는 티베트 서부에서 600여 년간 16대 국왕을 거치며 번성하다가 17세기에 홀연히 사라져버린 신비의 불교왕국 '구게'의 흔적을 보여주었다. 히말라야 자락의 한 불모지에서 발견된 구게왕국의 유적은 각종 벽화와 유적들이 당대의 찬란했던 면모를 간직하고 있었다. 10세기부터 16세기까지 국제교역과 문화의 중심지로서 서부 티베트의 심장부였으나 결국 최후의 왕국이 된 구게왕국은 마치 옛날 차마고도의 활발한 교역을 증언할 수 있는 유일한 증인이지만, 영영 말할 능력을 상실해버린 자와 같았다.

책과 지도는 거짓말을 하지 않는다고 했던가. 하지만 차마고도는 지도상에 없는 교역로였다. 그만큼 제작진들은 2년의 제작기간 동안 넘치는 수고를 했을 것이다. 외부에 알려지지 않은 무엇에 대해 자신이 첫 통로가 되어 전달한다는 것은 큰 부담이었음에 틀림없다. 그것이 무엇인지, 어디인지 알지 못한 채 무작정 가고 또 가는 제작 여정이었을 테지만 결국 그 이야기는 시청자의 눈과 마음을 사로잡았다. 그러나 <차마고도>는 제작진의 수고로움 하나 때문에 박수를 받은 것만은 아니었다. <차마고도>에는 그 이상의 요소들이 있었다고 볼 수 있다. 그중 하나가 바로 진정한 문화 소통의 자세였다. <차마고도>는 전체적으로 감정이 철저히 배제된 구성을 보여주고 있다. 외부 세계에 노출된 적이 없는 차마고도 사람들의 모습은 일면 우리에게 큰 흥미와 볼거리임에 틀림없다. 그러나 제작진은 이를 있는 그대로 보여주었을 뿐, 특정한 해석이나 의미부여를 하지 않았다. 대상을 있는 그대로 보여주기. 따라서 <차마고도>에는 문명이라는 이름의 폭력이 존재하지 않는다. 제작진은 차마고도인들에게는 개입자가 아닌 관찰자로서, 시청자들에게는 훈육자가 아닌 안내자로서의 역할만을 수행했다. 이는 차마고도의 삶을 더욱 가치 있게 다뤄주는 효과를 낳았는데, 시각의 주관성을 철저히 배제하고 가치부여를 하지 않음으로써 객관성의 효과가 극대화되었고, 이것은 결과적으로 있는 그대로의 존엄한 가치를 시청자들에게 투명하게 전달하는 성과를 낳았다고 볼 수 있다.

이러한 특성은 영상미에서도 드러난다. 화면은 대개 매우 스펙터클한 장면들이었다. 줌인(zoom-in)이나 클로즈업(close-up)은 거의 없고 풀 숏 위주로 구성함으로써 시각적으로 넉넉하고 안정된 효과를 주었다. 협곡을 지나가는 경우가 아니고서는 핸드헬드 기법은 거의 등장하지 않았고 인터뷰 장면조차 클로즈업은 최대한 지양했는데, 거친 환경 속에서도 정세화된 화면 구성을 할 수 있었다는 것은 그만큼 여러 화면들을 거르고 또 거른 제작진의 고민 덕분이 아닌가 싶다.

더불어 탤런트 최불암 씨의 내레이션은 시청자로 하여금 편안한 조력자의 느낌을 갖게 했다. 내레이션은 의견이 아닌 영상 해설에만 머물렀으며, 따라서 그들에게 개입하고 있는 것이 아니라 한 걸음 거리두기를 하고 있다는 상황을 내내 인지시켰다. 내레이션에서 부족한 설명은 음향과 음악을 통해 채워졌을 뿐이다. 이렇듯 철저히 주관성이 배제된 시각적 구성과 해설은 타자를 있는 그대로 인정하는, 그럼으로써 그들의 이야기에 온전히 눈과 귀를 열어두는 진정한 문화 소통의 가능성을 보여주었다.

두 번째는 사실성이다. 사실성이 주는 감동은 그 어떤 서사보다 강력했다. 사실성은 다큐멘터리의 기본 속성으로 여겨지지만 오늘날처럼 프로그램 장르 간의 벽이 허물어지는 상황에서는 많은 다큐멘터리들이 사실성 이상의 효과를 주기 위해 재가공되곤 한다. 따라서 전부가 그런 것은 아닐지라도 인기 드라마들이 갖춘 요소들이 다큐멘터리에도 등장하는 것을 어렵지 않게 찾아볼 수 있다. 사람들의 시선을 고정시키고 눈물을 자아내기 위해, 여러 요소들 가운데 화려함 혹은 지나치게 꼬인 인생 역정과 같은 특정 요소들을 더 부각시키는 것이다. 그러나 그런 요소에 충실한 드라마가 대개 그렇듯 그 속에 인간사의 기본인 노동의 과정은 대체로 생략되어 있다. 그리고 갈등의 해소라는 과제에 밀려 삶에 대한 성찰 또한 생략되어 있다. 그러나 <차마고도>는 사실성에 충실했다. 단적인 것이 바로 <차마고도>가 보여준 사람들의 삶이다. 마방은 차와 소금 등을 팔기 위해 수도 없이 가파른 협곡과 설산을 올라야 한다. 소금우물가의 여인들은 비가 내리는 날에만 휴식을 취할 수 있을 뿐이다. 순례자들은 일곱 달 동안 오체투지를 하면서 신에게 더 가까이 나아간다. 이처럼 삶을 영위하기 위한 인간의 노동과 기도가 언제나 사람 속에 보여지는 것이다. 인간의 삶과 떼려야 뗄 수 없는 노동, 그리고 자신의 연약함에서 비롯되는 신에 대한 기도는 우리의 그것보다는 물론 더 강하고 일면 가혹하게 보일지도 모르지만, 우리는 화면이 보여주는 리얼리티를 통해 그들의 삶 그 자체에 더 가까이 귀를 기울이게 된 것이다.

셋째, 역사적 가치다. 사라져가는 차마고도 마방들의 숙명, 차와 소금의 교역길, 중국과 티베트를 넘나드는 히말라야 차마고도 사람들의 삶, 그리고 잊혀진 구게왕국 등 문화인류학적 가치가 높은 자료들을 기록함으로써 사료적 가치 또한 갖추고 있다는 것을 들 수 있다.

다음으로 콘텐츠적 가치다. 오랜 준비기간과 촬영기간을 거쳐 만들어진 총 6부작의 이 다큐멘터리는 한국 다큐멘터리가 질적으로 한 단계 높은 작품성을 갖추게 되었음을 보여주었다. <차마고도>에는 편당 2억 원이 넘는 제작비가 소요되었다고 하는데, 콘텐츠의 질적 경쟁력을 갖추기 위해 많은 투자가 선행되어야 함을 보여주는 결과라 할 수 있다. 우리는 한류를 통해 아시아 국가에 우리 문화를 알리게 되었지만 그것은 일부 드라마에 국한되었을 뿐, 다큐멘터리가 한국 문화의 경쟁력을 보여준 사례는 지금껏 매우 드물었다. 그러나 <차마고도>는 아시아뿐 아니라 세계에 소구할 수 있는 경쟁력을 갖춘 콘텐츠로 그 가치가 매우 뛰어나다 할 수 있다.

이러한 요소들을 종합해볼 때 마지막으로 <차마고도>가 갖고 있는 가치는 우리에게 타인을 통해 자신을 성찰하는 기회를 부여했다는 것이다. 제작진은 개입자가 아닌 관찰자로서 열린 눈과 귀가 되어주었고, 이를 통해 다른 문화권의 알려지지 않은 삶을 접한 시청자들은 우리와는 다른 그들의 삶 속에서 결국 인간의 생을 통해 보여지는 깊은 내면의 세계를 함께 만날 수 있었다. 오체투지를 하는 순례자들은 가장 낮은 곳에 그들의 몸을 두었지만, 결국 그들의 영혼은 가장 높은 곳에 있었다. 차와 말이 교환되고 문명이 전파되던 길은 이제 살아 있는 모든 것을 위한 기도가 드려지는, 신에게 더 가까이 나아가는 천상의 길이 되고 있었다. 소금 협곡의 여인들이 알고 있는 세상 전부가 비록 붉은 소금밭 하나뿐이라 할지라도 우리가 가진 문명이 결코 그들의 삶보다 우월하다고는 할 수 없었다. 먼 옛날 마방들이 교역품을 나르기 위해 만들었던 길을 통해 우리는 여전히 존재하는 위대한 삶의 모습을 볼 수 있었기 때문이다.

그러나 <차마고도>에는 한 가지 아쉬움이 있다. 대부분이 소수민족인 차마고도인들은 개발에 밀려 점차 설 자리를 잃어가고 있었다. 말과 사람이

다니던 교역로에는 도로공사가 곳곳에 이루어지고 있었고, 옌징의 소금 협곡은 발전소가 들어서면 물속에 잠길 위기에 처해 있다. 이처럼 오늘날 소수민족이 역사성과 삶의 터전을 점차 잃어가는 모습은 깊이 있게 그려지지 않았다. 소수민족 문제 외에도 중국과 티베트 간 국경 문제와 같은 현안 역시 다뤄지지 않았다. 차마고도의 여정과 마방의 후예로서 남아 있는 그들의 삶의 모습을 보여주는 데 천착한 나머지 현실적으로 민감한 갈등구조를 회피했다는 한계는 <차마고도>를 돌아보는 데 한 가지 큰 아쉬움으로 남는다. 그러나 이런 아쉬움에도 불구하고 시청자들은 어느 영화배우의 수상소감을 빌려 표현하자면, '여러 사람이 오랜 시간 동안 공들여 차려준 훌륭한 밥상'을 그저 맛있게 먹어주었고 그런 밥상을 또다시 기대하는 입장에 서 있다. 충분한 준비기간과 투자, 그리고 제작진들의 노력이 어우러져 잉태된 작품을 온전히 시청자가 주도적으로 감상하고 감동하게 남겨둠으로써 작품의 가치와 더불어 해석적 가치를 함께 전달하는 프로그램을 기대하는 것은 이제 과욕이 아닐 것이다.

　시청자로서 한 가지 욕심을 더 내자면, 많은 이들이 <차마고도>를 일컬어 '명품 다큐'라 한다. 그러나 '명품'이라는 말보다는 이왕이면 '걸작'이라는 말을 붙여주고 싶다. 우리 사회에서 '명품'이라는 단어에 부여되는 신분적 우월성이나 상대방에 대한 폄하를 <차마고도>에 덧입히고 싶지 않은 이유다. 조금 더 솔직하자면 살아 있는 모든 것에 대한 존엄함을 담은 이 다큐멘터리의 정신이 훼손되지 않기를 바라는 마음과, 또 하나 여러 악조건 속에서도 최선을 다해 프로그램을 만드는 이 땅의 모든 제작자들의 수고를, 이 걸출한 다큐멘터리 한 편 때문에 평가절하하고 싶지 않은 시청자의 노파심 때문이다.

한국인의 신(新)욕망 개척
프로젝트 <천하일색 박정금>

드라마는 실체다 그래서 우린 그것을 느낀다?

김이나

TV여 사회적 무의식을 사냥하라!

어느 사회나 그 사회를 구성하는 원동력이 있다. 물론 그것은 성문화된 제도와 법률일 수도 있고 지역마다 세련되게 다듬어진 관습일 수도 있지만, 인간의 삶에 있어서 의식보다 중요한 것이 무의식이듯 제도·법률·관습보다 중요한 것은 그 사회에 잠식되어 있는 무의식적 구조다. 이는 한 사회가 그 사회를 설명하기 위해 이제까지 써왔던 통리(通理)적인 사고방식을 의심하고 주류에서 미끄러질 수밖에 없었던 잠자고 있는 도린곁(외진 곳)들을 다시 불러내어 사회를 해석하는 무기로 활용하는 방식이다.

TV가 신체의 구조를 갖는다는 억견(doxa) 또한 이러한 맥락으로 이해될 수 있다. 미디어의 의식화된 개념은 기계적·전기적 자극과 이동이지만 그것을 수용하는 사회의 무의식은 미디어를 인간적 감각으로 인식하게 만들었다. 이는 TV 자극이 인간적 무의식으로 작용하여, 사회를 구성하는 심연의 힘이 되었다는 의미다. 따라서 성공한 프로그램을 창조하려면 시청자의 개인적·집단적 무의식을 불러내야 한다. 지극히 의식적이고 지극히 윤리적인 소재로는 새로운 욕망을 요구하는 시청자를 만족시킬 수 없다.

물론 부조리한 사회적 현상과 통념을 무의식적 고고학을 통해 사회적 논쟁의 실마리를 제공하는 <시사다큐 2580>이나 <PD수첩> 등은 시청자의 사회적 무의식에 관한 새로운 이해를 돕는다(불평등, 부조리, 비민주화 등). 하지만 범인(凡人)의 의식이 언제나 날카로울 순 없다. 예술에 비유하자면 다큐는 클래식이고 드라마는 대중음악인 것이다. 특히 각다분한 내일을 준비해야만 하는 공포의 주말 밤엔 클래식을 듣기보다 대중음악을 따라 부르는 것이 우리에겐 익숙하다. 하여 중용은 윤리적인 덕목만은 아니다. TV가 중용을 지켜야 하는 까닭은 무겁기만 한 사회적 무의식의 구조와 가볍고 신명나는 사회적 무의식의 구조를 적절히 중용하길 시청자가 원하기 때문이다. 물론 어려운 문제를 쉽게 표현하고자 오해를 야기하는 일도 비일비재하겠지만 중용의 덕을 지켜 오해보다는 시청자의 욕구를 자유의 욕망으로 불태우게 할 줄 아는 것이 TV의 현실적 역할이 아닌가 싶다.

여러모로 어려운 난제를 극복해야 하는 주말 밤의 프로그램은 이런 이유로 어렵다. 자극적이고 통리적인 − 습속(習俗) 혹은 통념에 길들여져 예상이 너무나 쉬운 − 프로그램은 진부하고 재미없으며 어렵고 무거운 프로그램은 가뜩이나 피곤한 시청자의 일상이 거북해지게 하기 일쑤다. 그런 의미에서 미디어 시대에 필요한 신(新)욕망을 양산한 프로그램은 절실했다. TV와 이혼하고 문자와 결혼하고자 했던 내겐 이런 욕망의 응어리가 조금밖에 남아 있지 않지만 문자와의 조우는 신(新)욕망이라기보다 구태적(舊態的) 욕망에 가깝기 때문에 신(新)욕망은 신(信)욕망의 도구로 쓰여야 했다. 그것이 바로 주말 밤을 문자와 이별하고 TV와 재회하게 만든 프로그램 <천하일

색 박정금>(이하 <박정금>)이다.

한국인의 여성성에 대한 심연(深淵)

한국 사회의 습속은 단단한 남성적 구조 – 군사문화와 민족주의라는 두 축의 명분으로 가행된 욕망의 억압의 대가로 우린 경제 성장을 이룩했다 – 로 이루어져 있다. 급속한 경제발전과 급박한 테크놀로지의 수용으로 세대 간의 단절은 된바람을 맞았고, 군부시절의 횡횡했던 비리와 억압은 다듬어지지 않은 과격한 파괴 욕망을 만들었다. 이렇듯 과격한 남성적 요소가 한국의 현대사를 주름잡았던 것은 부인할 수 없는 사실이다. <박정금>이 노린 도발적 작전은 한국 현대사에 미끄러진 여성성에 대한 심연적 이야기를 세련되게 이용한 데 있다. 한국여성은 늘 수동적이며 비주류적으로 해석당해왔기 때문이다. 하지만 작용이 크면 반작용도 거센 법. 수동적 여성상의 전통이 깊은 한국의 정서가 이젠 새로운 여성성에 대한 반작용 현상으로 신욕망을 개척할 가능성을 제공하게 된 것이다.

그렇다면 한국 사회의 TV속에 공통적으로 내재되어 있는 여성성의 무의식이란 무엇일까? 또한 한국인의 정서에 여성성의 개입이 자극적인 이유는 무엇일까? 한국 사회에 숨어 있는 무의식의 범주 중 여성성은 새로운 욕망을 창조하는 데 얼마나 매력적인가?

우선 <박정금>의 기획부터 살피자. 제작진이 밝힌 바대로 드라마의 주류가 된 진부한 로망스나 신데렐라 콤플렉스를 거부하고 새로운 형식의 극적 드라마를 창조하고자 했다. 여성을 매개로 한국에 새로운 형식의 드라마 변혁을 꾀했던 제작진의 의도는 한국의 여성성에 대한 심연을 미리 예견했던 것이다. <대장금>과 <겨울연가>가 대만과 일본1)에서 큰 호응을 얻었던 이유 또한 한국 드라마의 여성성에 차분한 전개가 한몫했다. 드라마의 전통상 한국 여성은 극진한 보살핌이 필요한 어린이상이거나 전원일기의 김혜자 같은 현모양처가 주류를 이뤘다. 물론 90년대 이후 여성의 권위가 상승하여 커리어우먼 같은 슈퍼 영웅적 여성상이 드라마에 도래하기도 했으나 여전히 한국적 여성성이란 지극히 차분했다. 자극이 반복적이면 반응도 더딘 법. 드라마의 여성에 대한 지고지순한 편견성은 드라마를 별로 흥미 있게 진화시키지 못했다. <박정금>은 이런 한국 사회의 내재되어 있는 여성성에 대한 불만을 외부로 드러냄으로써 새로운 여성성에 대한 이해를 돕는 재미를 제공했다고 볼 수 있다. 아프게 자라난 아이가 건강한 면역을 갖는다는 단순한 생명 상식처럼 <박정금>은 깡패와 사투를 벌이면서도 자신을 어쩌면 남성적으로 다듬는 가장의 이미지로 승화하여 새롭게 여성을 이해하고 싶은 우리에게 순자극을 충분히 제공하고 있다고 생각된다. 최재천 교수의 말대로 "여성화 시대에는 남자도 화장을 고쳐야 하는 법"이다. 어쩌면 화장을 빨리 고치고 싶은 남성은 주말 밤 화장을 고치기 위한 오이 마사지를 하고 있는지도 모를 일이다.

인간적인 너무나도 인간적인 주인공

<박정금>엔 꽃미남도 로망스도 없다. 배종옥이란 지극히 식상한 아줌마가 주인공이며 시대의 트렌드인 꽃미남 대신 김민종과 손창민 같은 중견 배우를 중심으로 구성했다. 그들의 사랑엔 로미오와 줄리엣 같은 로망스가

---

1) 대만은 중국에게 억눌린 역사에 대한 자극이 필요했고, 일본은 부드러운 남자에게 차분히 안기는 여유 만만한 여성이 절실했다

없다. 사랑에 대한 자극적 열망도 없고 목숨을 걸 대상도 없다. 이들의 사랑법은 지극히 인간적이다. 사랑을 위해 물불 가리지 않는 거친 사랑법 대신 인간을 위해 사랑을 양보하고 자기의 내부로 사랑을 인내하는 것만으로 만족하는 은근한 사랑법을 이야기한다. 다 타버린 40대의 사랑엔 화려함이란 없다. 그래서 <박정금>은 사랑을 여성과 남성의 문제로 접근하기보다 인간적인 문제로 접근한다. 한 여성에 대한 문제의식을 넘어 한 인간 그것도 상처로 뒤범벅되고 거친 남성들 속에 더 치열해질 수밖에 없는 한 엄마의 이야기를 통해 사랑의 진정성을 조심스럽게 다루는 것이다.

<박정금>, 천하를 호령할 그 매력의 배후

한국 드라마의 가장 큰 차별성은 첫째로 등장인물의 말도 안 되는(적은 인건비로도 엄청난 연기력을 보이는) 연기력이다. 주류 방송사의 드라마 시장 점유가 그 어떤 나라보다 강한 한국 사회의 특성상 이러한 차별적 연기성은 당연한 결과라 볼 수 있지만 배종옥의 연기력은 실로 세계적이다. 조디 포스터의 당찬 카리스마와 위노나 라이더의 부드러움을 모두 갖춘 배종옥의 연기는 드라마를 풍성하게 하기에 충분했다. 마치 10년 만에 굿판에 들어선 신들린 무당처럼 오랜만에 복귀한 배종옥의 연기력은 입가를 부르르 떨게 할 만큼 대단하다. 이 연기력이 드라마의 극적 구성을 더 극적이게 만들고 환상적으로 치닫을 수 있었던 드라마의 전개를 현실과 밀착시켰다. 과거 배종옥이란 이름값을 거부하고 작품성을 먼저 생각한 배종옥의 연기 정신이 드라마 속에 심층적으로 녹아든 것이다.

물론 주변 인물의 연기력 또한 무시할 수 없다. 한국의 모든 작품이 그러한 연기자들의 하나 된 호흡―물론 주인공만을 부각하여 하나로 포섭되는 영웅주의적 드라마는 이와 다르다— 이 녹았다고 확언할 순 없지만 적어도 <박정금> 속의 인물은 부각되는 주인공을 더 부각되게 하며 드라마 전체의 구성력 또한 극적으로 꾸미기에 충분했다.

두 번째 요소는 연출력이다. 카메라의 여러 가지 구도법과 편집력은 영화를 상상하게 만든다. 영화의 예산과 시간적 투자가 드라마와는 비교할 수 없음을 감안한다면 <박정금>의 연출력과 편집력은 차세대 드라마의 형식을 좌우할 정도로 위대했다. 특히 극적 이야기 전개를 위한 설정화면 (etablishing shot) 기법, 이야기 전개를 세련되게 뒤섞는 몽타주(montage) 기법은 <박정금>의 데쿠파주(decoupage)가 한국 드라마를 즐기는 시청자에게 신(新)욕망을 자극하기에 충분했다.

<박정금>, 고전의 반열엔 아직 무리

한국은 10년을 주기로 시대의 반역을 꿈꾸는 드라마가 일상을 모두 삼켜버렸던 기억이 있다. 80년대엔 수사반장이 그랬고 90년대엔 모래시계가 그랬다. 반역으로 드라마 시장 전체를 도발하는 이런 혁명적인 작품 속에는 시대를 아우르는 중심 에너지가 있었다. 40% 이상의 시청률, 새로운 주제, 새로운 구성, 새로운 인물, 그리고 그 시대가 바라는 무의식적 욕망을 풀어줄 신(新)욕망 자극제가 그것이다. 앞서 말한 제반의 요소가 충족될 때 한국은 TV를 통해 휴가를 떠날 수 있다. 해방의 휴가. 그래서 그런지 가장 경제적인 해방의 휴가는 그렇게 쉽게 오지 못한다. <박정금>이 과연 우리에게 주말 무료 휴가증을 줄 수 있었을까?

자극도 너무 과격하면 몸의 균형을 유지하기 어려운 법. 지극히 여성적인 그래서 한국적일 수 있었던 사회적 억압에 대한 자유로의 욕망과 현실의 벽을 허물고 단지 성실만으로 세상과 싸울 수 있을 것이라는 환상, 대단히 순수한 인물과 대단히 세속적인 인물 간의 대립, 그런 것들 속에서 <박정금>은 드라마의 신욕망을 개척할 수 있었지만 어쩌면 그렇게 혁명적인 시도가 다듬어지지 못한 <박정금>의 한계일 수도 있다.

다시 말해 <박정금>은 여성적 요소를 너무 많이 내세운 까닭에 10년에 한 번씩 오는 무료 휴가증을 다시 줄 수 없었던 것이다. 무엇보다 드라마의 열기가 불타올랐을 때 더 이상의 소재를 찾기 힘들어 전개의 속도를 늦춘다는 느낌이 드는 것은 한국의 드라마 생산 구조에서 신욕망 개척 프로젝트의 완성도가 미흡함을 방증한다. 새로운 구성, 새로운 소재, 새로운 인물, 시대를 포괄하는 사회적 무의식을 통쾌하게 실현할 수 있었지만 30% 이상의 시청률을 끌어올리지 못했던 이유 또한 현재 한국 드라마의 한계와 연장선 상에 있다. 세계 제패라는 민족적 영웅주의만을 소재로 담고 지극히 단순한 구조를 다뤘던 주몽이 50% 가까운 시청률을 기록한 것을 보면 <박정금>의 시도는 새로운 욕망을 만들어내는 시원적 차원에서만 그 가치를 평가할 수 있을 것이다. 새로운 것을 생산하기 위해 새로운 여성상을 바라는 사회적 무의식을 빌린 <박정금>은 그 두 가지 한계 때문에 몇몇 마니아들에게만 박수를 받을 수밖에 없었다.

전복적 드라마의 가능성: 초월에서 포월(包越)로

드라마는 현실을 초월한다. 그만큼 현실이 극적이지 못한 이유다. 드라마가 현실을 초월해 환상의 재미를 시청자에게 줄 때 시청률은 그에 보답한다. 주몽의 의상이 고고학적 근거가 아닌 신비적 요소로 디자인되었다는 사실 또한 환상이 현실을 지배하는 현대의 형식을 보여준다. 사실 고구려 시대의 사실적 묘사는 그것 자체가 환상이었다. 문헌학적 증명의 한계가 분명한 시대를 능갈치게 구성했던 MBC 제작진은 참으로 대단한 마술가다.

요즘 방영되는 대부분의 드라마는 현실적이기보다 환상적이기에 자극적이었다. 그렇지만 초월도 반복되면 지겹다. 지겨운 것은 다시 현실적이기에 드라마를 욕망을 충족하는 수단으로 사용하기보다 그냥 습관적으로 즐긴다. 이것은 골초가 담배를 이유 없이 피는 것과 같다. 이제 시대는 새로운 드라마의 욕망을 요구한다. 아니 그 시기가 이미 지난 것이 사실이다.

드라마는 인간 곁에서 인간을 설명하고 정의하고 판단하는 살아 있는 생명이 되었다. 이것은 철학자들만의 몫이 아니다. 우린 그것을 언제나 느낀다. 드라마가 생활이 되었기에 우린 그것을 욕망한다. 욕망은 새로운 욕망을 원하듯 드라마는 우리에게 새로운 욕망을 충족시켜줄 의무가 있다. TV는 미디어를 대표하기에 TV에 요구하는 새로운 욕망에 대한 갈구는 그 어떤 미디어보다 강하다. 따라서 TV를 대표하는 드라마 형식의 프로그램은 현실을 다시 살펴야 한다. 이제 초월적 소재는 현실적이다. 초월이 환상이기 때문이고 환상이 지겹기 때문이며 지겨운 것은 다시 현실적이기 때문이다.

<박정금>이 보여주었듯 신(新)욕망을 자극할 소재는 이제 초월이 아닌 포월(包越)적 차원에서 다뤄져야 한다. 현실을 초극하는 형식이 아니라 현실을 아울러 뛰어넘어야 한다는 것이다. 현실의 소외되고 억압된 욕망을 자극하면서 현실을 살아가는 사람의 면면을 포함하여 뛰어넘는 형식. 그것은 상류 2%의 생활을 보여주면서 1억이 넘는 외제차를 몰고 다니는 환상에서 시청자를 깨울 방법이다. 2%가 한국을 대표하지 않듯 환상이 TV를 포섭하는 시대는 가야 한다.

드라마는 이제 현실 속에서 현실의 보이지 않는 무의식적 문제를 도식화

할 준비를 해야 한다. <박정금>은 초월적 드라마에 질린 대부분의 시청자들에게 포월적 드라마의 재미와 혁명성을 보여줄 훌륭한 계기가 되었다. 이젠 <박정금>을 다시 보며 그것을 활용하여 신(新)욕망 개척을 위한 신(新) 프로젝트를 구상할 때가 왔다. 더 이상 내게 TV와 재이별하는 슬픔을 안겨주지 않았으면 하는 소망이다.

가작

2008년 한국 예능 프로그램, 캐릭터의 힘 그리고 한계

김자경

1. 예능 프로그램을 이끌고 가는 두 개의 추동력: 포맷과 캐릭터

예능 프로그램을 끌고 나가는 가장 중요한 두 개의 축은 프로그램의
포맷과 출연자들의 캐릭터이다. 예능 프로그램의 출연자들은 프로그램이
가지고 있는 토크, 퀴즈, 게임 등의 포맷 안에서 농담, 개인기, 몸 개그
등을 통해 자신들만의 캐릭터를 구축함으로써 시청자들에게 웃음과 즐거움
을 선사한다. 인기가 높고 장수하는 예능 프로그램 중에는 포맷과 캐릭터가
서로 조화롭게 유지되는 경우가 많다. 한 가지 요소에 지나치게 기대는
프로그램은 상황변화에 탄력적으로 대처하기 어렵고 흥미요인이 단순해질
가능성이 높기 때문이다.

그러나 근래 지상파의 예능 프로그램들이 출연자의 캐릭터에 지나치게
의존하는 경향을 보이고 있다. 특히 <무한도전>이 예능 프로그램으로서
는 넘보기 힘들었던 30%대의 시청률을 기록하며 대성공을 거둔 이후,

지상파 방송사들의 간판 예능 프로그램들은 대개 고정 출연자들이 벌이는 캐릭터 쇼의 형태를 띠게 되었다. 이러한 유행 속에서 출연자들의 고정적 캐릭터 구축이 되지 않는 프로그램들은 시청률이 하락하거나 심지어 퇴출 당하는 경우도 생겨나고 있다.

　캐릭터에 치중하는 예능 프로그램을 두고 옳다, 그르다는 식의 가치평가 를 하기는 힘들다. 예능 프로그램은 시청자들에게 즐거움과 웃음을 주는 것을 지상 목표로 한다. 때문에 지나치게 반사회적이거나 비윤리적인 경우 가 아닌 다음에야 프로그램의 방법론을 가지고 왈가왈부하는 것은 무의미 할 수 있다. 그러나 캐릭터 쇼에 의존하는 프로그램이 늘어날수록 특정한 캐릭터를 가진 연예인이 여러 프로그램에 동시에 출연하게 되고, 이로 인해 다양해야 할 예능 프로그램들의 웃음 코드와 정서가 획일화, 단순화될 위험이 있다. 게다가 예능 프로그램이 연예인 캐릭터에 지나치게 의존하게 될 경우 예능 프로그램이 '스타 시스템'에 갇혀버리게 될 위험성도 높다. 이런 부정적 결과들을 피해가기 위해서는 캐릭터 쇼 형태로 인기를 끌고 있는 예능 프로그램들의 매력 요인들을 짚어보고, 캐릭터 쇼의 잠재력을 생산적으로 끌고 갈 수 있는 방향을 타진해볼 필요가 있다.

2. 포맷을 압도하는 캐릭터의 힘

　2003년부터 방영되기 시작해 2008년 1월 14일 5.8%의 시청률로 막을 내린 <야심만만-만 명에게 물었습니다>는 한때 월요일 밤을 주름잡았던 SBS의 간판 예능 프로그램이었다. <야심만만>은 매주 다른 게스트들을 초청해 기존의 토크쇼에 비해 대담하고 솔직한 내용의 토크를 진행해 많은 화제를 불러일으키며 예능계의 최고 자리에 올랐다. 이런 <야심만만>을 누른 프로그램은 KBS <미녀들의 수다>였다. <야심만만>과 <미녀들의 수다>는 출연자의 캐릭터화가 얼마가 강한 힘을 가지는지를 잘 보여준다. 앙케트가 가능한 주제를 놓고 설문조사 결과를 발표하면서 출연자들이 각자의 경험을 이야기하는 두 프로그램의 포맷은 상당히 유사하다. 그러나 패널들이 지속적으로 바뀌는 <야심만만>과 달리 <미녀들의 수다>는 16명의 외국인 여성 패널이 상당 기간 고정적으로 유지된다. <미녀들의 수다>가 <야심만만>을 누를 수 있었던 것은 외국인 여성들이 각자의 개성 있는 캐릭터를 구축해나가면서 시청자들에게 특징적으로 어필할 수 있었기 때문이다. 물론 외국인들이 한국에 관련된 사안에 대해 이야기한다는 호기심도 프로그램에 특색을 더하기는 했겠으나, 이는 프로그램의 인기에 큰 영향을 주었다고 보기 힘들다. <미녀들의 수다>가 <야심만만>과 같은 시간대로 옮긴 직후, 한동안 <야심만만>에 밀려 고전했던 것이 이를 증명한다. <미녀들의 수다>가 점차 <야심만만>을 누른 것은 오랜 시간에 걸쳐 출연자들의 캐릭터화에 성공했기 때문이다. <미녀들의 수다>에 출연한 다수의 패널들이 이를 발판으로 자기의 캐릭터를 가지고 각종 CF, 드라마, 타 예능 프로그램들에서 활약하게 됐다는 것은 <미녀들의 수다>가 얼마나 강력한 캐릭터 쇼를 보여주었는지를 분명히 드러낸다. 이처럼 출연자들의 캐릭터화는 비슷한 포맷을 가지고도 전혀 다른 효과를 내는 중요한 변수가 된다. 시청자들은 <미녀들의 수다>가 이번 주에 어떤 주제를 다루든, 심지어 미녀 패널들이 어떤 대답을 하든 상관없이 패널들의 캐릭터 자체에서 흥미를 느낀다. 브로닌은 그녀가 하는 말의 내용보다도 무슨 문장이든 '~했습니다'로 끝나는 특유의 말투로 기억되며, 사오리는 무슨 주제가 나오든 자신만의 귀여움으로 시청자들에게 어필할 수 있는 것이다.

<미녀들의 수다>가 포맷에 더해진 캐릭터화로 <야심만만>과 차별화
됐다면, 보다 순수한 캐릭터 쇼로 시청률 경쟁에서 승리함으로써 캐릭터의
힘을 증명한 사례는 역시 MBC의 <무한도전>이다. <무한도전>이 실은
<강력추천 토요일-무모한 도전>으로 시작해 한동안 일명 '애국가 시청
률'을 살짝 웃도는 5~6%대의 시청률에서 고전했다는 사실은 이미 유명하
다. <무모한 도전>이 고전하던 2005년에 토요일 밤을 장악했던 예능
프로그램은 KBS의 <스펀지>였다. 당시 스펀지는 시청률 20%를 넘나들
며 드라마를 제외한 분야에서 시청률 선두 자리를 지켰다.

　　<스펀지>가 '?는 ?다' 형식의 네모 칸 퀴즈 맞추기 토크에 이어 '실험맨'
들의 증명 실험이 뒤따르는 확고한 포맷 쇼라면, <무한도전>은 특정한
포맷 없이 매주 바뀌는 도전 과제만으로 꾸려나가는 전형적인 캐릭터 쇼라
고 할 수 있다. 대조적인 형식의 두 프로그램은 오랜 기간 동안 같은 시간대
를 두고 경쟁을 벌였고, 현재의 시청률로 볼 때 <무한도전>이 승리했다고
볼 수 있다. <스펀지>는 기존의 포맷을 모두 폐기하고 '무서운 스펀지'
등의 새로운 콘텐츠를 바탕으로 <스펀지 2.0>을 내놓았으나 여전히 시청
률 면에서 별 효과를 보지 못하고 있다.[2]

　　<무한도전>과 <스펀지>의 선두자리 바꿈은 국내 예능 프로그램계에
불어닥친 '캐릭터 쇼 유행'을 가장 분명하게 상징하는 사례라고 할 수
있다. 시청자들에게 고정관념을 뛰어넘는 신기한 지식을 제보받아 그것을
퀴즈로 내어 함께 토크를 통해 맞혀보고, 실험맨들이 그것의 진위를 밝혀
낸 뒤 제보 지식이 얼마나 신선했는지를 방청객 별점으로 평가하는 형식을

---

2) 이 글에서는 <스펀지 2.0>으로 개편되기 이전의 <스펀지>에 대해 이야기하기로
　　한다.

갖춘 <스펀지>는 매우 꽉 짜인 포맷을 지니고 있었다. 따라서 스펀지의 상징은 '□는 □다' 형태의 네모 칸 명제와 흰옷을 입은 실험맨들이었고, 프로그램에서 등장한 신기한 지식들과 실험은 세간의 화제가 되었다. 반면에 <무한도전>은 거대한 미션을 부여하고 그 앞에서 '대한민국 평균 이하'라는 콘셉트를 가진 6명의 남자들이 어떤 과정을 거쳐 미션을 달성하려 하는지에 대한 프로그램이다. <무한도전>의 재미요소는 마치 개그 프로그램에서 따온 듯한 6명의 만화적인 캐릭터들이 보여주는 우스꽝스러운 말과 행동들이다. <무한도전>의 시청자들이 프로그램 시청 후에 지인들과 나누는 피드백은 주로 캐릭터들을 모방하고 동일시하는 방식으로 이루어진다. <스펀지>처럼 콘텐츠를 중심으로 이야기를 한다기보다는 박명수의 호통개그나 하하의 "스파르타!"를 따라하며 캐릭터와 동화되는 것이다.

<무한도전>의 캐릭터들이 보여주는 모습은 일반인들이 스스럼없는 동네 친구들이나 고등학교 동창들과 모여 놀 때의 분위기와 상당히 흡사하다. 일반인들도 무리를 지어 어울릴 때면 그 무리 속에서 나름의 캐릭터들이 형성되고, 이것을 서로 캐리커처화해 놀이거리로 삼는 경우가 많다. <무한도전>은 이러한 익숙한 놀이판을 방송 프로그램에 맞는 수준으로 화려하게 확장시킨 형태를 띤다. 이 때문에 때로 <무한도전>이 다른 유명 인사들을 출연시켰을 때는 일반인들의 일상 속에 유명 인사들이 끼어든 듯이 보이는 착시효과가 나타나기도 한다. 익숙한 일상적 모습을 과장해 유머 코드로 변환시킨 <무한도전>의 설정은 새로운 지식에 대한 퀴즈와 실험증명이 뒤따르는 <스펀지>보다 정신적 긴장과 집중을 훨씬 덜 요구하면서도 쉽게 웃음을 자아냈다. 결국 <무한도전>은 출연자들의 캐릭터화를 통해 일상의 이완된 즐거움을 제공함으로써 <스펀지>와의 오랜 시청률 경쟁에

서 극적인 역전을 이룰 수 있었다.

<무한도전>이 보여준 '일반인 정서'의 캐릭터 쇼는 뒤이어 등장한 캐릭터 중심의 예능 프로그램들에서도 그대로 이어졌다. 특히 <무한도전>으로 성공을 거둔 MBC는 새로운 포맷을 통해 긴장된 즐거움을 제공하는 프로그램보다는 익숙한 캐릭터 중심의 이완된 즐거움을 제공하는 프로그램들을 여럿 기획하며 캐릭터 프로그램의 유행을 주도했다. <일요일 일요일 밤에-우리 결혼했어요>나 <황금어장-라디오 스타>, <명랑히어로> 등은 모두 이러한 흐름의 산물이라고 할 수 있다. 이와 같은 프로그램들은 이렇다 할 포맷 없이 출연자들의 기존 이미지를 이용해 소재와 콘셉트만을 정한 채 역할극이나 난상 토크를 벌이는 형태를 띠고 있다. 이들은 대부분 시청률 면에서 좋은 성과를 내고 있으며 출연자들의 인기 역시 상승곡선을 그리고 있다. 이처럼 출연자들의 캐릭터화는 예능 프로그램에서 매우 강력한 시청 유인 동기로 작용할 수 있다.

3. 캐릭터 위주 예능 프로그램의 한계와 대안

전형적인 포맷형 예능 프로그램으로 한때 큰 인기를 얻었던 KBS의 <스펀지>와 <상상플러스>가 모두 시청률 면에서 하향곡선을 그리고 있는 요즘, <무한도전>으로 성공을 거둔 MBC를 비롯한 KBS와 SBS의 많은 예능 프로그램들이 유독 캐릭터화에 골몰하고 있다. 그러나 포맷이 뒷받침되지 않는 캐릭터 쇼가 예능 프로그램의 도깨비 방망이로 인식되어서는 곤란하다. 특히 가장 근래에 기획된 MBC의 <일요일 일요일 밤에-우리 결혼했어요>와 <명랑히어로>에서 보이는 캐릭터 쇼는 몇 가지 우려할 만한 상황을 보여준다.

일단 두 프로그램은 기존의 다른 예능 프로그램에서 이미 어느 정도 캐릭터화되어 있었던 인물들을 재활용하는 면이 크다. 특히 <명랑히어로>는 <황금어장-라디오 스타>의 출연진을 거의 그대로 옮겨와 소재만 바꾸어 이야기를 한다는 인상이 강하다. '태클 쇼'라는 명칭에 걸맞게 '태클'이라는 행위를 좀 더 양식화한다거나, <황금어장-라디오 스타>와 달리 시사적 문제를 다룬다는 것을 감안해 난상토크보다 좀 더 강화되고 정돈된 토론 형태를 지향하는 등 차별화할 여지가 상당히 많아 보이는데도 불구하고 그런 수정을 거의 가하지 않아 자기 복제의 느낌이 강하게 든다. 이렇게 되면 캐릭터들의 친숙함은 이내 기시감을 거쳐 식상함으로 이어질 수 있다.

게다가 포맷 안에 캐릭터가 녹아든다기보다, 캐릭터를 미리 염두에 두고 포맷을 최소한으로 구성한 캐릭터 쇼 형태의 예능 프로그램은 그 재미 요소가 상당히 제한적이다. 캐릭터 위주의 예능 프로그램에서는 새로운 정보가 등장하지도 않고, 웬만한 경우를 제외하고는 새로운 인물이 영입되는 경우도 드물다. 게스트들이 등장하기는 하지만 고정 캐릭터들의 역할극을 위한 도구적 인물들인 경우가 대부분이다. 이런 구성에서는 그야말로 일반인들이 동네 친구들이나 고등학교 동창들과 어울려 놀 때 벌어지는 여러 상황들, 즉 농담, 말장난, 몇 가지 몸 개그 등이 재미 요소의 전부라고 해도 과언이 아니다. 일반 예능 프로그램에서의 연예인 캐릭터는 가상인지 실제인지가 모호한 경계에 걸쳐 있어야 하는 특성을 지니기 때문에 개그 프로그램들처럼 극적인 모습을 보여줄 수도 없다. 때문에 포맷이 미약한 캐릭터 쇼는 소재 고갈이 쉽게 올 수 있고, 상황의 자극성이 떨어지거나 캐릭터 간의 균형이 조금만 무너져도 시청자들에게 지겨운 느낌을 줄 수 있다. 또한 이러한 예능 프로그램이 늘어나면 예능 프로그램은 연예인들의 스타 시스템에 종속된 형태가 되기 쉽다. 이것은 프로그램의 상황 변화

대처 능력을 떨어뜨리게 되는데 이는 비단 프로그램을 제작하는 방송사의 입장에서뿐 아니라 시청자들의 입장에서도 그다지 좋지 않다. <무한도전>이 하하의 군입대 이후 시청률이 급격하게 하락한 것은 특정 스타에 대한 의존도가 높을 수밖에 없는 캐릭터 위주 예능 프로그램의 약점을 보여준 예라고 할 수 있을 것이다.

교과서적인 말일지 모르나, 예능 프로그램이 여러 가지 상황 변화에도 불구하고 안정적인 프로그램 수준을 유지하고 시청자들의 꾸준한 지지를 얻기 위해서는 포맷과 캐릭터의 조화가 필수적이다. MBC <황금어장-무릎팍 도사>와 같은 프로그램의 경우, '무릎팍 도사'라는 특이한 콘셉트를 입힌 토크쇼 사회자 역할의 강호동과 고정된 캐릭터로서의 유세윤, 올밴이 매주 새로운 게스트를 맞아 짧지 않은 시간 동안 게스트가 해결해달라고 요구한 개인적인 고민에 대해 집중적인 대화를 나누어야 한다. 이는 고정된 캐릭터들이 새로운 미지의 캐릭터와 맞닥뜨리게 되고 '고민 해결'이라는 목표를 향해 진행되는 동안 많은 변수가 생기도록 만든 포맷이다. 고정 캐릭터들에게는 준비된 질문에 대한 답변을 얻어내고 게스트의 '고민'을 해결해야 한다는 두 가지 목적이 있고, 이들은 이 목적을 위해 프로그램의 일정한 틀을 유지하면서도 자신들의 캐릭터를 중간 중간 드러내며 웃음을 유발한다.

예능 프로그램이 아닌 교양 프로그램으로 분류되어 있지만 SBS <TV 로펌 솔로몬> 역시 꽉 짜인 포맷과 출연진의 캐릭터화가 잘 조화된 사례를 보여준다. <TV 로펌 솔로몬>은 가상의 법정 공방 상황을 보여주고 이에 대한 결과를 퀴즈로 푸는 과정에서 연예인 패널과 법률가 패널의 캐릭터를 양념처럼 보여준다. 한 법률가 패널은 '함무라비 법전으로 공부했다'고 소개되며 최신 개정법에 취약한 그의 판결 내용은 자연스럽게 그의 캐릭터와 연결된다. 이런 캐릭터화는 다양한 의견 공방이 오가는 프로그램 포맷과 잘 어우러져 재미를 더해주는 역할을 한다. 캐릭터는 일관성 있게 유지되지만 다루는 콘텐츠는 늘 변화하기 때문에 시청자들은 익숙함과 신선함을 동시에 느낄 수 있다. 개편 이전에 '세대 공감 올드 앤 뉴'라는 코너를 가지고 있었던 KBS <상상플러스> 역시 비슷한 매력을 지니고 있었다. 이와 같은 프로그램들은 포맷과 캐릭터가 잘 조화되어 서로 상승작용을 일으킨 사례로 꼽을 수 있다.

연예인들의 일상적 캐릭터를 보여주는 것은 시청자들이 텔레비전 앞에서 긴장을 풀고 마음껏 즐거워할 수 있는 계기를 제공해준다. 그러나 연예인 캐릭터들의 가상 결혼생활과 말장난이 정말로 우리에게 어떤 특정한 인상을 남기는 새로운 콘텐츠라고 볼 수는 없다. 캐릭터 쇼 위주의 최근 예능 프로그램들은 일상생활과 연예인의 이미지를 묶어 새로운 오락처럼 보여주고 있지만 실상 그 두 가지는 모두 우리에게 익숙한 것들이다. 이는 새로운 시도라기보다는 재활용을 통한 키치라고 볼 수 있다. 시청자들에게 지속적인 존중과 관심을 받을 수 있는 예능 프로그램은 익숙한 캐릭터들이 폐쇄회로 안에서 벌이는 쇼가 아니라, 새로운 콘텐츠를 제공할 수 있도록 잘 짜인 포맷 안에서 캐릭터들이 자유도를 발휘하는 프로그램이다. 캐릭터들을 이용할 줄 아는 방송사 예능 프로그램들의 능력이 너무 극단적인 방향으로 흘러 막다른 골목에 처하지 않았으면 하는 바람이다.

가작

삶의 소리를 듣는다
KBS2 <낭독의 발견>

박주현

1. 화려한 미디어 속에 가려진 현대인의 감성

현대인들이 하루에 책을 읽을 수 있는 시간은 과연 얼마나 될까? 각기 다른 일상에서 주어지는 똑같은 하루지만 일터에서, 학교에서, 가정에서, 빠듯하게 흘러가는 시간에 점점 책을 읽는 시간은 급격히 줄어만 가고 있다. 바로 얼마 전까지만 해도 볼 수 있었던, 옆 사람의 팔을 부대끼며 혹은 곁눈질해가며 신문을 읽고 있는 지하철 아침의 풍경마저 어느새 개개 인이 PMP와 휴대폰을 들고 영상을 들여다보는 풍경으로 바뀌어버렸다.

이러한 모습을 단순히 화려한 영상시대로 통하는 현대 미디어의 발달로 보아야만 하는 것일까? 전자신문과 오디오 북이 우리의 삶에 자리 잡은 현실이 낯설지 않은 요즘이지만, 우리 시대가 잃어버린 것은 단순히 볼거리 가 되어버린 읽을거리를 말하는 것이 아니다. 보는 것에 익숙해진 현대 미디어의 화려한 삶 속에 점점 메말라가는, 건조하고 척박한 우리네 마음에 대한 안타까움을 말하는 것이다.

사실 책 읽는 문화가 소홀해진 것에 대해 전 국민 책읽기 운동을 벌이고 잃어가는 책의 진정한 의미를 찾기 위한 취지로 만들어진 프로그램들은 예전에도 있었고 현재도 있다. 기존의 MBC 느낌표의 <책을 읽읍시다>라는 프로그램과 현재도 방영중인 KBS1의 <TV 책을 말하다>가 그것이다. 하지만 이것은 단순히 책이라는 텍스트에만 집중된 나머지 한때 일시적인 책읽기 열풍만 불러일으키는 데 그쳐버렸고, 현재 방영중인 KBS1의 <TV 책을 말하다> 또한 책이라는 텍스트를 소개하는 프로그램으로 자리 잡아 시청자들의 감정을 건드리기엔 그 호소력이 매우 약하다. 그런데 여기 텍스트에 새로운 감각으로 호소력을 담아 시청자의 마음을 울리는 프로그램이 있다. 바로 KBS2의 <낭독의 발견>이다.

<낭독의 발견>은 언제부턴가 우리에게 좀처럼 보기 드문 일이 되어버린 입으로 소리 내어 무언가를 읽는 것, 그리고 귀 기울여 듣는 텍스트에 마음을 녹이는 비주얼까지 첨가했다. 지금까지 책을 다루는 방송이 텍스트를 다룬 캠페인에 불과했다면 <낭독의 발견>은 텍스트와 비주얼의 조화를 보여주는, 사라져가는 텍스트를 시각이라는 영상에 맞추어 굳어져가는 현대인의 감성을 자극한다.

2. 소리의 발견 이야기의 발견

'읽기'와 '듣기'라고 하면, 단지 어떤 글을 읽거나 다른 사람의 이야기를 듣는 정도로 여겨 '말하기'나 '쓰기'보다 수동적인 행위라고 생각한다. 그러나 시각, 청각이라는 관점에서 생각해보면, 아무 생각 없이 무언가를 보거나 그저 들리는 소리를 듣는 것 외에 좀 더 능동적이면서 주체적인 의지가 관여하고 있음을 알 수 있다. '읽다[讀]'라는 말에는 시를 읽거나 글의 뜻을 파악한다는 의미가 포함되어 있으며, '듣다[聽]'라는 말에는 질문을 한다는 의미가 내포되어 있다. 즉, 읽기와 듣기는 우리가 생각하는 것보다 훨씬 더 능동적인 행위이며, 나아가 인간의 삶에 깊이 관여하고 있다는 말이 되기도 한다.[3]

<낭독의 발견>이 지닌 가치는 바로 위와 같이 능동적인 행위로의 읽기와 듣기라는 것이다. 게다가 '낭독하다'라는 것은 소리 내어 읽는다는 것에서 더욱 주체적인 행위임을 보여준다. 지금까지 우리가 어떤 글을 읽을 때에는 소리 내지 않고 눈으로 읽는 것이 대부분이었을 것이다. 하지만 직접 문자를 소리 내어 읽는다는 것에서 얻어지는 효과는 사실 우리가 아는 것 이상이다. 그것은 마음의 치유라고 말하는 것이 쉽겠다. 또한 이것은 낭독자뿐 아니라 청취자들에게도 줄 수 있는 효과이다. 이처럼 <낭독의 발견>은 기존 우리들의 소극적인 책 읽는 행위에서 벗어나 더 많은 이들에게 적극적인 읽기의 방법을 권장하고, 그것을 통해 마음을 열도록 하는 읽고 듣는 행위에서 발견한 제3의 또 다른 감각을 추구한다. 이것은 읽는 것으로부터, 듣는 것으로부터 단순히 지나는 것이 아니라 나 자신과의 소통으로 연결시켜 그것을 현재 나의 삶에 비춰본다는 점에서 그 의의는 더욱 크다고 말할 수 있다. <낭독의 발견>은 점차 황폐화되어가는 현대인의 영혼에 이야기소리를 통해 활력을 불어주는 역할에 주목한다.

<낭독의 발견>이 처음 나에게는 어떤 느낌이었을까? 우선 아무런 생각 없이 그저 내가 좋아하는 출연진을 보기 위해 채널을 고정시켰던 첫 시청은

---

3) 가와이 하야오, 「읽기와 듣기, 지금 왜 필요한가」, 다치나바 다카시 외, 『읽기의 힘, 듣기의 힘』, 이언숙 옮김(서울: 열대림, 2007).

분위기 잡고 책을 읽고 이야기하는 프로그램으로밖에 기억되지 않았다. 하지만 며칠이 지나고 나는 그 출연진이 읽어주었던 시 한 편과, 소설책 한 단락이 생각나면서 궁금해졌고, 기억을 더듬으며 다시 그 문학들을 찾아보게 되었다. 당시의 기억으로 나는 프로그램이 지닌 진정한 낭독의 참 의미를 깨닫지 못한 채 출연진에만 집중했던 터라 오히려 그 다음 번 방송에서 보고 느낀 가슴 벅참의 기억이 더욱 또렷하다. 그 기억은 3년 전인 2005년 11월, 월드비전 긴급구호 팀장인 한비야 씨가 출연했던 '세상의 경계를 넘어' 편이었다. 그녀가 들려준 낭독은 이탈리아 외과의사 '지노 스트라다'가 쓴 『나비지뢰』라는 책 중에서 나비모양을 한 지뢰를 만들어 세계의 아이들을 죽이는 폭력적인 인간들을 고발하는 대목이었다. 그 낭독의 내용이 담고 있는 이야기는 곧 한비야 그녀가 말하고 싶은 마음의 소리였고, 역시 그녀의 낭독을 통해 나는 현재 그녀가 왜 세계 재난 현장을 뛰어다니며 일을 하고 있는지를 알 수 있었다. 그녀의 낭독은 준비된 문학작품으로만 그치지 않았다. 그녀가 삶속에서 경험한 하나하나와 당당한 그녀의 패기와 열정이 나에게는 계속적인 자극으로 다가왔다.

"대체 나는 어떤 마음으로 삶을 살아가고 있는 것일까?", "나는 앞으로 어떤 일을 해야 할까?"라는 자문자답이 이어지고 그것은 다시 나 자신과의 끊임없는 대화로 이끌었다.

<낭독의 발견>은 소리의 만남으로 시작된 삶의 나침반이다. 그리고 거울이다. 더 쉽게 얘기하자면 <낭독의 발견>은 학생인 시청자들에게 삶의 가르침을 주는 선생님이자 나를 비추는 거울과도 같다. 그들은 소리를 통한 가르침으로 때로는 나에게 꾸짖음과 채찍질을 주기도 하고, 때로는 그들과 공감하며 자랑스러운 나를 발견하게 만든다. 분명한 것은 점차 발전되고 성숙해지는 나의 성장을 <낭독의 발견>이라는 프로그램을 통해

경험한다는 것이다. 이것은 나침반을 통해 걸어가던 삶의 길에서 난생
처음 보는 이들을 만나 단숨에 친근해지고 정이 들어버려 그들의 속내를
들어주고 나의 속내를 드러내는 것과 같은 참 특별한 만남이다.

　나는 이러한 특별한 만남의 프로그램인 <낭독의 발견>을 좀 더 가까운
지인으로 만들기 위한 시도를 한다. 이는 바로 <낭독의 발견>이 담고
있는 진지한 성품과 까칠한 면면들을 들여다보며 내가 알지 못했던 프로그
램의 가치와 보완점들을 찾는 것이다.

3. 그들이 들려주는 낭독 속 바깥이야기

　시청자의 기억 속에 깊이 남아 있을 수 있는 <낭독의 발견>이 지닌
가장 큰 의미는 바로 삶의 소통이 묻어난다는 것이다. 삶의 소통이라 함은
꿈과 희망, 사랑과 고통, 우리가 살아가는 데 경험하고 생각하는 나와 우리
의 이야기를 이해하는 것이다. <낭독의 발견>은 어떤 특별한 주제를
정해둔 것도, 출연진의 선택에 어떠한 체계나 틀을 두지도 않았다. 하지만
어떠한 것을 들려주는 낭독의 소리에만은 오로지 하나의 초점을 맞춰놓았
다. 그것은 다름 아닌 삶의 이야기였다.

　여기서 나는 누가 무엇을 들려줄 것인가의 그 누구에 집중한 것이 아니라,
모든 이의 삶을 대변하는 이야기인 목적을 나타내는 그 무엇에 특별한
의미를 부여한다. 가장 쉽게 느낄 수 있는 들려주는 소리는 때로 우리가
자주 접했던 소설의 한 구절이 될 수도 있고, 국어 교과서에서 보아왔던
시 한 편이 될 수도 있다. 하지만 그 익숙한 이야기들이 곧 우리의 삶을
말해주고 있는 것이다. 게다가 또 하나의 발견은 출연진들이 들려주는
감성이 깃든 낯설고 새로운 시와 편지, 감동의 글귀에서 평소 누구나 알고

있는 사람으로 보아온 고정화된 그들이 아니라는 것이다. 그들은 어떤 누구로 기억되던 그들의 특정한 삶을 낭독 속 바깥이야기들을 통해 때로는 행복하게 웃기도, 때로는 슬프게 울기도 하는 우리 모두의 삶으로 바꾸어 들려준다. 이로 인해 시청자인 우리는 들려주는 이들에게서 모르고 있던 그들의 다른 존재를 찾을 수 있게 된다.

'삶의 푸름을 간직한 배우 오광록'(2008년 1월 24일) 편에서 우리는 그동안 보아왔던 배우 오광록이 아닌 사람 냄새 나는 한 남자로, 30여 년 동안 써온 그의 시를 맛볼 수 있는 시인 오광록을 만난다. 자신이 가지고 있는 삶의 철학과 사회, 문화에 대한 시각들 그리고 세상에 대한 관심을 시를 통해 들려주고 그 속에 담긴 의미를 이야기로 풀어나가는 모습은 아무것도 아닌 것 같다가도 진정한 그의 참모습을 발견하게 되는 시간이었다.

나는 지금까지 오광록이라는 배우를 그저 연기 잘하는 연기파 배우로만 기억하고 있었지만 낭독무대에서의 그는 아주 깊은 문학적 사상을 지닌 문학가였다. 그리고 낭독에 어울리는 중후한 목소리와 느림의 말투는 사실 그의 본성이 아닌, 30대 고통의 시간 속에서 말을 잃어버리고 상처를 극복하는 과정에서 얻어진 인생의 습득이었다는 것을 알았다. 그 역시 아픔 속에서 살아온 삶을 들려주고 있었던 것이다. 이러한 이야기들과 함께 낭독되는 그의 시 한 편은 그 어떤 부연 설명이 없이도 시청자들을 공감하게 만든다. 이것이 <낭독의 발견>의 제작진들이 낭독을 통해 발견하길 원하는 새로운 감각이 아닐까 생각된다.

<낭독의 발견>은 유명인과 문학인에서 벗어나 정말 일상의 꿈과 희망의 소리를 담아 들려주는 것에도 노력한다. 한글날 특집으로 방영된 '김옥재, 황보출 할머니들의 봄, 봄'(2005년 10월 5일) 편에서는 난생 처음 보는 두 할머니의 낭독무대를 만들었다. 앞에서도 말했듯이 누가 들려줄 것인가

에 대한 기대가 이 프로그램의 초점이 아니다. 소리를 통해 그들이 낭독할 수 있다는 꿈을 이루게 만들어주었다는 훈훈함이 더욱 의미 있는 시간이었다. 한글을 읽지 못했던 두 할머니들의 까막눈이 뒤늦게 한글학교를 다니면서 뜨였고, 글을 읽는 즐거움을 알게 된 할머니들이 이 무대에 서게 되었다. 사실 방송에서 들려준 낭독은 막 걸음마를 떼고 조심스레 걷는 아이처럼 불안하기만 했다. 하지만 또박또박 정성들여 읽어 내려가는 「살아 있는 것은 아름답다」라는 시 한 편이 주는 감동은 지난날의 힘겨운 삶마저도 아름답게 느껴지는 이 시대 우리네 어머니들의 삶임을 깨닫게 해준 낭독의 무대였다. 들려주는 시 한 편과 소설 한 단락이 담고 있는 문학적 의미와 내용보다도 보는 이들로 하여금 공감대를 형성하고 마음속에 진한 애증을 품게 하는 <낭독의 발견>에서의 들려주기는, 사실 들려주는 이들이 겪었던 삶의 현실에서 발견한 진짜 이야기라는 점을 다시 한 번 말하고 싶다.

우리의 일상에서 가장 기본적인 울타리는 무엇일까? 그렇다. 바로 가족이다. 한 남자와 여자가 사랑하고 그 사랑의 결실이 맺어서 부부라는 인연이 된다. 그리고 그 사랑 안에서 자식이 태어나 가족이라는 울타리를 형성한다. 누구에게나 가족은 소중하고 중요한 우리 삶의 일부이다. <낭독의 발견>은 이들까지도 조명한다. '뮤지션 노승환과 연기자 정혜영 부부의 사랑이란'(2008년 3월 6일) 편에서는 진정한 가족의 모습과 행복, 그리고 그들이 전하는 진짜 사랑이야기를 들려주었다. "그대에게라면 이김보다 지는 편이 더 좋아 스스로 맛 들이는 아름다운 패배"라는 구절은 나에게 진정한 배우자를 꿈꾸게 했고, 자신의 딸에게 직접 쓴 편지를 낭독하며 피를 나눈 가족뿐 아니라 세상의 많은 어려운 환경의 아이들을 가족으로 삼아 사랑을 전하는 그들의 자식사랑은 감동을 넘어 가족의 진짜 사랑이 무엇인지 보여주었다. 나는 지금까지 가족의 참된 의미와 사랑은 그저 혈연으로만 정해지는 것이라고 믿는 좁은 둘레의 사고에 묶여 있었다. 하지만 그들의 낭독을 통해 남을 도우며 어려운 상황에 있는 그들을 가족으로 받아들이는 선행의 마음이 진정한 가족애라고 느껴졌다. 사랑하는 두 사람이 엄마와 아빠의 마음으로, 가족의 이름으로 들려주는 동화 낭독은 마치 어릴 적 내가 잠들기 전, 사랑으로 토닥거리며 들려주던 엄마의 소리와 같은 편안함이 느껴지는 방송이었다.

이처럼 <낭독의 발견>은 진정한 삶의 의미와 가치를 읽는 것에서, 듣는 것에서 깨닫게 해준다. 그들이 들려주는 낭독 속 바깥이야기는 낭독이 지니는 내용의 의미와 함께 다양한 삶의 형태로 비추어져 우리와 함께 소통하는 것이다. <낭독의 발견>은 그들이 추구하는 제3의 감각을 찾기 위해 때로는 생생한 삶의 현장을 찾아가기도 한다. 이는 삶에 대한 가치의 시선을 더 넓게 하여 바깥영상을 통해 세상의 이야기를 들려주는 노력들에도 텍스트와 비주얼의 조화를 적절하게 담아냈다고 평가할 수 있다.

<낭독의 발견>이 보여주고 들려주는 소재들이 우리들에게 다양한 삶의 형태로 다가온다고 말할 때, 나는 전반적인 내용들과 더불어 짙은 호소력을 보여주는 또 다른 이면이 있다고 생각된다. 그것은 낭독에 어우러지는 방송의 준비된 형식들이다.

4. 눈과 귀와 마음의 조화로운 소통의 무대

소위 커뮤니케이션은 언어를 통한 사람과의 소통만이 전부가 아니다. 감각적이고 감정적인 커뮤니케이션도 대중에게 감지되는 중요한 커뮤니케이션으로 소통의 통로가 될 수 있다. 또한 이러한 감각적·감정적 커뮤니케이션은 TV라는 매체를 통해 1 대 다의 소통으로 더욱 넓게 전달될 수 있는 광의적 커뮤니케이션의 효과를 지닌다. 나는 시각과 청각의 능동적 행위인, 낭독을 소재로 한 <낭독의 발견>이라는 프로그램을 구체적으로 살피고 분석하는 입장에 섰을 때 커뮤니케이션이라는 효과에 집중할 필요가 있다고 생각했다. 게다가 방송은 이러한 효과를 충분히 전달할 능력을 지니고 있는 미디어산업이기에 그것을 얼마나 잘 투영하고 있는지에 주목했다.

<낭독의 발견>은 매회 무대의 세트가 바뀐다. 또한 작은 소품 하나까지도 카메라에 비춰지는 의미는 그것들이 지닌 무언의 힘이 있다. 들려주는 이야깃거리들과 출연하는 출연진들의 개성까지 세심하게 면밀히 파악하여 준비된 소품들은 손님 접대에 대한 매우 바른 예의다. 여기에는 주인과 손님이라는 개념 또한 모호하게 해석되는데, 그것은 손님이 주인을 대접하는 방식으로 읽을거리와 들려줄 거리를 가져오고 주인은 손님을 맞을 준비로 그들만을 위한 무대 디자인을 통해 무대의 주인으로서 초대한다. 따라서 누가 주인이고 누가 손님인지 주객의 특별한 역할을 정해놓은 것이 아닌, 진행자와 출연자는 모두 낭독무대에서 읽고 듣는 주된 행위자로 간주한다. 게다가 감각적 표현에서 놓칠 수 없는 또 다른 소리는 목소리 뒤에 숨겨진 음악이라고 말한다. 누군가의 노래에서부터 피아노 연주와 기타연주, 오카리나 등의 각기 다양한 소리의 향연은 가을개편 이후 자칫 어렵고 어색하게 느껴질 수 있는 낭독을 좀 더 친숙하게 대할 수 있도록 했다. 또한 낭독의 여운을 음악과 함께 이어갈 수 있도록 낭독 콘서트 형식의 발상으로 새로이 단장하여 시청자들에게 오감이 전달되도록 했다. 낭독을 할 때 함께 연출되는 분위기는 그냥 만들어지는 것이 아니다. 작은 소품 하나와 음악이라는 멜로디가 사람의 음성과 어우러져 낭독의 효과와 감정에 주는 영향은 배가 된다. 이것이 바로 내가 말하는 방송이 많은 시청자들과 교감될 수 있도록 투영한 감각적이고 감정적인 커뮤니케이션의 조화다.

사실 <낭독의 발견>은 방송의 포맷도 매우 신선하고 새로운 기획이었다. 책이라는 침체된 미디어가 방송과 만나 사람의 감각을 자극하고, 낭독하는 것을 시청자들로 하여금 듣게 하는 것은 기존의 <책을 읽읍시다>와 같은 독서권장 프로그램과는 의미 자체도 매우 다른 적극적 행위로의 소통의 시도였다. 사실 책을 읽는다는 것은 매우 개인적인 일이다. 조용한 곳에서 지극히 혼자만의 시간으로 활용되던 책을 읽는 행위가 대중적인 일로 전환된 것은 곧 소리 내어 읽는 낭독의 형식으로, 청중을 한 사람에 그치지 않고 TV를 보는 많은 사람들을 상대로 한다는 점에 주목해 그것을 방송의 기획으로 연결시켰다는 점에서 높이 평가된다.

5. 발전하는 디지털 시대의 따뜻한 아날로그적 방송이 계속되길 바라며

TV라는 미디어 속에 드러난 새로운 소통의 장을 보여준 <낭독의 발견>은 회를 거듭할수록 아쉬운 부분들을 보여주기도 한다. 우리 사회에 넘쳐나는 읽을거리들이 자칫 출연진의 사고에 한정되어 낭독 무대를 준비하는 사람들만의 지적 잔치로만 그칠 수도 있다는 생각이 든다. 제작진은 더 많은, 더 넓은 소통을 원하는 시청자들을 위해 그들이 직접 소리 내어 들려주기 원하는 낭독은 무엇인지 가까이 다가가 귀 기울여야 함을 잊어서는 안 된다. 또한 진정으로 들려주는 방송이 되기 위해서는 일반적인 대중과 더불어 우리 사회의 약자와 소수자에게도 관심을 가져야 한다는 것을 말해두고 싶다. 그들의 마음에도 따뜻한 소리를 들려주어 세상의 어두운 부분까지 비춰줄 수 있는 <낭독의 발견>이 되기를 기대한다.

기존 TV라는 매체는 단순히 흥미로운 볼거리만을 시각적인 효과에만 초점을 맞추어 보다 많은 시청자들에게 그저 보여주기 위한 방송을 해왔다고 말해도 과언이 아니다. 지금까지도 미디어의 변화에 화려한 영상으로 시청자와 공감하고 웃게 만드는 프로그램들은 난무하지만, 시청자의 감정을 건드리는 진솔한 커뮤니케이션의 장을 보여주는 프로그램은 흔치 않았다. 오늘날 빠름이라는 방송의 시대에 느림의 미학을, 그리고 소리의 미학을 느끼게 해주는 <낭독의 발견>은 발전하는 디지털 시대의 따뜻한 아날로그적 방송이라고 말할 수 있다. 때로 우리는 컴퓨터의 자판을 두드리는 것보다 종이 위에 사각거리는 연필소리를 그리워하고 추억한다. <낭독의 발견>이 나가야 할 길은 바로 이러한 따뜻한 감성이 영상의 미학과 함께 어우러져 진정한 소통을 보여주는 방송으로 발전하는 것이다.

"현재 당신도
9회말 2아웃의 상황입니까?"

MBC 주말드라마 <9회말 2아웃>

조선영

1. 프롤로그

"귀하의 능력과 자질은 훌륭하지만, 지원하신 회사/직무의 인력 운용 계획이 한정되어 최종 면접 합격자로 선정되지 않은 점 안타깝게 생각합니다"라는 식상한 문구에 질릴 대로 질린 대한민국의 한 취업 준비생은 현재 스코어 178전 177패 1무를 기록한 형편없는 기록의 소유자이다. 2006년 7월 8일 한 광고 대행사의 면접으로부터 시작된 이 선수의 경기 상황은 2007년 한 잡지사에 인턴으로 합격을 한 뒤 역전승으로 게임이 종료될 뻔했었으나 계약직에서 정규직으로의 전환이 어려워져 다시 리그에 출전하게 된다. 그러던 중 2008년 6월 현재 또다시 최종 불합격의 통보를 받게 된 것이다. 현재 9회말 2아웃의 상황에 몰려 있는 아마추어인 이 선수는 지금 어떤 공을 던져야 할지 혹은 어떤 공을 치지 말아야 할지 아님 수비가 한눈을 파는 사이에 도루를 해야 할지 판단이 서지 않는다. 그래서 벤치에 앉아 있는 감독님에게 도움을 요청하는 듯 작년 7월 14일부터 9월 9일까지 뜨거운 여름을 달구었던 MBC의 주말드라마 <9회말 2아웃>의 다시 보기 버튼을 누른다.

2. 지금은 9회초

이 드라마의 시작은 대략 9회초가 아닐까. 자신이 막연히 생각했던 번듯한 직장과 자상한 남편으로 대변되는 서른이라는 나이에 어느 것 하나 갖추지 못한 서른을 9회말 2아웃의 상황으로 본다면 29살의 홍난희(수애 분) 선수는 현재 9회초의 경기장에 들어서 있다. 9회초의 상황도 그리 좋지만은 않다. 아직도 글 나부랭이나 끄적거린다며 자신이 쓴 원고를 모두 불 태워 버리는 어머니와 한바탕 싸움을 하고 나선 홍난희의 스물아홉살의 마지막 밤. 그 의미심장한 밤을 함께 보내줄 사람은 8살 연하의 애인인 정주(이태성 분)가 아닌 태어날 때부터 친구였다는 30년 우정의 변형태(이정진 분)라는 점에서 이 드라마의 9회말 상황을 짐작하기는 그리 어렵지 않다. 다만 이 드라마의 미덕은 바짝 입술이 마르도록 긴장되는 야구 경기의 9회라는 상황을 20대부터 견고하게 다져진 우정으로 든든한 팀워크를 발휘하는 5명의 친구들과 함께 헤쳐나간다는 점과 친구들 개개인의 삶을 통해 30대를 준비하는 다양한 삶의 모습을 보여준다는 점에 있다.

3. 9회초, 원아웃에 생긴 안타

한국 문학계의 한 획을 그을 작가가 되겠다며 햇수로만 10년째 도전 중인 한국 소설 공모전에서 또 낙방한 홍난희가 간신히 쳐낸 안타는 바로

8살 연하의 애인인 이정주(이태성 분)와의 사랑이다. 연상녀와 연하남 커플의 급속한 증가라는 '쿠거 혁명'의 '쿠거(cougar)'는 원래 술집에서 밤새 놀다 마지막 남자를 집에 데려가는 늙은 여자를 비아냥거리는 은어였다. 그러나 최근엔 '경제력을 갖춘 싱글녀'라는 의미로 확대됐다. 쿠거혁명은 연상녀 연하남 커플의 급속한 증가를 의미한다는 최근의 트렌드를 반영하듯 최근 트렌디 드라마에서 빠지지 않는 소재가 바로 연상녀와 연하남 사이의 사랑이다. 이 커플 역시 여느 드라마 속의 연상녀와 연하남 커플이 겪는 연하남의 불투명한 미래와 데이트하기에도 빠듯한 경제력 그리고 결혼이라는 문제에서 빠져나오지 못한다. 다만 메이저 리그로의 진출을 꿈꾸는 21살 야구 꿈나무로 이정주라는 캐릭터를 설정했다는 점에서 막연히 꿈만 꾸는 스무 살이 아닌 자신의 땀과 노력으로 불투명한 미래를 개척해 나가는 캐릭터라는 점이 인상적이다. 단순히 사랑하는 누나에게 어리광만 부리는 연하남이 아니라 자신의 꿈을 향해 하루에 300개 이상의 공을 던지며 땀과 노력만으로 승부하는 연하남의 모습은 그동안의 사회생활 속에서 여우같은 정치력을 발휘하는 연상남들에게 지친 연상녀들에게 시들어간 열정의 불씨를 되살려주었을지 모른다.

4. 9회초, 원아웃 그리고 런 다운 위기

야구에서 말하는 런 다운(run down)이란 투수의 견제구에 걸리거나 아니면 도루를 하다가 주자가 이러지도 저러지도 못하는 상황에서 수비들이 공을 주거니 받거니 하면서 주자를 아웃시키는 플레이다. 서른이 넘어서도 시집 갈 생각은 하지 않고 글 나부랭이만 끄적거리는 딸이 못마땅한 어머니에게 8살 연하의 애인이 있다는 사실을 딱 걸린 주인공 홍난희에게 19살의

초 강적이 나타났으니 바로 현재 아이돌 그룹으로 활발히 활동 중인 신주영 (임윤아 분)이다. 주인공 홍난희의 8살 연하의 애인인 김정주 선수를 중학교 때부터 좋아했다는 이 캐릭터는 한때 인터넷 소설이 대중들의 큰 관심을 받으며 책으로도 여러 권 발간되었던 '귀여니'라는 인터넷 소설 작가를 연상시킨다. 주인공은 서른의 나이에 그토록 염원하던 작가라는 꿈을 벌써 이루고 당당하게 자신이 좋아하는 사람을 따라 미국까지 쫓아가는 그 10대 소녀에게 묘한 질투심과 허탈함 그리고 무력감을 느끼고 이 감정은 2008년 현재 촛불을 높이 들어 자신의 의견을 당당히 말하는 10대에게 느끼는 감정과 같다. 단순히 10살 어린 외모뿐 아니라 자신이 이루고 싶은 분야의 재능까지 고루 갖춘 19살의 수비수와 1루에서 2루로 도루라도 할까 잔뜩 경계를 풀지 않는 59살의 투수 사이에서 주인공은 현재 런 다운 위기에 처해 있다.

5. 9회초, 런 다운의 위기를 극복하는 방법

아무래도 위기 상황에 가장 힘이 되어주는 것은 자신과 오랜 세월을 함께 해준 친구들이다. 홍난희의 30년 친구인 변형태 군과 예상치 못한 동거를 시작한 그들은 사랑과 우정이라는 팽팽한 줄다리기 싸움에서 균형을 잃지 않은 채 그 누구보다 상대방의 경기를 응원해주는 조력자로 등장한다. '남녀 간의 우정은 과연 존재할 수 있을까?'라는 고전적인 질문 사이에서 영리하게 빠져나가는 그들의 모습은 '나도 저런 속 깊은 이성 친구 하나 있었으면 좋겠다'라는 시청자들의 판타지를 충족시키기에 충분하다. 또 그들과 이십대를 함께한 5명의 친구들은 뚜렷한 캐릭터로 드라마 속 서른의 이야기를 탄탄하게 뒷받침을 해준다. 예를 들어 주인공이 3루에서 결혼이라는 홈으로의 진입을 앞두고 고민하는 상황에서 22살의 어린 나이에 이미 결혼이라는 홈에 진입한 친구들은 삶에서 우러나오는 조언을 하기도 하고 출판사를 다니며 벌이가 시원찮은 주인공을 위해 친구들은 부업을 주선해 주기도 한다. 주인공을 둘러싼 5명의 친구 중 이 드라마에서 가장 돋보였던 캐릭터는 바로 춘희(조은지 분)라는 캐릭터이다. 경제적인 상황이 어려워 비록 대학에 진학하지는 못했지만 그 누구보다 성실히 삶을 살아내며 자신에게 부여된 1억이라는 빚을 꼬박 갚아내느라 서른 살이 되도록 그 흔한 사랑 한 번 해보지 못한 평범하지만 평범하지만은 않은 이 캐릭터는 사회의 한귀퉁이에 살고 있는 그 어떤 사람을 화면 속으로 끄집어낸다. 그리고 드디어 그녀가 1억 빚을 갚았던 그날의 누드 촬영을 지켜보며 시청자들은 그동안 고난했던 자신의 삶도 아껴주고 예뻐해줄 방법을 찾는 자신을 발견하게 될 것이다.

6. 9회말, 투아웃 그리고 마지막 찬스

홈(결혼)으로의 진입 직전 자신의 사랑하는 애인을 미국으로 떠나보내는 주인공 홍난희의 상황은 현재 9회말 투아웃의 상황이다. 이 상황에서 주인공은 짜릿한 끝내기 홈런을 날리기 위해 마지막 찬스를 이용한다. 그것은 바로 한국 소설 공모전에 재도전하는 것. 밥벌이를 위해 다니는 출판사에서는 경력이 쌓여 소위 대리라는 직함을 달고 있지만 출판 편집인으로서 확고한 비전도 갖지 못한 그녀가 내린 마지막 결정이다. 대한민국을 사는 청춘이라면 누구나 겪어봄 직한 자신의 꿈이 무엇인지조차 몰라 방황하던 대학을 졸업한 후 무작정 들어간 회사 내에서 부속품으로 전락해버릴 때쯤 다시 찾게 되는 꿈을 위한 도전과 같은 일련의 과정들을 보여준다는 점에서 시청자와 큰 공감대를 형성한다고 생각한다. 다만 시청자들은 자신이 현실에서 이루지 못한 그 꿈을 드라마 속 주인공이 이루어주길 간절히 응원하게 되고 그 속에서 자신 또한 응원하게 되게 되는 것이다. 그러나 그 꿈을 이루는 것 또한 쉽지만은 않다는 것을 여실히 보여주는 것이 이 드라마의 장점이다. 즉, 시청자들이 원하는 판타지와 현실 사이에서 교묘한 줄타기를 하며 꿈을 향해 쫓지만 현실에 부딪히는 주인공의 모습을 구질구질하지 않게 보여준다.

7. 9회말, 투아웃에서 날리는 안타

비록 주인공은 9회말 투아웃의 상황에 생긴 마지막 찬스를 붙잡아 끝내기 홈런을 치지는 못했지만 30년 우정을 쌓아오며 그동안 상대방의 선수로써의 이력을 고스란히 알고 있는 변형태와 사랑에 빠진다. 서른 살 결혼 시장 어디에 내놓아도 빠지지 않을 외모와 능력을 갖춘 변형태와의 사랑은 그의 갑작스런 첫사랑의 등장으로 인해 위기를 겪기도 했지만 주인공의 끝내기 안타로 마무리된다. 이 드라마에서 가장 비현실적이지만 남자들이 영원히 잊지 못하는 첫사랑이라는 판타지를 채워주는 캐릭터로 설정된 윤성아(황지현 분)는 태어날 때부터 부와 재능을 갖춘 캐릭터로 친구들과 갈등의 여지가 많음에도 불구하고 그녀의 모든 행동이 친구들 사이에서 이해된다는 점이 아쉽다. 즉, 아무리 윤성아라는 캐릭터가 남자들의 판타지를 충족시켜주는 캐릭터로 설정이 됐다고 하더라도 그녀 역시 꿈을 향해 노력하는 서른이라면 현실을 살고 있는 모습을 위한 에피소드가 필요하지 않았나 하는 생각이 든다. 예를 들어 그녀의 부와 재능으로 열등감을 느끼는 친구와의 갈등이라든가 변형태 이외의 다른 남자 사이에서 갈등하는 모습과 같은 에피소드가 엮여 아무런 공통점이 없는 그 친구들 사이에 섞여도 전혀 어색하지 않을 이야기가 부족하지 않았나 생각한다.

8. 번외 경기

이 드라마에서 주인공 이외에 가장 인상적인 캐릭터는 카드사에서 텔레마케터로 일하는 춘희와 바람난 아내가 쓴 카드 값을 갚기 위해 카드사를 협박해 돈을 뜯어내려는 무기력한 40대인 주인공의 직장 선배(이두일 분)다. 우리나라 트렌디 드라마에서는 잘 비춰지지는 않지만 내 주변을 둘러보면 어딘가에 반드시 있는 평범한 소시민의 삶을 여과 없이 보여주는 캐릭터이기 때문이다.

습관처럼 회사에 출근해 하는 일이라곤 고작 상사의 눈을 피해 컴퓨터로 고스톱 게임으로 시간을 때우는 직장 선배는 여느 회사에 꼭 한 명씩은 있는 캐릭터이며 돈 못 번다고 다른 남자를 만나 당당히 남편에게 이혼을 요구하는 아내의 이야기는 KBS 2TV의 <사랑과 전쟁>에서 단골 소재가 아니던가. 또한 고등학교만 졸업해 일찍 취업 전선에 뛰어들어 성실한 근무 경력을 인정받아 계약직에서 정규직으로 당당히 일하는 친구들도 주위를 둘러보면 반드시 있는 그런 캐릭터들이 한국 드라마에서는 그다지 사랑받지 못하는 캐릭터였다. 하지만 이 드라마에서는 이 둘의 사랑을 평범하지는 않지만 그 누구보다 순수한 모습으로 엮어내어 웃음을 자아내며 시청자들에게 사랑받는 캐릭터로 그려내고 있다. 이 캐릭터들로 인해 40대의 무기력한 회사원들과 계약직으로 일하는 수많은 청춘들의 공감대를 형성했다는 점에서 이 드라마는 또 한 번 그 폭과 깊이를 확장시킨다.

9. 9회말 투아웃, 여주인공의 홈런은 없었다

'야구는 9회말 투아웃부터'라는 말이 있듯이 야구와 묘하게 닮아 있는 '인생의 9회말 투아웃'의 상황에서 끝내기 홈런 한 방 날리기를 간절히 원하는 서른의 이야기를 담아낸다는 기획의도는 시청자들에게 공감대를 형성하기에 충분했다. 다만 아쉬운 점은 주인공 홍난희가 9회말 투아웃의 상황에서 기껏 날린 안타가 30년 동안 우정을 쌓아왔던 변형태와 사랑에 빠진 점이다. 물론 서로 그동안의 연애 이력이나 숨기고 싶은 부분까지 모두 알고 있는 그들은 서로의 단점까지 보듬어준다는 점에서 서른에 걸맞은 사랑을 보여준다는 점은 일견 설득력이 존재한다. 그러나 여전히 아쉬운 점은 9회말 투아웃이라는 그 절박한 상황에서 그녀가 힘껏 내리친 공이 비록 파울 방향으로 펜스를 넘어갔을 지라도 자신의 어려운 고비를 넘길 정도의 그녀만의 해결법을 보여주지 못했다는 것이다. 드라마에는 현실을 기반으로 한 판타지가 존재한다. 아니, 존재해야만 한다. 그런 점에서 그 판타지를 결혼 시장에서 어느 하나 부족할 것 없는 친구와의 사랑으로만 끝을 낸다는 사실이 너무 아쉽다. 다만 이 드라마는 자신은 치열하지만 헛스윙을 하느라 너무 많은 열정을 소모한 이십 대와 자신이 막연히 꿈꾸었던 서른의 모습과 조금은 다른 삶을 사는 사람들에게 무한한 위로와 응원을 보냈다는 점에서 2007년 그때를 살고 있는 청춘들과 함께하기에 적합했다고 생각한다. 단순히 생물학적인 나이인 서른의 나이가 아니더라도 자신이 현재 9회말 투아웃의 코너에 몰려 있다고 생각하는 사람이라면 이 드라마를 보고 세상 속 경쟁에서 지쳐 있는 자신을 아껴주는 방법을 배웠다면 이 드라마는 인생의 고비마다 나를 일으켜 세워줄 자양강장제와 같은 드라마가 될 것이 분명하다.

학생부문
최우수작

역사는 더 이상
텍스트가 아니다

KBS 월화드라마 <한성별곡-正>

전주영

　고등학교 국사 교과서를 보면, 우리가 역사를 배우는 이유는 역사를
통해 현재를 올바르게 이해할 수 있고, 또 그것을 거울삼아 우리가 당면한
문제를 지혜롭게 타개하고 더 나아가 발전을 위한 발판을 마련할 수 있기
때문이라고 서술되어 있다. 하지만 이러한 대외적인 역사 학습의 목적과는
달리, 역사는 지금까지 많은 학생들에게 현실을 성찰하게 만드는 거울보다
는 '암기할 것이 많은' 시험 과목 중 하나로만 인식되어왔다. 400페이지
남짓 하는 국사책은 반만 년이 넘는 한반도의 역사를 생동감 있게 학생들에
게 전달해주는 살아 있는 역사의 증인이 아닌, 교실 밖으로 결코 그 영역을
넓히지 못하는 죽은 지식의 전달자로 그 위치를 견고히 해왔다. 역사를
배우면서 습득된 지식들은 실생활에서는 전혀 적용되지 못하다가, 시험이
끝난 후 학생들의 머릿속에서 빠르게 잊혀져갔다. 역사는 그렇게 삶과
어떠한 직접적인 연결고리도 가지지 못한 것처럼 우리의 인식 속에 자리

잡았다.

그런데 이러한 우리가 역사를 대하는 태도를 뿌리째 흔들어놓으며 새로운 지표를 제시한 드라마가 있다. 바로 2007년에 7월 한 달 동안 방영되었던 KBS 월화드라마 <한성별곡-正>이다. <한성별곡>은 국사 교과서의 초반부에 실린 역사 학습의 목적을 쓸데없는 서론이라고 생각하고 멀찌감치 밀쳐놓지 않고, 오히려 가슴에 잘 새겨두었다 실천에 옮겼다고 평가해도 틀리지 않을 만큼 우리의 삶과 역사를 한층 더 가깝게 연결해주고 역사를 새로운 관점으로 바라보게 해준 드라마였다. 때는 1800년 조선의 수도 한성, 그곳에서 우리는 붕당정치의 폐단으로 붕괴 직전에까지 다다른 조선 정부 내에서 정치적 소용돌이에 휘말려 하루하루 사투를 벌여가는 조선의 정치인들과, 개화하는 의식과 그 의식을 따라가지 못하는 조선의 후진 정치가 엇갈린 틈 사이에서 고통받고 있는 민중들의 삶과 대면하게 된다. 그리고 지금까지 우리에게 피상적인 것으로만 다가왔던 후기 조선에 내재되어 있던 갈등들은 주인공 박상규, 이나영, 양만오, 그리고 정조를 통해서 구체화되고 그들이 해답을 찾으려고 했던 물음과 처해 있던 시대적 상황이 맞물려 돌아가면서 이백 년 전의 인물들의 삶이 어떤 다큐멘터리나 고발 프로그램보다 더 현실적이고 적나라하게 다가온다.

사극, 처음으로 21세기와 소통하다

지금까지의 대한민국 사극을 구성해왔던 전형적인 포맷은 어느 특정인의 일대기였다. 우리가 흔히 아는 역사적 인물의 일생이 사극의 소재가 되었고, 수십 년간 이어져왔던 그 전통은 깨어지지 않고 꾸준히 그 명맥을 이어왔다(2007~2008년도 기준: <이산>, <대왕세종>, <왕과 나>). 퓨전사극이라고 하여 사극의 고정된 틀을 벗어나려고 했던 시도는 수차례 있었으나 (<태왕사신기>), 그것마저 기존 인물에 대해서 새로운 시각에 입각해 각색한 것이 많았으므로, 역사책에 자리 잡고 있는 인물들의 영향력을 벗어나기는 힘들었다. 한정되어 있는 자료로 인해 그것에 대한 이해와 지식이 현대극에 비해 현저히 떨어지고, 영화와 달리 장기적인 방영을 목표로 하는 사극 드라마의 특성상 새로운 스토리를 창작하는 것보다는 이미 널리 알려져 있는 인물의 삶을 다루는 것이 안정적인 드라마를 만드는 데 더 효과적이었다. 따라서 지금까지의 사극은 특정인의 일대기로 소재가 편중되어 있는 모습을 보이기도 했다. 하지만 이렇게 실존 인물을 주인공으로 한 사극은 대부분 당시 주인공의 내적 심리와 외부 환경에 큰 영향을 미쳤을 정치적·사회적 배경에 대한 명확한 제시 없이 주인공을 부각시키기 위해서 선악 대립 구조로 몰고 가는 경우가 많았다. 복잡하게 얽혀 있는 원인들을 간과한 채 주인공을 영웅화시키는 사극은 신화적인 클리셰, 신화적인 재미를 유발하며 단순한 구조의 영웅물 혹은 영상으로 만든 위인전으로 전락하는 경우가 많았다. 때문에 시청자들은 드라마 속 인물과 공감대 형성이 어려웠고, 진지한 화두를 던지기보다는 흥미위주로 드라마를 보는 경우도 잦았다. 이러한 선악의 구별이 뚜렷한 드라마의 색깔상 시청자들이 사극을 통해서 전달받을 수 있는 메시지는 권선징악이나 유교적 덕목들로 극히 제한되어 있었고, 메시지가 결여되어 있는 경우도 빈번했다. 또한 주인공이 가지고 있는 가치관이 뚜렷한 일대기 형식의 사극 드라마에서는 시청자가 등장인물의 생각을 일방적으로 강요당한다는 느낌도 떨칠 수 없었다. 하지만 사극의 가장 큰 한계점은 사극은 윤리적 메시지 전달 외에 실존 인물에 대한 새로운 해석 부여, 민족의식 고취같이 세울 수 있는 목표의 범위가 지극히 한정되어 있다는 것이다.

이런 기존의 사극에 비해 <한성별곡>은 가히 '혁신적'이라고도 할 수 있다. <한성별곡>은 정조 시대를 배경으로 하고 있지만, 정조가 드라마에서 가장 중요한 인물은 아니다. 오히려 드라마는 완전히 새롭게 창조된 세 캐릭터와 정조의 인생이 톱니바퀴처럼 맞물려 돌아가면서 일어나는 갈등에 초점을 맞추고 있다. 그 시대 각기 다른 계층을 대표하던 전형적 인물들로 구성된 주인공들의 인생에 하나하나 시선을 던지며, 그들이 내몰린 상황에서 한 선택들이 어떻게 파멸을 불러오는지 과정을 관찰해나간다. 정조는 끊임없이 자신을 없앨 궁리만 하고 있는 정치 세력 위에 군림하고, 파토난 정치에 개혁을 일으켜 조선의 수백만 백성의 생계를 책임져야 했던 조선의 고독한 왕이었고, 박상규는 뛰어난 실력을 가지고 있으나 얼자라는 출신 때문에 문과에 응시해보지도 못하고 군관이 되었으며 이나영은 양반 집 규수였으나 아버지의 역모죄로 집안이 몰락한 뒤 최하층계급으로 전락한다. 양만오는 천인 출신으로, 양반이 주도하는 사회에 불신을 품고 상놈들도 살 수 있는 세상을 구현하겠다는 야심을 품었으나 자꾸만 자신의 노력이 한계에 부딪히는 것을 느낀다. 주인공을 제외한 주변 인물들도, 냉혈한 정치판의 현실을 시청자들에게 보여주며 자신이 하는 행동이 살기 위한 몸부림이라는 것을 납득시키려고 한다. 이렇게 무시무시한 음모에 휘말렸던 인물들이 각기 다 시대적 상황에서 자유로울 수 없는 사유를 가졌기 때문에 인물들의 행동에 정당성이 부여되면서 섣부른 선악 구분을 유보하게 된다. 그래서 <한성별곡>은 악인과 정인의 대립보다는 '다른 신념을 가지고 있었던 사람들의 대립'으로 함축되는 것이 더 알맞게 된다.

더욱 더 흥미로운 사실은 <한성별곡>이 드라마에 현재의 모습을 반영하려고 끊임없이 노력한다는 것이다. 그 예 중 하나는 지금까지 사극이 범접하지 못했던 '정치'라는 영역을 진지한 고찰의 대상으로 삼았다는 것이다. 누군가가 규정해놓은 체계 아래에서 살아가는 인간에게 정치는 생활에 직접적인 영향을 끼치는 아주 중요한 요소 중 하나이지만 사극뿐만 아니라 현대극에서도 직접적으로 다뤄진 적이 드물었다. 민감하고 복잡한 사안이기 때문이다. <한성별곡>이 화두로 던지는 정치는 그 의미에 대한 고찰부터 실제로 지금 행해지고 있는 현실 정치에 대한 풍자까지 넓은 영역을 아우른다. 인민들의 삶을 평탄하게 만들어주는 수단이 아닌 살아남기 위해 발버둥치는 사람들의 싸움의 장이 되어버린 정치의 변질된 의미에 날카로운 시선을 던지고, 아무도 관심을 갖지 않았던 정치의 치열함과 냉혹함에 집중한다. 당시 '노무현 정부의 오마쥬가 아니냐'는 의혹을 받을 정도로 조선 정부 내 시파와 벽파의 충돌을 참여 정부 당시 대통령과 야당의 그것과 놀랄 정도로 흡사하게 그려낸 <한성별곡>의 과감한 도전은 논란의 대상이 되었지만 사극에서 처음으로 정치에 대해 논했다는 점을 높게 산 시청자들이 긍정적으로 평가해주었다. 어느 특정인의 묘사를 제외해서도, 자신의 기득권을 유지하기 위해서 왕의 계획에 사사건건 반대를 하고 또 자신과 뜻이 다른 이들을 음모에 빠뜨리려고 하던 조선의 정치인들은 현재의 정치인들과 별 차이 없는 모습을 보이며 풍자의 대상이 되었다. 또한 시청자들이 영의정, 우의정같은 사회지배층이 논리에 의거한 토론이 아니라 격식 떨어지는 막말을 동반한 몸싸움으로 문제를 해결하려는 장면을 보면서 흡사 지금의 정치판을 보는 듯한 느낌을 받았는데 이는 결코 착각이 아니었다.

본질적인 질문을 제기하다

'현재는 역사의 연장선'이라는 진리를 구체화시키기 위해 <한성별곡>

이 얼마나 치열하게 고민했는지는 8화 내내 이 드라마가 시청자들에게 제기하는 질문을 보면 알 수 있다. '정(正)이란 과연 무엇인가.' 비록 이 질문의 답을 찾기 위해서 고군분투하는 사람들은 이백여 년 전의 조선 사람인 상규, 만오, 나영, 그리고 정조이지만 현대 사회에서도 그대로 적용될 수 있는 보편적이고 본질적인 질문이다. 정조는 새로운 조선을 건설하기 위해 벽파와 백성들의 거센 비난 여론에도 아랑곳하지 않고 자신이 계획한 개혁을 실행에 옮겨가지만 이 과정에서 안타까운 희생들이 늘어만 가자 과연 아무도 승인하지 않는 고독한 길을 걷는 것이 옳은 일인지 회의에 젖어든다. 박상규는 자신이 사랑하는 사람을 살리기 위해서 부정한 세력들과 결탁해야 하는 현실에 진저리치도록 괴로워하고, 이나영은 자신이 양반집 규수로서 배워왔던 지식들이 응고되어 태어난 이상적인 세계와, 현실 사이의 괴리를 체험하면서 이상향에 닿지 못해 좌절한다. 양만오는 비천한 출신으로 태어나 상놈들이 살 만한 세상을 만들겠다며 수단 방법을 가리지 않고 엄청난 부를 축적하지만 그가 노력할수록 그가 구현하고자 했던 평등한 세상은 수백 년 동안 자신들이 가지고 있었던 기득권을 잃지 않으려는 양반들에게 가로막혀 오지 않을 것처럼 보인다. 시대의 특성상 상황의 차이는 있지만, 주어진 선택 앞에서 고뇌하고 괴로워하는 모습은 21세기를 살아가는 우리의 그것과도 너무나 흡사하다. 우리는 하루하루 수없이 많은 선택과 갈등 앞에서 어떠한 입장을 취해야 할지 고민한다. 자신의 가슴속에 품은 신념과 결코 무시할 수 없는 현실이 두 갈래로 벌어진 갈림길에서 최선을 선택하고자 하는 인간의 열망은 시대와 장소를 초월해 어느 곳에서나 보편적으로 볼 수 있었다. 또 자신의 신념-<한성별곡>은 이것을 정(正)이라고 명했다- 이 과연 옳은 것인지를 하루하루의 치열한 싸움 속에서도 한 번씩 돌아보고 망설였고, 또 그 정(正)을 실현하기 위해서 많은 희생을 치러서라도 그곳을 향한 길을 걸어나갔다. 자신이 올바르다고 생각하는 것을 하고자 하는 인간의 본질적인 욕망을 건드리는 <한성별곡>의 메시지 때문에 시청자들은 단순히 제3자로서 드라마를 보는 것이 아니라 등장인물들에게 자신을 대입시켜 좀 더 능동적으로 드라마가 전달하고자 하는 메시지를 받아들이려고 노력하게 되는 것이다. 우리의 현재 모습과 맥락을 같이하는 인물들의 모습에 시청자들은 공감대를 느낄 수 있고, 이질감 없이 역사에 자신의 모습을 투영시킬 수 있게 된다.

드라마 후반부에서 상처를 치료하는 나영에게 정조가 하는 말은 <한성별곡>이 담은 가장 중요한 주제들 중 하나를 내포하고 있다. "나의 신념은 현실에 조롱당하고, 나의 꿈은 안타까운 희생만 키워가는데……. 포기하지 못하는 나는, 과연 옳은 것이냐?" 자신이 선택한 정(正) 앞에서 흔들리는 모습을 보이는 왕은 매일 매일 같은 문제로 괴로워할 시청자들에게 더 없이 진실된 모습으로 다가오면서 역사는 '낡고 오래된 것'이라는 고정관념에서 탈피하는 순간을 맞이하게 된다.

2008년의 대한민국, 1800년의 조선에게 길을 묻다

<한성별곡>은 사극의 새로운 영역을 개척했다고 해도 과언이 아닐 만큼 형식 면에서, 또 내용 면에서 기존의 사극과는 확연히 다른 모습을 보여주었다. 표면상으로는 추리 스릴러를 표방했지만 내면에는 시청자들의 진지한 성찰을 요구하는 복잡하고 심각한 메시지들을 담고 있었다. 인간의 본질에 대한 탐구, 역사와 현재와의 연결을 시도하려는 사극이 있었다는 사실만으로, 2007년의 큰 발견이자 드라마 애호가들의 커다란 기쁨이었을 것이다.

우리는 비록 1800년 조선에서 이백 년이란 시간이 떨어진 대한민국에서 살고 있지만, <한성별곡>이 우리에게 던졌던 질문을 언제나 가슴에 새겨 두고 그것에 대한 경각심을 키워야 할 것이다. 역사는 되풀이된다는 말이 결코 교훈적인 이야기가 아닌 현실로 다가오는 이유는, 우리가 거듭해서 고민하고 자문하지 않는다면 옛날에 만들어졌던 실패와 실수가 다시 반복 될 수 있다는 것이 결코 가능성 없는 이야기가 아니기 때문이다.

<한성별곡>은 비록 비극으로 치달았지만, 시청자들에게 '소망'을 전달 하고 그 뜨거웠던 불씨를 사그라뜨렸다. 박상규와 이나영이 죽고 난 뒤 강가에다 그들의 뼛가루를 뿌리던 기생 월향은 청나라로 같이 가겠냐는 만오의 제안에 배를 문지르며 거절한다. 그 배 안에는 상규의 아이가 있었고, 월향은 부드럽지만 강인한 눈빛으로 말한다. "이 아이에게 아비가 소망하던 세상을 보여주고 싶습니다. 설령 이 아이가 그 세상을 보지 못하더라도, 이 아이의 아이가 두 분 소망하던 세상에서 살겠지요." 희망이 보이지 않는 어두운 세상이었지만 어딘가에서, 그 빛을 거두지 않고 우리를 기다리 고 있을 미래에 대한 소망을 제시했던 <한성별곡>. 그리고 그 역사의 연장선 위에 서 있는 지금, 우리가 그 소망을 이루기 위해서 1800년의 조선에게 길을 다시 물어야 할 때다.

TV토론 프로그램의 새로운 반향, MBC <100분 토론>

김주희

1. 다양한 갈등이 혼재되어 있는 현대 사회

100인 100생각. 사회가 복잡해지고 다양성을 추구하면서 다양한 이해관계와 갈등이 우리 사회 전반을 지배하고 있다. 좁게는 개인-개인 간의 갈등, 국가-국민 간의 갈등, 나아가 국가-국가 간의 갈등이 존재한다. 갈등이 이렇게 많이 그리고 복잡하게 얽혀 있는 사회에서 무엇을 하기란 결코 쉬운 일이 아니다. 이런 사회 속에서 TV는 사회적 공통 여론을 형성해야 하는 중요한 역할을 맡게 되었다.

지금까지 TV는 오락, 휴식의 수단으로 그 역할을 충실히 해왔다. 하지만 제4의 권력기관이라 불리는 방송은 이전의 의미를 넘어서 국민들의 목소리를 듣고 움직이는 또 하나의 대의적 성격을 띠게 되었다. TV의 이런 발전은 국민을 TV 앞으로 모이게 했고, 끊임없는 갈등 속에서 한 줄기 불빛 역할을 하고 있는 프로그램이 있다. 바로 MBC의 <100분 토론>이다.

2. 따분하고 지겨운 TV토론, 이젠 No!

앞서 말했듯이 예전에 TV는 우리에게 즐거움과 감동을 주는 재미 위주의 오락거리였다. 때문에 언제든지 채널 어딘가를 채우고 있는 TV토론 프로그램이 소외를 받았다. 고된 하루를 마치고 또다시 복잡한 갈등을 분석하고 해결하려는 두뇌운동을 누가 하고 싶겠는가? 하지만 <100분 토론>은 TV토론에 대한 이런 이미지를 전환시켰다.

사회적으로 어떤 큰 이슈가 떠올라 사회 전반에서 논란이 되고 있을 때 <100분 토론>을 챙겨본다. 다른 방송사에서도 TV프로그램을 많이 하지만 그중 <100분 토론>에 주목하는 이유는 이 프로그램이 갖는 차별성 때문이다. <100분 토론>은 이전에 가졌던 TV 토론에 대한 편견과 이미지를 깨뜨린다. 인터넷 토론방을 통해 네티즌으로서 패널 선정에 대한 의견을 남길 수 있고, 시민 논객으로서 직접 방송에 참여해 패널들과 서로의 의견과 생각을 주고받을 수 있다. 또한 전화 통화로도 방송에 참여할 수 있는 등 다양한 소통로를 시청자들에게 제공해준다.

이런 점에서 <100분 토론>은 토론이 갖는 형식적이고 딱딱한 특징에서 탈피한 개혁적인 프로그램이라 감히 말하겠다.

3. 다양한 사회 구성원들의 의견을 담아

<100분 토론>이 갖는 가장 눈에 띄는 특성은 '다양한 의견 존중'이다. 토론은 주로 상반된 의견을 가진 양 패널들이 한다. 어떤 TV 토론 프로그램은 토론을 중계하는 형식을 띠는 경우가 있다. 그 결과 시청자들은 일방적으로 두 의견을 비판의 과정 없이 수용하게 된다. 하지만 <100분 토론>은

그런 형식에서 벗어나 스튜디오 밖 다양한 사회 구성원들의 의견을 토론에 직·간접적으로 반영한다. 이런 형식은 '과감하고 진솔한 토론장'을 마련하겠다는 프로그램 제작진의 의도를 잘 보여주고 시청자들과 쌍방향 소통하는 TV 토론 프로그램으로 거듭나게 한다.

지난 달 한미 쇠고기 협상 관련 방송된 여러 개의 방송에서 시민 논객으로 직장인, 학원 강사, 대학생 등이 참여했고, 전화 참여자로는 미국에 사는 교포가 있었다. 현대 사회에서 강조되고 있는 것 중의 하나가 다원성인데 이러한 방송 형태는 민감한 사회 이슈에 대해 다양한 구성원들의 의견을 들어보아 한쪽으로 치우치기 쉬운 사고의 균형을 바로 잡아준다.

이처럼 <100분 토론>이 갖는 모습은 시청자로 하여금 더 이상 떠먹는 식의 수용이 아닌 선별하고 따져보며 먹는 똑똑한 미디어 소비자로 거듭나게 만든다. 게다가 자신의 위치에서 자신의 의견을 당당한 목소리로 내는 능동적인 자세를 길러준다. 직접 패널의 주인공은 아니지만 그 주변의 다양한 통로로 민주주의 사회 구성원으로서 역할을 해내게 된 것이다.

4. 좀 더 발전된 프로그램으로 거듭나려면

<100분 토론>에 많은 관심이 쏠리면서 그만큼 보완해야 할 점도 속속 드러난다. 첫째, 토론 이후 어떠한 변화가 이루어져야 한다. 각 분야의 전문가, 관련된 사람들을 불러 탁상 토론하는 것은 다른 좋은 요소들이 작용한다 해도 그야말로 형식적인 프로그램으로 전락할 수 있다. 다양한 참여로 공들인 토론인 만큼 토론 후에 사회적 변화나 어떠한 파장을 불러일으켜야 한다. 토론에서 나온 이야기를 바탕으로 한 수정된 정책이 나온다는 등 눈에 띄는 사회적 변화가 필요하다. 그러면 진정한 토론의 결과와 더

큰 보람을 제작진, 시청자 모두 얻게 될 것이다. 둘째, 시민 논객 선정에서 공공성을 확보해야 한다. 방송에 참여하는 시민 논객은 국민을 대변하는 대의적 책임을 갖는다. 그렇기 때문에 특정 집단을 대표하거나 특정 계층이 아닌 쟁점을 공정하고 비판적으로 바라볼 수 있는 사람을 논객으로 선정해야 한다. 셋째, 주제의 다양화가 선행되어야 한다. 현재 <100분 토론>에서 다루고 있는 주요 주제는 아래의 표와 같이 정치 분야에 집중되어 있다.

정치	사회	문화/예술	경제	미디어	합계
28	5	2	5	1	41

(2007.5~2008.5 기준)

게다가 비슷한 주제로 몇 주간 지속되는 것을 보아 주제 부족으로 보인다.

같은 주제	종교인 과세논란 (2007.7.12)
	종교인 과세논란 (2008.1.31)
비슷한 주제	대통합 민주신당 대선후보 경선 토론 (2007.9.6)
	민주당 대선후보 경선 토론 (2007.9.27)
	기로에 선 통합신당 경선 (2007.9.20)

사회 다양한 계층이 공감할 수 있는 주제를 골고루 선정해야 할 필요성이 절실하다. 그렇다고 해서 정치 분야의 내용을 줄이라는 말은 아니다. 정치와 관련된 내용은 국민들의 생활에 직·간접적으로 영향을 주는 중요한 부분이므로 비중을 두는 것은 바람직하다. 하지만 위의 표를 보듯이 정치 분야의 주제 쏠림 현상은 다른 가능성 있는 주제들에 비해 너무 높다. 이 조사 기간이 대선과 총선이 맞물려 있는 기간이기 때문일지도 모른다. 그러나 그런 부분은 뉴스나 다른 시사 프로그램을 통해서도 충분한 정보 전달이 가능하다. 토론 프로그램의 의미를 살리려면 우리 사회 곳곳에서 일어나는 크고 작은 이야기에서부터 국경을 넘은 국제사회 문제까지 폭넓게 다루어

야 하지 않을까 생각한다. 앞서 제시한 세 가지 요소를 좀 더 보완·수정한다면 질 높고 성숙한 <100분 토론>이 되지 않을까 한다.

5. 바람 그리고 전망

학생의 입장에서 <100분 토론>을 시청하면서 현재 방송되는 청소년들을 위한 토론 프로그램이 없다는 것이 아쉬운 점으로 남았다. 예전에 EBS에서 <청소년 원탁 토론>이란 프로그램을 접한 적이 있다. 청소년들이 주제를 정하고 사회를 맡아 진행되는 이 프로그램의 참신함은 교육적으로도 바람직했다. 그런데 어느새 편성표에서 사라졌다. 청소년의 입장에서 청소년들의 눈높이를 고려한 토론 프로그램이 사라졌다는 것에 큰 아쉬움을 남겼다. 바라는 점은 MBC <100분 토론>의 축소판인 <청소년 100분 토론> 방송이다. 교육 프로그램을 EBS만 만들라는 법은 없다.

청소년들이 미래의 주 시청자와 사회인으로서 앞으로 프로그램을 골라보는 IPTV 시대 청소년 계층을 위한 토론 프로그램을 MBC가 적극 나서서 기획, 제작한다면 또 다른 미디어 흐름을 가져오게 될 것이다. 청소년 토론 프로그램이 필요한 이유는 다음과 같다. 청소년들은 미래 사회의 주역이며 토론은 이제 지위와 나이를 불문하고 일상생활에서 매우 중요한 활동으로 자리매김하고 있다. 가치관을 확립할 청소년기에 토론 프로그램을 통해 토론에 대한 적응력도 기르고 나아가 장래의 국제 외교·통상 예비 전문가를 기르는 중요한 디딤돌이 될 것이다. 앞으로 <100분 토론>이 몇 세대를 거쳐도 계속 사랑받는 옹골찬 토론 프로그램이 되길 기대한다.

대한민국 교육의 초석,
<공부의 제왕>

이지은

최근에 강준만 씨의 『대중문화의 겉과 속』을 읽었다. 언론계통의 꿈을 가지고 있어서 읽어보는 데 큰 의미가 있겠다고 생각했기 때문에 책을 들었으며, 실제로 이 책은 대중문화에 대해 피상적으로 아는 데 그쳤던 나에게 많은 깨달음을 주었다. 획일화와 무비판적 수용이라는 한계를 지닌 대중매체의 현실을 진단하는 데 그치는 것이 아니라, 대중문화가 어떻게 형성 되었으며 무엇에 기인하는지, 그리고 미래에의 전망은 어떠한지 두루 두루 소개하는 책이었기에 21세기 주체적인 문화인이 되기 위해 어떻게 해야 하는지 감도 잡을 수 있게 되었다. 역시 책은 간접경험의 가장 중요하고도 탄탄한 방법이라는 사실을 다시 한 번 깨달을 수 있는 계기였다.

그중 내가 특히 관심을 가지고 읽어본 부분은 TV 파트인데, KBS PD인 고희일 씨의 항변에 고개가 끄덕여졌고, 정말 아이러니한 부분이라고 생각했기에 미래의 언론인인 나도 한번쯤 고뇌해볼 만한 소재라고 여겼기에 소개하려 한다. 「시청자의 이중성이 서글프다」라는 그의 글을 보면, '시청자가 원하는 방송에 대해 알기 위해 조사를 하면 90% 이상이 교양적인 부분을 늘렸으면 좋겠다, 예능적인 요소는 줄이는 것이 좋겠다'라고 대답하는 반면, 그러한 시청자에 '주문'에 따라 프로그램을 편성한 후 선호도를 알아보려고 조사해보면, 예능 프로그램의 시청률이 극단적으로는 교양 프로그램의 시청률의 10배에 달하기도 한단다. 어느 박자에 장단을 맞춰야 할지, 시청자의 억지 아닌 억지 속에 풍랑 속 돛단배처럼 이리 쓸리고 저리 쓸리는 PD들의 답답한 심정이 이해가 됐다.

이 부분을 읽던 중 뇌리를 스치는 프로그램이 있던데, 바로 MBC에서 작년 11월부터 올해 2월까지 비교적 짧게 방영된 '예능' 프로그램, '공부의 제왕'이 그것이었다. '공부의 신' 사이트를 제작, 전국 0.001%, 최상위권이라는 타이틀 아래 학생들에게 공부비법을 제공하는 강성태 공신을 주로 하여, 그의 도움이 절실히 필요한 고등학교 1, 2학년 학생들과 40여 일 동안 합숙하며 성적을 향상시키고, 바른 공부습관을 체득하게 하는 것을 목표로 삼는 프로그램이었다. 지금 수험생활을 하는 나에게 가뭄에 내린 단비와도 같은 프로그램이었기에 매주 보게 되었고, 그 프로그램을 위해서, 그 프로그램을 보는 한 시간을 정당화하기 위해서 주중에 매우 열심히 공부했던 행복한 기억도 있다. 하지만 시청하면서 느낀 아쉬운 점도 많기에 몇 자 적어보려 한다.

겉은 예능 프로, 속은 교양 프로! 표리부동의 전범

공부의 제왕이 '실력향상 리얼프로젝트'라는 묵직한 주제를 가지고 있지만, 교양 프로그램이 아닌 예능 프로그램 소속이다. 기획의도와 다른 노선을 탔기 때문에 PD는 '지식전달과 재미'라는 두 마리 토끼를 잡아야 했다.

그 결과 다분히 오락적인 내용을 담기 시작했다. 물론 프로그램을 진행하면서 농담을 주고받는 것은 좋다. 그러나 웃음을 주기 위한 시간을 일부러 마련하는 것 같다. MC를 소개할 때 MC의 학창시절 성적표를 보면서 유머를 늘어놓는다거나, 크리스마스이브에 합숙생들이 거리의 화려한 모든 유혹을 뿌리치고 합숙소에 와서 공부할지 숨어서 지켜보는 데 시간을 많이 할애한 것이 그것이다. MC들의 합숙소 체험도 마찬가지였다. MC 자질을 갖추기 위해 아이들의 고통을 체험해본다고 했는데, 보는 시청자들에게는 그저 웃기 위해 마련된 시간으로밖에 보이지 않았다. 나는 항상 그 프로그램을 볼 때면, 연습장을 펴들고 펜을 쥔 채로 TV앞에 앉아 리모컨을 옆에 두고 보면서 중요한 정보가 나오면 멈춰서 적기도 하고 놓치면 앞으로 돌려 보면서 적기도 한다. 나뿐만이 아니라 공부의 제왕을 시청하는 학부모들과 많은 학생들도 그럴 것이라고 생각한다. 하지만 다분히 오락적인 요소들이 방영되는 비중이 컸던 날에는 텅 빈 연습장을 바라봐야만 했다. 일주일에 한 시간, 이 프로그램을 보기 위해서 치열하던 주중의 모습에 대한 대가가 유난히도 적은 그런 날은 실망할 수밖에 없었다. 허탈했달까. 만약 오락적인 요소를 적절하게 조절했다면 보는 학생들의 스트레스도 풀리고, 정당한 방법으로 TV를 본다는 안도감에 프로그램도 고정적인 시청자를 확보할 수 있었을 거라고 본다.

새로움을 줘서 시청률을 올리려고 노력하는 모습도 보였다. 프로그램의 패널이 유난히도 바뀌었다는 것을 예로 들겠다. 가수 윤하, 캣츠의 김지혜, 솔비, 배슬기, 크라운제이라든지 굵직굵직하게 초신성, 슈퍼키드 등 그룹가수들까지 섭외하는 등 애쓰는 면모를 보였다. 하지만 프로그램에 대한 좋은 이미지를 주기엔 모자랐다. 계속 새로운 패널들이 나오다가 나오지 않으면, '사탕 먹은 뒤에 수박을 먹는 것'처럼 프로그램이 밍밍해지는 것은 사실이다. 솔직히 말해 등장하는 패널들이 공부에 대해 직접적인 도움을 주는 사항을 수행하지도 않았기 때문에 굳이 섭외에 노력하지 않았어도 된다고 생각한다. 또한 중간에 강수정을 MC로 영입해 프로그램 부상을 다시 한 번 꿈꿔보았지만, 결국 예능 프로그램 황금시간대의 높은 시청률을 내기에는 모자랐다. 결국 패널의 다채로움이 프로그램의 성장에 영향을 주지 못했다는 결과를 도출해낼 수 있다.

수요가 공급을 창출한다는 세이의 법칙[4]이 마찬가지로 적용되는 방송사에서 기획의도에 따른 대중들의 이익과 시청률로 인한 방송사의 이익 사이에서 불가피하게 갈등을 겪었던 프로그램의 PD가, 능력은 있으나 어떻게할 수 없는 요소에 좌절하는 한계를 지닌 신라의 6두품과 같이 느껴졌다. 고희일 씨의 항변을 읽고 이 프로그램이 생각난 이유가 바로 이것이다.

합숙하는 학생들의 선발 기준의 한계

공부의 제왕은 전국의 남학생, 여학생 가릴 것 없이 합숙생 신청을 받았다. 신청하는 모두가 '내가 될까? 과연 뽑힐까?' 하는 설렌 마음을 가져보았지만 3번 기회의 9명 모두 남학생들로만 뽑았다. 물론 함께 합숙하는 강성태 공신이 남성이니까 남학생이 선발되어야 하며, MBC에서 촬영팀이 쉽게 왔다 갔다 할 수 있어야 했기 때문에 학생의 학교는 수도권이어야 했다. 당시 서울대학교 4학년이었던 강성태 공신의 동선도 생각해야 했기 때문에 방송국, 공신과 학생의 학교, 합숙소, 이 세 곳이 지역적인 커넥션을 가져야했다. 실제로 공부의 제왕 1기는 모두 서울시 구로구의 우신고등학교에

---

4) 강준만, 『대중문화와 겉과 속』(서울: 인물과사상사, 2003)에서 부분 인용.

재학 중이며, 구로구는 MBC가 있는 여의도와 크게 멀지 않다. 2기 학생들의 학교 역시 서울시 금천구의 문일고등학교였으며, 구로구와 금천구 그리고 서울대학교가 있는 관악구가 나란히 위치한다는 점을 볼 때 합숙생 선발 시 성별·지역별 차별이 불가피하게 존재할 수밖에 없었다는 것을 알 수 있다.

국한된 이 좋은 기회가 보다 더 많은 학생들에게 주어지기 위해서는 여자공신이 필요하다. 여학생들도 여자공신과 함께 합숙하며 프로그램 참여 자격을 얻어야 한다고 생각한다. 뿐만 아니라 남학생들이 합숙하는 모습과 여학생들의 합숙하는 모습을 대조해가면서 보여주면 프로그램의 다채로운 면도 늘릴 수 있을 것이다. 그럴 때 시청자들도 보다 많은 공부 방법, 보다 나에게 맞는 공부 방법을 찾기에 더 수월함을 느낄 수 있지 않았을까.

물론 여자공신을 쓴다고 해서 지역의 한계는 해결되지 않는다. 지방학생이 재학 중에 서울에서 합숙하기란 불가능하기 때문이다. 하지만 프로그램은 지역적인 요소를 겨울방학 때 해결하는 모습을 보였다. 덕적도, 대구 그리고 밀양에 사는 학생들을 서울로 데리고 와서 그들의 고향에서 갖기 어려웠던 진로탐색의 시간을 마련하기도 했다. 이처럼 시간이 많은 방학에 지역의 남학생, 여학생들을 두 배의 인원으로 뽑았더라면 하는 아쉬움이 남는다.

성적향상이라는 모토와는 어울리지 않는 커리큘럼: 지나치게 짧은 텀(term)과 반복되는 급박한 전개

성적이 하루아침에 오른다면 공부 때문에 골머리를 앓는 학생들은 없을 것이다. 하지만 성적은 생각보다 쉬이 오르지 않는다. 프로그램의 구성상 합숙생들은 40일 동안 비약적인 점수를 향상시켜야 한다. 빠름의 타성에 젖어버린 현대인의 입맛을 맞추기 위해 짧은 시간 동안 너무 많은 것을 바란 건 아닌지. 결국 프로그램은 비약적인 성적향상보다는 아이들의 성적이 올랐다는 것을 조금 더 강조하는 데 포커스를 맞추게 된다. 2기 아이들의 성적을 발표할 때, 박태준 군의 언어성적이 눈에 띄게 향상되어 이목을 끌었던 적이 있다. 박태준 군의 언어영역 점수가 다른 점수보다 일찍 발표된다면, 다른 아이들의 성적은 올라도 적게 오른 것처럼 보인다. 때문에 일반적인 언어-외국어-수리 순서로 발표하지 않고 성적향상을 극대화시키기 위해 뒤죽박죽 발표한다. 1기 장건희 군은 외국어 영역 점수(+28)가 가장 많이 올라서 언어-외국어 순으로 발표했고, 최준호 군은 언어영역 점수가 가장 많이 올라서 그의 성적은 수리-외국어-언어(+34)의 순으로 발표되었다. 2기 때는 세 명이 공통적으로 언어에서 향상을 보였으므로 수리-외국어-언어의 순서로 발표했다. 시청자의 눈에 제작진의 꼼수가 눈에 보였기에 한 번 실소(失笑)를 머금을 수밖에 없었다.

또한 반복되는 구조에 프로그램의 묘미도 떨어졌다. 합숙생 찾으러 나서는 데 한 회, 공신에게 학습방법을 솔루션받는 데 한 회, 중간테스트 한 회, 최종테스트 한 회 등 비슷한 커리큘럼을 세 번 봐야 했다.

	1기	2기	3기
학생 만남	1회(2007.11.10)	6회(2008.12.22)	11회(2008.01.26)
개인 솔루션	2회(2007.11.17)	6회(2008.12.22)	개인학습법 12회(2008.02.02)
중간테스트	3회(2007.11.24)	수학, 영어테스트 8, 9회(2008.01.05,12)	-
공부 방법	4회(2007.12.01)	-	14회(2008.02.23)
최종모의고사	5회(2007.12.15)	10회(2008.01.19)	-

공신, 강성태의 목소리를 높여라

단연 눈길을 끈 점은 공신 강성태. 프로그램의 간판이라고 해도 손색이 없는데, MC들이 웃고 떠들 때 대사도 주지 않는다. 당위성을 갖기 위해 필요한 사항만을 질문하고 MC들은 그의 말에 감탄사만 연발할 뿐이다. 시청자들이 고개 끄덕일 말만 적절히 해주는 권위자로, 아이들의 성적을 올려주는 전문가로밖에 보지 않는다. 실상 정말 어깨가 무거웠을 사람은 그라고 생각된다. 대학생이라는 신분이기 때문에 아직은 모든 것이 처음인 것 같고, 살얼음 내딛듯 조심스러웠을 것이다. 본인도 재학 중이면서 남의 자식 아홉을 데리고 밥을 지어가며, 깨워가며 혼내가며 네 달을 지내왔을 그에게 박수를 보낸다.

PD는 교육에 일가견 있는 사람이 필요했고, 그래서 공신 강성태 씨와 함께 프로그램을 꾸려나간 것으로 보인다. 하지만 나름 교육과 학습법에 대해 항상 연구해왔고, 사이트까지 꾸려서 노력하고 있는 사람의 목소리를 조금 더 키워줬으면 좋았겠다. 항상 그가 강조하는 것이 '시간차이론'이다. 즉, 공부를 한다고 해서 성적이 바로 오르는 것은 아니며, 계속 오르지 않아 보이는 성적도 꾸준한 노력 속에서 언젠가는 상승한다는 이론이다. 그런 그가 합숙 40일로 아이들의 성적을 올리자고 제안했을 것 같진 않다. 아니, 어쩌면 성적향상보다는 더 편한 공부, 그리고 그의 모토대로 더 신나는 공부를 해나가는 학생들의 모습을 원했을는지도 모른다. 하지만 프로그램은 학생들의 성적향상이 목적이었다. 그렇다면 유명 학원 강사를 초빙했어야 하지 않을까. 아이러니하다.

하지만 비교적, 아니 절대적으로도 짧았던 14회라는 방영기간 동안 난 배운 것이 많았다. 공신열전을 통해서 프린스턴 장학생 김현근 씨의 주옥같은 말도 들을 수 있었으며, 장애를 가진 이평화 씨의 한마디 한마디 속에서 코끝 찡함과 함께 다시 학구열을 불사를 수 있었다. 무엇보다 고3이 되는 이 시기에 다시는 흔들리지 않을 굳건한 의지와 나도 할 수 있다는 자신감으로 다시 태어날 수 있었다. 나중에 수험시절을 돌아보았을 때 이 프로그램도 아련하게 그렇게 아름다운 추억의 한 컷이 되어 있길 바란다. 이렇게 우리나라 교육을 위한 일각의 노력이 하나 둘 모이고 모여서 더욱 나은 우리나라 교육이 존재할 수 있게 되지 않을까. 대한민국 올바른 교육의 초석이 된 공부의 제왕의 종영에 아쉬워하며 글을 마친다.

음악적 공감에 대한 새로운 시도, <EBS 스페이스 공감>

채선유

방송이란 매체는 우리에게 얼마나 실재적인가. 현대 사회에서 방송의 의의는 단지 정보 전달 기능에만 있지 않다. TV는 더 이상 혼자 말하는 바보상자가 아니며, 시청자들은 과거의 수동적인 입장에서 벗어나 주체적인 소통을 하고자 한다. 피상적 정보의 방송이라기보다 경험하고자 하는 사실 그 자체를 느낄 수 있는 방송이 역할을 하는 시대인 것이다. 이러한 방송의 취지에 맞춘 '공감'이란 프로그램이 있다. 사실 이 프로그램의 진짜 이름은 'space 공감', 즉 공간의 공감이다. 여기에서 말하는 공간은 음악이 주가 되어 공연 예술이 펼쳐지는 무대다. 그리고 이 공간에서 뮤지션과 관객이 공감을 하고, 더 나아가서 시청자가 느끼는 공감으로까지 확대되는 무대는 프로그램의 제목과도 잘 어울린다.

<EBS 스페이스 공감>(이하 <스페이스 공감>)은 얼마 전 공연 1,000회를 넘겼다. 웬만한 음악 프로그램에서도 보기 드문 일이다. 이를 기념해 <스페이스 공감>은 다시 한 번 프로그램의 주제를 명확히 하려는 듯, 4월 한

달간 언플러그드 공연을 기획했다. 젊은 기타리스트인 최우준을 시작으로 펑키락의 대표인 노브레인, 새로운 록의 감성을 불러일으킨 피아, 다양한 활동과 함께 싱어 송 라이터의 입지를 지키는 박기영, 전자음악의 대표이자 현대음악에서 다양한 시도를 하는 한상원, 초기 한국 대중음악계를 대표했던 산울림 김창완까지. 평소 각기 다른 음악을 선보이던 뮤지션들이 언플러그드라는 동일한 테마 아래 선보인 무대는 새로운 시도가 어색할 것이라는 기존의 편견을 깨뜨렸다. 또한 이러한 테마 공연은 지금껏 공연과 동시에 방송을 이끌어온 <스페이스 공감>의 취지를 잘 나타냈다. '그곳에 가면 진짜 음악이 있다.' 프로그램을 보면 화면에 뜨는 글귀다. 라이브 중심의 음악을 위한 공연. 음악 프로그램으로써 이 방송이 특별한 의미를 갖는 이유는 단지 이러한 점 때문만은 아니다.

요즘 음악 프로그램이라는 주제 하에 진짜 음악을 목적으로 하는 프로그램은 얼마나 있을까. 이러한 의구심이 들 정도로 '진짜' 음악은 방송에서 설 자리를 잃어버렸다. 그나마 <스페이스 공감>과 함께 음악 중심으로 방송을 해오던 <수요 예술 무대>조차도 다른 예능 프로그램에 밀려 종영을 하게 되었다. 지상파 음악 프로그램은 물론이고, 음악 전문 케이블 채널까지 뮤지션과 관객을 뒤로 한 채 누구를 위한 무대인지 짐작할 수 없는 여타 프로그램을 보면서, 우리나라에서 음악에 대한 수요는 비교적 많지만, 뮤지션들의 음악의 활동 범위가 점점 더 좁아지고, 획일화될 수밖에 없는 이유 중 하나가 바로 이런 점 때문이 아닐까 하는 생각이 들었다. '진짜' 음악은 어디에 있는가. 적어도 음악에 대한 성찰이 있다면 음악 프로그램이 오로지 연예엔터테인먼트 위주로 진행되는 수준은 아닐 것이라는 의문을 조심스레 던져본다. 이런 프로그램 가운데 <스페이스 공감>은 다양한 장르에 걸쳐 '진짜' 음악을 시도하고 있다.

음악뿐 아니라 다른 분야도 마찬가지겠지만, 음악을 하위 장르로 나눈다면 그 갈래의 수가 매우 많다. 심지어 세부적인 장르는 만들어내기 나름일 정도이다. 그런데 <스페이스 공감>은 이러한 다양성을 최대한 확보하고자, 굉장히 폭넓은 장르를 아우르는 시도를 한다. 국내 대중 뮤지션들뿐만 아니라, 클래식이나 국악과의 퓨전, 재즈는 물론이고, 지나간 한국 가요를 재해석하는가 하면, 소수의 뮤지션들이 시도하는 생소한 장르의 음악을 소개하기도 한다. 이는 단지 국내에만 한정되지 않는다. 월드 뮤직과 국외 뮤지션에 이르기까지 그 범위는 매우 다양하다.

특히 내가 기억에 남는 공연은 우리나라 재즈 1세대 타악기의 거장 류복성의 공연이었다. 그날의 공연은 빅밴드 멤버들과 현재 우리나라에서 재즈음악으로 활동하는 뮤지션들, 거기에 댄서까지 더해져 유난히 무대가 꽉 차보였다. 무대의 열기는 얼마나 뜨거웠을까. 좀처럼 라이브로 듣기 힘든 진득한 재즈선율은 소극장을 채우기에 넘치는 듯했다. 멤버 간 세대를 넘어선 재즈는 타악기를 중심으로 열정적인 공연을 이어나갔다. 이러한 공연은 음악적 장르의 다양성을 물론, 세대의 차이까지 아우르는 것이라 할 수 있다.

또한 다양한 음악에 관심이 있는 나로서는 새로운 음악을 접할 수 있다는 점이 좋았다. 특히 외국 뮤지션의 초청에서 기타리스트이자 재즈보컬을 겸하는 존 피자렐리의 공연은 나뿐만 아니라 많은 사람들이 멋진 공연으로 손꼽는 것이기도 했다. 음반으로만 들어왔던 경쾌함은 공연으로 볼 때 또 다른 느낌을 주었다. 이외에도 프로그램은 특히 외국 뮤지션 초청에 있어서, 유럽을 중심으로 하는 재즈팝이나 포크스타일의 비교적 편안하게 접할 수 있는 음악을 많이 선보인다. 월드뮤직에 있어서도 마찬가지다. 사람의 감성을 깨우는 따뜻한 음악은 대중을 고려한 동시에, 기존의 국내

가요와 미국 팝 문화에만 익숙한 시청자들에게 신선함을 선사하기도 한다.

<스페이스 공감>의 색다른 시도는 여기에서 멈추지 않는다. 기존 뮤지션들의 공연을 기획하는 것 이외에 '헬로 쿠키'라는 신인 뮤지션을 발굴하는 과정에도 주력한다. 이는 보다 많은 뮤지션들에게 공연을 할 수 있는 공간을 마련해주는 것이다. 또한 특정 신인 뮤지션들에게 최대의 록 페스티벌인 펜타포트 무대에 설 기회를 주기도 한다. 이를 계기로 록 밴드 마리서사는 '헬로 쿠키'를 거쳐 메이저 무대에 진출하기에 이르렀다. 현재 음반을 내고 활발한 활동을 펼치고 있는 로로스라는 밴드 또한 <스페이스 공감>의 '헬로 쿠키'에 선정되어 그들만의 음악에 대한 활동 범위를 넓힐 수 있는 계기가 되었다. 재즈나 록, 포크 스타일의 음악이 아니지만, 다양한 음악을 추구하는 그들의 시도는 현재 다른 무대에서도 많은 사람들의 관심을 받고 있다. 이처럼 한 달에 3팀씩 신인을 발굴하는 '헬로 쿠키'는 공연할 무대가 필요한, 음악을 하고 싶은 뮤지션들에게 기회를 주는 일을 소홀히 하지 않는다.

하지만 이러한 시도를 하는 프로그램에 조금 아쉬운 점도 있다. 프로그램은 일반 대중이 느끼기에 난해할 정도까지의 음악은 선보이지 않는다. 실험음악이라 하더라도 어느 정도의 대중성을 보장하는 정도까지만 허용하고, 음악이 장르의 색깔에 빠지는 것보다 뮤지션의 색깔을 입히는 것에 주력한다. 물론 관객과 '공감'하려는 의도를 참작하면, 음악이 대중에게 난해하게 비쳐서는 곤란하다. 하지만 음악적 특색의 깊은 면을 선보일 수 없다는 점은 한편으로 아쉽기도 하다.

또 한 가지 방송적인 측면에서 아쉬운 것은 공연의 구성이 병렬식 구성이라는 느낌이 들 때가 종종 있다는 것이다. '공연 관람객'보다 '방송 시청자'의 입장에서 볼 때 그러하다. 방송이라는 매체의 특성상 공연 전체를 다 보여주지 못하고, 편집을 해야 하기 때문에 불가피한 일일 수도 있지만, 실제 공연을 TV로 관람하려는 일반 시청자의 입장에서는 긴장과 흥분을 느낄 수 없다는 것이다. 하지만 이렇게 조금 아쉬운 듯한 측면은 전반적인 문화의 변화가 이루어지고 관객과 보다 깊은 소통을 한다면, 점차적으로 개선해나갈 수 있는 부분이라고 생각한다.

얼마 전 인터넷 뉴스에서 <스페이스 공감> PD의 인터뷰를 보았다. 이때 PD는 초기 프로그램의 목적은 '매일 공연'과 '라이브', 그리고 '현재'의 음악을 하는 것이었다고 말했다. '매일'과 '라이브'는 공연 문화의 생활화로 이어지고, '현재'의 음악이란 단지 과거 명성에만 얽매이지 않고 현대 흐름에 맞춘 음악을 따라간다는 것이다. 이는 곧 공연예술로서의 음악의 사회성을 고려한 것이라 할 수 있다. 나아가 뮤지션들의 나아갈 방향을 계속적으로 이끌고, 지속적으로 다양성에 대한 시도를 하는 <스페이스 공감>은 특히 음악에 대한 애정을 담고 있다. 또한 프로그램은 전반적인 대중의 수준을 다양화시킴으로써, 공연 문화와 음악에 대한 수준을 한 단계 끌어올리려는 노력을 한다. 방송에 대해, 생산자와 소비자가 정해져 있는 것이 아니라 작은 무대에서나마 뮤지션 자신이 표현할 수 있는 만큼 보여준다는 것, 그리고 그 표현을 관객이 받아들이며 공감할 수 있는 공간을 이끌어내는 <스페이스 공감>. 무엇보다 공연 문화 진흥에 앞장서는 '방송'이 다음에는 또 어떤 '공간'을 마련할지 무척이나 기대가 된다.

학생부문
가작

고요한 쓰나미가
한국은 비켜가기라도 할까?

MBC 미니다큐 <W>에 대한 종횡무진 비평

김범주

　방송 프로그램에서 외국의 사례를 심층 분석하여 보도하는 목적은 과연 어디에 있는 것일까? MBC의 미니다큐 <W>를 보고 나서 가장 먼저 떠올랐던 생각이었다. 입시에 바쁜 고등학생이라 TV를 자주 보기는 어려우나 MBC의 <W>에서 평소에 관심을 가지고 있던 세계의 식량문제를 다루어서 채널을 고정시키게 되었다.

　2008년 4월에 방영된 <W>의 '세계 식량 위기-지구를 덮치다'는 식량 위기가 인류를 얼마나 참혹하게 만들 것인지를 알려준 정말 의미심장한 프로그램이었다. 45분 정도의 방송 내용은 크게 3부로 구성되어, 각 15분 정도 분량으로 이집트, 아이티, 필리핀의 사례가 독립적으로 제시되었다.

　가장 앞부분인 '세계 최대 밀 수입국의 비극-이집트' 편에서는 인류 최초로 농경문화를 정착시킨 이집트가 어떻게 해서 국가적인 비극에 빠지게 되었는지를 심층 취재하여 보여준다. 국제 곡물가격이 급등함으로써 국영 빵가게 앞에는 매일 아침 빵을 사기 위해 몰려든 사람들로 장사진을 이룬다. 더욱이 빵을 구하기 위해 폭력과 살인사건이 난무한다는 다큐멘터리 내용에서 식량 자원이 고갈되면 인간이 얼마나 극단적인 상황으로 치달을 수 있는지를 확인하게 된다.

두 번째 시리즈인 '고통은 약한 자를 제일 먼저 찾는다-아이티 공화국' 편에서는 먹을 것을 얻기 위해 거리로 몰려나오고 진흙으로 쿠키를 만드는 비참한 현실과 진흙쿠키를 먹고 난 후 복부가 심하게 팽창된 어린아이를 보여줌으로써 아이티의 극단적인 생활을 보게 된다. 거의 유일한 재산인 돼지와 뒤엉켜 살며, 먹을 것을 얻기 위해 쓰레기장을 뒤지는 아이티 사람들의 참담한 일상 속에서 식량 문제 앞에 아무런 대책 없이 버려지는 인간 군상을 보게 된다.

마무리를 장식한 '농업을 버린 나라의 교훈-필리핀' 편에서는 1960년대 녹색혁명으로 아시아 농업강국의 자리를 차지하고 있던 필리핀이 농업을 버리고 산업화를 택한 이후 식량 위기에 직면한 상황을 생생하게 전달하고 있다. 전통적으로 벼농사를 많이 짓던 필리핀은 이제 쌀 수입국으로 전락하여, 국제적인 쌀값 폭등 앞에서 아무런 대책 없이 무너지고 있는 것이다. 식량을 수출하던 나라가 불과 50년 만에 입장이 완전히 뒤바뀌어 식량을 수입해야만 살아갈 수 있는 처지로 바뀐 사례를 사실적으로 보여주는 대목이었다.

이 프로그램은 국제적 재앙으로 다가올 수 있는 식량 위기 문제를 포괄적으로 짚어보면서 이 문제를 해결하지 않으면 결국 식량 자원 문제로 국가 상황이 불안정해지고 민심이 흉흉해질 수 있음을 경고했다는 점에서 매우 시의적절한 내용이었다. 그리고 활자 위주의 신문 보도를 통해서는 느낄 수 없는, 현장감 있는 영상으로 메시지를 생생하게 전달함으로써 프로그램에 깊이 빠져들게 하는 강점이 있었다. 예를 들어 '아이티 공화국' 편에서는 배고픔에 지쳐 더 또렷하게 커진 아이의 눈망울을 줌인(zoom in)하여 부각시킨 장면은 시청자들의 머릿속에 선명하게 기억되었다. 또한 식량을 배급받기 위해 사람들이 길게 늘어서 있는 장면에서 서로 더 받아가기 위해 밀치고 때리고 하는 광경을 슬픈 음악과 함께 슬로 모션(slow motion)으로 잡은 것 역시 인상적이었다. 이런 장면들은 목소리를 높여 식량 위기가 심각하다고 부르짖는 것보다 더 오랫동안 시청자의 가슴에 공감의 파장을 일으킬 것이다.

위와 같은 장점에도 불구하고 이 프로그램은 결정적인 한계점을 지닌 듯하다. 이 프로그램의 가장 큰 문제는 외국의 사례를 포괄적으로 소개하며 국제적인 식량 자원 고갈의 문제를 강조했으나, 정작 우리나라에도 닥쳐올 수 있는 식량 위기 문제는 구체적으로 짚어내지 않고 지나갔다는 점이다. 이 프로그램의 제작자들은 시청자에게 단순히 외국의 식량위기 폭동을 전달해주려는 것이었을까? "일부 개발도상국에서는 지금 식량 자원 문제가 심각하다"는 메시지는 알 수 있었지만 그것이 우리와 어떤 관계가 있다는 것인가? 이 프로그램에서는 비만을 걱정할 정도로 풍요롭게 살고 있는 우리 사회에 세계적 식량 위기 문제를 환기시킴으로써 일종의 경각심을 일깨워주는 것이 필요했다고 생각한다.

따라서 이 프로그램이 완성도를 높이려면 다음과 같은 점을 보완했어야 했다. 먼저 외국의 사례를 분석한 다음 우리나라는 어떻게 해야 할지에 대해 시청자들이 숙고할 수 있도록 자연스럽게 유도하는 것이 필요했다. 세 나라의 사례들이 각각 우리나라에 미칠 영향을 약간이라도 언급했더라면 시청자들에게 한국의 식량문제에 대해 생각해볼 수 있는 기회를 제공하여 더욱 유익했을 것이다. 왜냐하면 산업화를 부르짖고 농업을 버린 결과가 얼마나 심각한 국가의 문제가 되는지 미리 예측할 수 있으며, 돈이 많으면 무조건 식량을 수입할 수 있을 것이라는 착각이 얼마나 위험한 발상인지를 시청자들이 인식할 수 있도록 단서(cue)를 제공하는 것이 중요하다.

특히 한국은 같은 아시아권인 필리핀의 사례에서 가장 큰 교훈을 얻을 수 있을 것 같다. 지금 농업을 점차 포기하고 있는 우리의 현실과 50년 전 필리핀의 상황은 너무 흡사해 보이기 때문이다. 급격한 산업화 과정에서 한국인들은 농업을 경시하는 가치관을 가지게 되었고 정부에서도 농업을 활성화시킬 특별한 대책을 마련하지 않고 국제적인 흐름에 따라 시장을 개방했다. 우리 농업을 보호할 장치를 마련하지 않고 값싼 외국의 농산물을 사 먹으면 된다고 했다. 그러나 농산물 값이 언제 오를지는 아무도 모른다. 이집트, 아이티, 필리핀에서도 자고 일어나 보니까 국제 곡물 가격이 폭등해 버렸고 일부 식량수출국들은 수출을 하지 않으려는 움직임도 보이고 있기 때문이다. 한국도 2008년 현재 필리핀과 마찬가지로 농업을 버리고 있는 중이니까, 불행은 언제 어디에서부터 닥쳐올지 모른다. 필리핀 정부의 지원이 없어지자, 산을 깎아 논농사를 짓던 필리핀 농부들의 땀과 열정과 지혜도 없어져버렸고 그 결과 농지의 50%가 사라졌다. 농사를 짓던 많은 농부들이 관광객들에게 기념품을 팔며 생계를 이어가고 있고, 1960년대에 세계적으로 주목받던 국제미작연구소는 기능을 잃어버린 지 오래되었다. 지금 우리나라에도 도처에 개발 사업이 펼쳐지면서 농지가 줄어들고 있으며, 뉴스 보도에 의하면 농부들이 자살하는 사례도 갈수록 늘어나고 있다. 가을이면 온통 황금빛으로 물들었던 들녘에는 고개 숙인 벼와 새떼들이 사라지고 대신 그 자리에 골프채 휘두르는 소리와 "굿 샷"이라는 소리만 들린다. 그런데도 이 프로그램에서는 국제 곡물 값이 지난 2년 사이에 밀가루가 3배 올랐고 옥수수가 2.5배 올랐다는 내용만 언급했다. 옛날 우리 할아버지가 살았던 시대에는 보릿고개라는 말이 있었다. 만약에 향후 우리에게도 다가올 수 있는 식량 문제를 해결할 구체적인 대책이 없다면 우리나라에도 글로벌 시대의 보릿고개가 올 수 있음에도 불구하고, 이 프로그램에서 다른 나라의 비참된 현실만을 진단한 것은 미흡한 점이었다고 생각한다.

한편 이 프로그램에서는 세계식량기구 사무총장을 인터뷰하여 80개국의 식량 문제를 언급했다. 세계식량기구 사무총장은 식량위기가 동남아 곡창지대의 심각한 이상 기후, 중국과 인도 같은 거대 식량 시장의 수요 급증으로 발생하는 곡물의 블랙홀 현상, 그리고 국제 석유가 상승으로 인해 옥수수 같은 곡물을 대체 에너지 연료로 사용하는 데서 비롯되었다고 했다. 이와 같은 진단 평가는 인상 깊고 설득력이 있었다. 그러나 그런 원인들이 전 세계적인 식량 위기를 진단한 보편적 진실은 될 수 있어도 한국의 현재 식량 상태를 설명할 구체적인 정보로는 다가오지 못했다. 우리와는 너무 동떨어진 피상적인 이야기로 느껴졌다.

제작 기법에 있어서도 좀 더 세심한 주의를 기울일 필요가 있었다. 다큐멘터리 프로그램이라 어쩔 수 없는 측면도 있겠지만 영상의 앵글이나 모션을 좀 더 다양한 각도에서 처리했으면 하는 아쉬움이 있었다. 또한 프로그램의 마지막 부분에서 세계 각국에서 보내온 이메일을 사진과 함께 자막으로 제시했는데 앞에서 방송한 내용과 거의 같은 메시지여서, 같은 말을 지루하게 반복하는 느낌이었다.

다시 한 번 말하지만, 식량 위기에 처한 외국의 사례 소개에서 그친다면 그 프로그램은 동정심만 유발할 뿐 공허한 외침이 될 수밖에 없다. <W> 방송 프로그램의 기획의도가 아무리 국제적 쟁점을 우리 한국인의 시각으로 접근하는 데 있다고 해도, 우리의 현실에 지혜의 눈을 뜨게 할 연결고리를 방송에서 이어주어야만 국제적 이슈가 시청자들에게 진정 도움이 될 수 있을 것이다. 그런 내용이 이른바 공익적 프로그램의 진정한 가치가 아닐까?

방송 프로그램 <W>는 World-Wide-Weekly의 W를 대표하는 의미라고 설명하고 있으나, 이 <W>에 'Watch(감시)'나 'Warning(경고, 예고)'의 의미가 덧붙어야 된다고 생각한다. 언론의 기능에 감시견(Watchdog)의 기능이 있다고 수업시간에 배웠는데, 앞으로 <W>는 해외의 쟁점을 우리의 눈으로 해석하여 감시의 기능을 충실히 하고 또한 이러한 사실을 바탕으로 미래를 예고하는 기능까지 할 수 있어야 진정한 공익 기능을 다했다고 할 수 있다.

또한 이 프로그램에서 농업을 경시했다가 다시 정신을 차려 새로운 대책을 모색함으로써 식량 문제의 위기를 극복한 사례도 하나쯤 제시했더라면 시청자들의 더 많은 공감을 얻었으리라고 생각한다. 즉, 식량 문제에 대한 이상 징후를 발견하고 정부와 국민이 노력하여 그 위기를 슬기롭게 극복한 다른 나라의 사례를 제시했더라면 시청자들에게 좋은 교훈으로 주었을 것이다.

그리고 결론 부분에 세계 식량기구 사무총장의 인터뷰 중 "하루 한 사람을 먹이는데 25센트가 필요하다"는 내용으로 마지막을 장식하며 프로그램이 끝났는데, 이 부분은 식량위기의 근본적인 문제를 희미하게 만드는 사족의 역할을 했다. 마치 이 부분은 앞에 제시한 세 나라의 식량 문제가 단순히 빈곤의 문제이고 원조 차원의 도움이 필요하다고 인식하게 만들 수 있는 위험이 있다. 따라서 본 프로그램의 목적이 '빈곤 원조'인지 '식량난에 대한 원인 및 대처'를 생각해보는 것인지 분명하게 할 필요가 있다. 특히 강하고 짧은 내레이션으로 한국의 식량 문제 현황을 짚어보고 한국에는 그런 위기가 오지 않을 것인지를 묻는 질문 한마디만 던졌더라면 자연스럽게 우리의 문제로 귀결되어 시청자들에게 우리 자신의 상황을 돌아보게 할 여지를 남겼을 것이다.

이 프로그램의 제작자들은 아직도 '계몽'에 너무 초점을 맞춘 듯하다. 하지만 논술 공부를 하면서 계몽의 시대는 끝났다는 말을 많이 들었다. 신자유주의가 사회의 지배적 가치로 자리 잡은 한국 사회에서 사람들은 어떤 계몽의 메시지를 보는 순간 남의 일인 듯 객관적인 반응을 보이는 경우가 많다. 적어도 계몽적인 프로그램이 진정으로 시청자의 공감을 유발하려면 전달하는 내용을 시청자 자신에게 불어닥치는 문제로 연결시키는 섬세한 기획력이 필요하다. TV 프로그램에서 제시하는 내용이 남보다는 '나'와 '내 나라'의 문제로 연결되었을 때 시청자의 공감대가 더 확산되지 않겠는가? '세계 식량 위기-지구를 덮치다'는 야심찬 기획과 깊이 있는 취재에도 불구하고 나의 문제, 우리의 문제로 연결시키지 못하고 계몽의 차원에 머물렀다는 점에서, '먼 나라 이웃나라'의 이야기에 그치고 말았다. 국제적 이슈를 심층 분석하겠다는 프로그램의 기획 의도를 충분히 살리되 우리의 현실과 접목시킨 '세계 식량 위기-한국에는 언제쯤 닥쳐올 것인가' 라는 프로그램이 <W>에서 다시 기획되기를 바란다. 세계 5위의 식량 수입국인 한국에도 식량 위기가 고요한 쓰나미로 이미 다가왔을지도 모르기 때문이다.

만원의 행복,
이제는 나눔이 필요한 때
<행복주식회사-만원의 행복>에 대한 비평

김예리

<행복주식회사-만원의 행복>의 변질

주 대상은 대학생이었다. 배경도 자취방 혹은 하숙집이었다. 밥을 싸게 먹으려고 하숙집 아주머니를 도와 파를 다듬기도 하고, 요리를 하기도 했으며 교통비를 줄이려고 택시 대신 전철을, 심지어는 전철 대신 튼튼한 두 다리를 택하기도 했다. 어떤 대학생은 오토바이 무료 시승권을 구해 무료 오토바이를 타고 다니다가 갑자기 기름이 떨어져 오토바이가 멈춰 서자 이젠 짐이 되어버렸다고 쑥스러운 듯 웃으며 오토바이를 손수 집에까지 끌고 돌아가기도 했다.

<만원의 행복>의 초창기 모습이다. 그 당시 <행복주식회사-만원의 행복>의 도전자는 낯익은 연예인이 아니라 생전 처음 보는 대학생이나 갓 사회에 뛰어든 20대 중반 가량의 일반인이었다. 낯설음에서 나오는 신선함 때문이었을까? 이 프로그램은 사람들의 입에 오르내리며 관심을

얻어갔다.

하지만 <행복주식회사-만원의 행복>이 내세운 신선함으로는 동시간
대 다른 쇼프로그램의 인기를 따라가기에는 역부족이었던 것 같다. 아무래
도 일반인의 출연이라는 것이 전문 연예인 출연보다는 오락성이 떨어지는
것이 사실이기에 시간이 흐를수록 <행복주식회사-만원의 행복>에 대한
사람들의 관심이 시들해져만 갔다. 그 즈음에 다시 관심을 끌어 모을 요량이
있는지 <행복주식회사-만원의 행복>에 특집으로 연예인이 출연했다.

연예인의 도전이 호응이 좋았던지 얼마 지나지 않아 아예 프로그램 자체
를 연예인이 도전하는 방식으로 바꾸어버렸다. 만원으로 일주일 버티기라
는 콘셉트는 그대로였으나 미션수행, 만원송 제작 등의 좀 더 오락적인
요소가 가미되었고 연예인의 직업 탓인지 이동 시에 밴을 타는 것에 대해서
는 교통비로 감하지 않는 등의 편의도 배려되었다.

그러나 연예인이 출연한 이후로 시청률도 더 오르고 재미와 오락성 역시
높아졌을지라도 한편으로는 이 프로그램의 본취지가 변질되었다는 느낌을
지울 수가 없었다. 회가 거듭해나갈수록 제목만 <행복주식회사-만원의
행복>이지 연예인의 근황을 밀착 취재한 프로그램이라는 생각밖에 들지
않게 되었다. 방송 전체적으로도 만원으로 일주일을 버티는 내용을 주로
보여주는 것이 아니라 연예인의 스케줄을 쫓아다니며 연예인의 평소 모습
을 보여주는 것이 대부분이었다. 스케줄 사이사이에 마치 짬을 내서 하듯
하던 만원으로 일주일 버티기는 마치 다른 프로그램의 한 코너로밖에 보이
지 않았다. 출연자 역시 대부분이 새로 드라마를 찍었거나 새로운 앨범을
들고 돌아온 연예인들이다. 시청자들은 '어? 이번엔 이 연예인이 도전하네?'
가 아니라 '이 연예인 이번에 앨범 냈지?' 또는 '이 연예인 이번에 무슨
드라마에 나오던데 그것 때문에 나오나 보다'라고 받아들이게 된다. 즉,

프로그램 자체가 하나의 홍보수단에 지나지 않는다는 것이다.

도전의 의미도 전같지 않아졌다. 심지어 어떤 그룹 중 한 멤버가 출연하면 일주일 중 하루를 다른 멤버가 도와주는 '헬프 데이'라는 것이 생겼다. 하지만 그것 역시 도와준다는 의미보다는 연예인 한 명을 더 카메라에 내비치는 것으로밖에 보이지 않았고 일주일간의 도전이라는 수식어가 무색하게 만들었다. 버티기 음식을 살 때나 천원의 행복 재료를 살 때도 마찬가지다. 잘 알지 못하는 대학생이 버티기 음식이나 천원의 행복 재료를 싸게 사기 위해 발품을 팔고 최선을 다해 가게 주인의 일손을 돕는 모습이나, 그렇게 적은 양은 팔지 않는다면서도 못 이기는 척 내주던 가게 주인의 모습을 볼 때면 아직 우리 사회가 인정이 메마르지는 않았다는 게 느껴지곤 했다. 그러나 연예인들의 모습은 달랐다. 물론 연예인들 중에서도 진심으로 일손을 도와 싸게 구입하는 사람도 있었다. 하지만 몇몇 연예인들의 경우에는 연예인이라는 직업을 가지고 주인이 원치 않는 강매를 한다는 느낌이 들었다. 특히 빼앗듯이 물건을 싸게 사고 대신에 사인을 해드리겠다며 사인을 하는 모습을 볼 때면 과연 상점 주인은 물건을 제값도 못 받고 판 뒤 받은 사인 한 장에 어떤 기분이 들었을지 궁금했다. 물건을 깎은 가격에 사려면 그 깎인 가격만큼의 다른 가치를 상점 주인에게 주는 게 당연하다. 팬이 아닌 이상, 더군다나 누군지 잘 알아보지도 못하는 상점 주인에게 그 사인 한 장이 물건을 제값도 안 받고 팔 정도로 가치 있는 것일까?

이제 변화의 길에 들어서야

많은 쇼·오락 프로그램들이 초심으로 돌아가자며 예전의 코너를 다시

해보는 경우가 종종 있다. 프로그램이 시청률에서든 재미에서든 흔들릴 때면 다시 한 번 초창기로 돌아간다. 출연자들이 '초심으로'를 외친다. 출연자와 제작진 간의 심기일전이다. 때문에 등을 돌릴 뻔했던 시청자들도 다시 한 번 기대를 갖는다. <행복주식회사-만원의 행복> 역시 다시 한 번 초심으로 돌아가야 할 때가 왔다. 초심으로 돌아가라는 것이 도전자가 다시 일반인이 되고 전보다 더 엄격한 규칙으로 일주일간 도전해야 한다는 것을 뜻하는 게 아니다. 지금과는 다른 변화를 주어야 한다는 말이다.

만원의 행복을 개인에게만 국한시킬 것이 아니라 여러 사람과 함께 나누는 방향으로 가는 것은 어떨까? 누가 일주일간 더 적은 돈으로 생활하느냐를 따지던 지금의 도전과는 다르게 만원으로 누가 더 알차게 남들에게 행복을 나누어줄 수 있느냐를 따져보는 것이다. 예컨대 과자를 사서 불우어린이들과 함께 작은 파티를 한다거나, 겨울이라면 만원어치의 연탄을 사서 직접 연탄배달을 하는 것이다. 어려운 사람을 돕는 봉사의 장면만이 행복이 아니다. 만원으로 편지지를 사서 평소 고마움을 느꼈던 지인들에게 편지를 써도 좋고 음료수를 사서 방송국 앞에서 자신을 기다리던 팬들에게 나누어주는 것도 좋다. 애인이 있는 연예인이라면 애인과 만원으로 일일 데이트를 할 수도 있다. 만원으로 연예인 본인만큼이나 바쁘고 힘든 매니저와 함께 찜질방을 간다거나 교통비로 이용해서 가족들과 스케줄에 치여 가지 못했던 소풍을 가보는 것 역시 쉬우면서도 충분히 타인과 행복을 나누는 모습이라고 생각한다.

무조건 적게 쓰는 것만이 능사인 시대는 지났다. 이제는 주어진 돈을 얼마나 잘 쓰는가가 중요한 시대다. 밥을 줄여가면서까지 절약의 미덕을 말하는 것은 이제 설득력이 없다. 그것이 형식에 치우친 의미 없는 도전을 하면서 운운하는 것이라면 더 말할 필요가 없다. 이제는 절약보다는 나눔을 보여줄 때다. 현재 우리 사회는 1인당 GDP는 성장하고 있지만 그에 반해 행복지수는 떨어지고 있다. 곳곳에서 전에 없던 도덕문제가 생겨나고 인정이 메말라간다는 가슴 아픈 말도 적잖게 들릴 정도로 서로가 서로에게 무관심하고 쉽사리 남에게 도움의 손을 뻗지 못한다. 지금이 바로 연예인들이 앞장서서 행복을 나누는 모습을 보여줄 시기다. '이렇게 하면 돈을 더 적게 쓸 수 있다'가 아닌 '행복을 나누는 것이 이렇게 쉽다'를 시청자들에게 직접 보여줄 때다. 그것이 바로 <행복주식회사-만원의 행복>을 통해 보여졌으면 하는 바람이다. 만원으로 일주일을 버티는 모습을 통해 만원이라는 돈의 값어치를 알게 하는 것보다는 만원으로 주변에 행복을 나눠주는 모습을 통해 행복의 값어치는 내가 들인 노력의 세 배, 네 배가 넘는다는 것을 알려줄 수 있었으면 한다.

　나 혼자만이 느끼는 행복보다는 여럿이서 함께 느끼는 행복이 더욱 크고 즐겁다. 조만간 <행복주식회사-만원의 행복>이 행복의 대상을 개인에서 다수로 보다 넓게 확장시켜 지금까지는 제목과 괴리감이 느껴졌던 이 프로그램이 연예인 행복전도사를 양산하는 장이 되면서 그와 동시에 프로그램 시청을 통해 '진정한 만원의 행복이 이런 것이구나'를 느낄 수 있게 되기를 바란다. 또한 연예인으로 인해 비싼 옷이나 신발 등의 사치품들이 유행할 게 아니라 나눔이 유행할 수 있도록 하는 데 <행복주식회사-만원의 행복>이 그 시발점이 되기를 기대해본다.

학생부문
가작

지금은 방송 중, <온에어>

이민지

"누나, 저 사람들은 결혼을 했는데 왜 다른 사람이랑 있어?"

초등학생인 내 동생이 불륜 드라마를 보고 내게 던진 한마디다.

뻔하고 진부한 불치병 러브스토리, 가난한 여주인공의 왕자님 만나기인 신데렐라 스토리, 혹은 사랑하는 연인과의 출생의 비밀 이야기로 즐비했던 TV속 드라마들은 시청자들의 외면으로 점차 사그라지나 싶더니 이번에는 아이들, 혹은 동생과도 보기 낯부끄러운 선정적이고 불륜마저 소재로 삼은 드라마들이 나타나기 시작했다. 단지 시청자들의 관심만을 목적으로 삼았던 자극적인 드라마들도 여럿 눈에 띄었다. 드라마를 즐겨보는 나였지만, 소재 고갈로 인한 마구잡이 드라마에 흥미를 잃은 나는 그 속에서 점점 멀어져갔다. 하지만 그런 내게 다시 TV리모컨을 잡게 만든 드라마가 있었으니 <온에어>다.

<온에어>를 처음 보기 시작한건 학교 스쿨버스 안에서였다. 부지중에 무심코 스쿨버스 TV를 쳐다봤는데 그때가 10시 즈음, 막 <온에어>가

시작하고 있었다.

평소 좋아했던 연예인의 출연으로 드라마에 관심을 쏟고 있을 때 한류스타 '박용하'가 등장했고, 그 뒤를 이어 '송윤아', '김하늘', '이범수' 등 톱스타가 대거 출연하는 것을 보니 아이러니하게 느껴졌다. 원래 드라마라면 톱스타 주인공에 그 뒤를 받쳐주는 일반 스타 조연들이 나오는 게 정석이건만, 이 드라마는 왜 그 정석을 따라가지 않았을까.

제대로 된 전문직 드라마, 이것이 진짜 리얼리티다

우리나라에서 제작된 전문직 드라마들은 평범한 연애사 드라마 못지않게 그 수가 적지 않다. 물론 <온에어>처럼 방송계를 주제로 한 드라마들이 없었던 것은 아니다. 그러나 그 드라마들은 방송계의 모습을 보여주기보다는 '식상한 러브라인'의 전선을 그대로 이어갔고, 기대했던 시청자들은 항상 실망할 수밖에 없었다. 말이 전문직 드라마이다뿐이지 실상은 뻔한 스토리의 드라마 였던것이다.

<파리의 연인>과 <프라하의 연인>을 연출, 극본한 작가와 출연진들이 야심차게 만든 <온에어>는 상투적이고 뻔할 것이라는 모두의 예상을 깨고 신데렐라를 포기, 리얼리티를 살린 전문직 드라마에 트렌디 드라마의 옷을 입혔다. 방송계 현실과 드라마 제작 과정을 생생히 담겠다는 취지가 이 드라마의 기획의도다. 드라마 제작현실에 대한 리얼리티와 트렌디 드라마의 결합은 <온에어>에 재미 아닌 재미를 더해주었다. 신선한 주제와 초호화 캐스팅으로 방영 전부터 관심을 끌었던 <온에어>는 첫 회부터 파격적이다. 그리고 캐릭터 속에 방송계에 일침을 가하는 한마디 한마디 명대사를 넣는다. 여주인공 오승아는 드라마 시상식장에서 자신이 받기로

했던 대상이 공동수상이라는 이유로 과감히 상을 포기, 나눠먹기식 관행은 상의 희소성과 신뢰성을 떨어뜨린다며 시상식을 나가버린다. '출석상'이라고까지 불리는 현 연말 시상식의 부조리를 방송에 담아 풍자를 보여주는 장면이었다. 여지껏 보아왔던 청순가련형 여주인공과는 상당히 상반되는 모습이다. 게다가 CF를 담보로 성상납을 요구하는 건설회사 대표에게 따끔한 일침을 가한다. 이는 알게 모르게 심심찮게 거론되는 '연예인 루머'를 꼬집는 내용이기도 하다. 소속사 대표이자 로드 매니저인 장기준은 자기 배우를 끔찍이 아끼고 신인배우를 열심히 키우지만 그렇게 키운 배우들은 모두 계약금 몇 푼에 등을 돌려버린다. 비운의 캐릭터가 아닐 수 없다. 방송국 인기작가 서영은은 "드라마는 95%상투에 5%의 신선함이면 된다고 봐요"라며 이경민 PD의 작품제안을 거절한다. 서영은 작가의 대사는 그 나물에 그 밥인 스토리와 적당한 신선함으로 포장한 지금의 드라마 실태를 말하고 있는 게 아닐까 싶었다. 서영은은 스타 오승아에게 "당신같은 사람이 2천만 원씩 가져가니까 간접광고를 안 할 수가 없다"면서 현 방송 제작 실태를 언급하기도 한다. 이는 작가가 PPL 논란과 스타들의 개런티 거품을 지적한 장면이다. 간접 광고의 원흉이 스타들의 개런티 때문이라는 문제점을 보여주었다. 또한 경쟁 드라마 '심청' 때문에 '티켓 투 더 문'의 방송시간을 80분으로 늘린 것도 현 방송 제작 실태를 드러낸 부분 중 하나다. 이경민은 '진짜 작품'을 만들고 싶어 하는 신인 PD로 나온다.

<온에어>는 우유부단하지 않고 일관성 있는 성격을 가진 신선한 캐릭터들을 내세웠고 이서진, 이효리, 전도연 등 초특급 스타들로 화려하게 카메오를 장식했다. 여지껏 보지 못했던 신선한 소재에 시청자들은 점점 더 안방극장 앞으로 다가오기 시작했다. <온에어>는 이제껏 베일에 싸여 있던 방송계를 적나라하게 드러냄으로써 시청자와 방송계를 더 가깝게

만드는 매개체 역할을 했을 뿐만 아니라, 방송업계로의 진출을 희망하는 사람들에게도 좋은 정보거리를 주었다. 또한 이제껏 다루지 않았던 여자연예인 몰카 비디오 논란, 소속사와 연예인과의 관계, 기획사의 횡포, 시청률에 목을 매는 방송계의 현실, 캐스팅 과정 등 연예계의 치부를 드러냄으로써 참으로 다양한 볼거리를 제공했다.

리얼리티로 시작해 멜로로 끝내다

기획의도대로 드라마는 꽤 신선했지만, <온에어>는 리얼리티로 시작해 멜로로 마지막을 장식했다. 완벽하기만 할 것 같았던 <온에어>에 질타도 많았다. 방송 초기에는 서영은 캐릭터의 과장 연기로 논란을 불러일으켰다. 게다가 극중 카메라 감독이 촬영 중간에 여배우 오승아의 다리를 훔쳐보는 장면 때문에 촬영감독연합회 및 카메라감독연합회와 마찰을 빚은 적도 있다. 시청자들에게 재미를 위해 왜곡적인 묘사를 하는 것이 아니냐 또는 소재에 치우쳐서 너무 극단적으로 나가는 것이 아니냐는 등의 쓴소리를 들어야만 했다.

또한 드라마 중반부에 들어서서는 '티켓 투 더 문'의 드라마 제작과정이 전파를 타면서 처음 의도했던 기획의도와는 다른 방향으로 엇나가기 시작했다. 멜로드라마보다는 전문직 드라마로서 방송계 현실에 치중하기로 했던 기획의도와는 달리 러브라인 구도가 그려지면서 결국엔 다른 드라마들과 별 차이 없는 전형적인 멜로드라마의 길을 가게 된 것이다. 장기준은 오승아를 배우로 보지 않았고, 여자로 사랑했다. 오승아 역시 장기준과 마찬가지였고 나머지 서영은 작가와 이경민 PD도 마찬가지였다. 그들의 초반부에서 보여줬던 갈등은 후반부의 멜로라인을 장식하기 위한 들러리가 아니었나 하는 생각도 하게 된다. 끝까지 기대를 걸던 시청자들은 마지막 회에는 적잖이 실망할 수밖에 없었다. 마지막 회에서도 커플들의 러브라인에 포커스를 맞추고 그들의 연애사를 다루었기 때문이다. 여태껏 <온에어>가 보여주었던 전문성과 기획의도에서 빗나가 멜로로 끝나버렸던 아쉬운 마지막 회였다.

하지만 <온에어>가 우리에게 남긴 것이 없잖아 있다. 상투적인 드라마 소재에서 벗어나 적당한 전문성과 적당한 러브라인을 섞어서 하나의 트렌디 드라마로 새로운 시도를 했다는 점에서 그 점을 높이 사는 바다. 또한 이제껏 드라마에서 항상 뒷전이었고 스포트라이트를 받지 못했던 스태프들의 숨은 노력들을 드라마에서 비춰, 톱스타의 탄생과정에서 사소한 것에도 꼼꼼히 신경써주고 헌신적인 스태프들이 없었더라면 톱스타도 드라마도 탄생하지 못했을 것이라는 것을 우리에게 보여준다. <온에어>는 우리에게 숨어 있던 방송계 이면을 비춰주었다.

앞으로 한 발 더 나아가야 할 한국 드라마들을 위해

뻔한 스토리를 보고 좋아했던 시청자들은 이제 없다. 시청자들은 더욱 높아진 안목으로 전문성 있고 작품성 있는 드라마를 요구한다. 이런 트렌드의 흐름을 따라잡기 위해 방송계는 더욱 더 분발해야 할 것이다. 드라마가 뻔해질수록 시청자들은 드라마를 외면하기 마련이기 때문이다. 전문직 드라마의 스타트를 끊었던 <온에어>를 기점으로 앞으로 그리고 계속 더 작품성 있는 드라마들이 쏟아져나오기 시작하는 지금, 방송계는 참신하고 신선한 소재로 앞으로도 더욱 더 시청자들을 안방극장에 매료시킬 수 있도록 해야 할 것이다.

학생부문
가작

토크쇼로 변해가는
퀴즈쇼를 걱정하며

조국화

나는 KBS <스타골든벨>을 2년째 시청하는 열성 시청자다.

평일 내내 각자 일에 바쁘게만 살다가, 며칠만에 넷이서 한 상에 빙 둘러앉는 우리 가족의 토요일 저녁 식사 시간 때마다 TV 채널은 당연하다는 듯 <스타골든벨>을 향해 있다.

별로 유식하지 못한지라 <도전! 골든벨>이라던가, 좀 난이도 높은 문제를 다루는 다른 퀴즈 프로그램에서는 입도 벙긋 못 하고 멍하니 화면만 보고 있는 나에게 <스타골든벨>은 최고의 퀴즈쇼다. 다른 퀴즈 프로그램에 비해 난이도가 쉬운 것도 맘에 드는데, 이전에 만나보지 못했던 신기한 형태의 퀴즈들은 나중에 캠프를 갔을 때나 친구들하고 놀 때도 유용하니 정말 안 챙겨볼 수가 없다.

특히 아쉽게도 지금은 없어졌지만 스타들이 하나의 단어를 외국인에게 영어로 설명해서 맞추게 하는 문제와 아나운서와 스타가 번갈아가며 산수 문제를 내고 푸는 게임은 내가 제일 좋아하던 코너였다. 그 코너를 볼 때면 우리 가족도 단순히 화면을 보면서 웃는 시청자가 아니라, 스튜디오의 스타들과 같이 웃고 흥분하면서 아나운서를 향해 답을 외치는 '퀴즈응시자' 들이 되곤 했다.

토요일이 아니라도 채널을 돌리다가 재방송이라도 만나면 반갑고 신나던 나의, 우리 가족의 2년 친구 <스타골든벨>. 그런데 요즘 들어 그 친구가, 항상 뭔가가 빠진 듯하고 살짝 틀어진 듯한 느낌이다. 문제를 푸는 모습보다 스타들이 춤추고 떠드는 모습이 훨씬 더 많이 비춰지는 탓이다.

시청자도 함께 문제를 풀어볼 수 있던 코너들은 계속 없어지고 있는데, 스타들이 춤 추는 '댄스 한마당'의 음악소리는 길어지고 있다. 어떨 땐 문제 푸는 과정이 다 편집돼서 짤막짤막 나오고 있음을 발견하고 황당해하기도 했다.

본의 아니게 연예인들 노는 걸 보고 있다 보면 연예인들에 대해서는 별 관심이 없는, 딸들이랑 재밌게 퀴즈나 풀어보자고 이 채널을 선택한 우리 엄마 아빠는 꽤나 지루해하신다.

'온 가족이 함께하는 두뇌운동회' <스타골든벨>이 부모님들과 꼬마아이들에겐 심심한 운동회가 될 위기에 처했으니 큰일이다. 10대인 나의 경우에도, <스타골든벨>에 특별히 유명 인기 스타가 나오는 날이면 그렇지 않은 날보다 퀴즈 내주는 시간이 훨씬 적다는 걸 발견하고 나서부터는 아이돌 스타나 톱스타가 나오는 날이면 심심한 운동회를 예상한다.

항상 그렇다. 예능 프로그램에서 스타들이 노는 걸 보면 실없이 웃다가도, 계속 보고 있으면 '내가 왜 지금 저 사람들 노는 걸 보고 있지'라는 생각에 허무함이 들기 일쑤다.

그래서 내가 예능 프로그램을 그다지 좋아하지 않는 거다. 얻을 수 있는 게 없는 것 같아서. 그에 비해 내가 좋아하고 즐겨보는 <스타골든벨>은 시청자를 웃기는 걸 목적으로 하는 코미디 쇼가 아니라 명백한 '퀴즈쇼'다. 스타들의 말과 몸짓을 통한 '개그'가 아닌, 그들 말대로 '버라이어티 퀴즈'를 통해 시청자들을 즐겁게 해줬으면 하는 바람이다.

또 하나. <스타골든벨>에서 요즘 부쩍 보이는 실망스러운 점은 한창 인기몰이 중인 톱스타나 아이돌 가수들을 데려다가 꼭 그 가수 특집마냥 방송을 진행한다는 것이다.

별로 흥미롭지도 않은 그들끼리의 이야기나 앨범 홍보를 몇 분 동안이나 방송에 주저리 주저리 실어 보내는 데 그치지 않고, MC들마저 게임진행은 안 하고 본인들보다 훨씬 어린 스타 옆에 딱 붙어서 "내가 너의 삼촌팬"이라는 둥 "이 스타에게 잘못했다가는 안티가 생길까 두렵다"는 둥 하면서 계속 아부하고, 그 스타를 띄워주기에 바쁘다.

그런 모습은 꼭 이 스타가 나와주었기 때문에 <스타골든벨>이 진행될 수 있다는 듯, 그러니까 이 스타에게 정말로 황송해야 한다는 듯한 느낌마저 들게 한다.

게다가 어떤 스타들은 있는지도 몰랐을 정도로 화면에 한두 번 비춰지고 마는데 그 대상은 분명 젊은 층에게 별로 인기 있지 않은 스타들이다.

예쁘고 잘난 사람은 더 띄워주고 더 카메라를 들이대면서, 안 그런 사람들은 자리나 채우고 있으라는 식의 그런 기획이 어떻게 보면 바로 외모지상주의에 인간차별이 아니고 무엇이겠는가. 평소에도 그런 풍조에 강한 반발심을 가진 나라는 시청자는 항상 그런 모습을 볼 때마다 마음이 괜히 불편하고 답답했다. 몇 번 <스타골든벨> 홈페이지에 이런 이야기를 올리기도 했는데, 제작자께서 그 글을 보셨을지는 모르겠다. 시청자의 작은 목소리에도 귀 기울여줬으면 좋겠다는 이야기라면 다른 어떤 프로그램에게나 해당되는 바람이겠지만, 그렇기 때문에 <스타골든벨>에게도 바래본다.

그리고 나는 <스타골든벨>이 시청률 올릴 생각만 하는 상업성 프로그램으로 전락하길 바라지 않는다. 시청률을 올리기 위해 인기스타를 섭외하는 건 너무 '약은' 방법이라고 생각한다.

제작자들의 돈과 인력을 스타들 섭외하는 데 퍼붓지 말고, 더욱 더 재밌고 새로운 퀴즈를 많이 만들어내고 다양한 게임을 연출하는 데다 사용했으면 좋겠다.

어쩌면 10대들은 좋아하는 스타가 나오지 않으면 등을 돌려버릴지도 모른다. 그래도 진정한 퀴즈 프로그램으로서 <스타골든벨>의 가치는 더 높아지지 않을까. 스타의 얼굴을 보기 위해서가 아니라 스타와 함께 퀴즈를 풀고 싶은 마음으로 <스타골든벨>을 보는 사람들이 많다면 말이다.

요즘 추세를 보면, 일반인들이 출현하는 어려운 난이도의 퀴즈 프로그램은 시청자들의 지적 능력 향상에 꽤 도움이 될 만한 정보들을 많이 알려주는 데도 '재미가 없기 때문에' 주목받지 못하는 것 같다. 여러 가지 형식의 퀴즈 프로그램이 계속 많이 생겨나고 있는데도 '말 잘하고 웃기는 스타'가 출현하지 않으면 그다지 시청률이 늘지 않는 모양이다.

그런 의미에서 <스타골든벨>은 20명이 넘는 스타들이 출현하는 것만으로도 충분히 시청률을 끌 만하다. 거기다가 이색적인 퀴즈를 통해 시청자들의 재미를 잘 유도한다면 참 '잘 만들어진', '진짜 보고 싶은' 프로그램이 될 수 있을 거라고 생각한다.

나는 <스타골든벨>을 통해서 여러 퀴즈와 게임은 물론이고 다른 프로그램에서는 보여지지 않았던 스타들의 모습, 퀴즈를 풀어내는 그들의 지성과 재치가 보고 싶다.

KBS의 깨끗하고 밝은 화면 기술이 스타들의 잘생긴 얼굴을 하나하나 비춰주는 것만으로 좋은데, 자꾸 그들의 얼굴과 몸짓만 보여줄 뿐 그들의 머리 속 지식은 도통 보여주질 않으니 아쉬울 뿐이다.

스타들의 춤과 이야기는 다른 예능 프로그램에서도 많이 보고 들을 수 있다. 그런데 <스타골든벨>도 그런 콘셉트로 시청자들을 유도하려고 하다가는 결국 스타가 함께하는 퀴즈쇼가 아니라 퀴즈를 살짝 곁들인 스타 토크쇼로 변질되고 말 것 같아 걱정이다.

방송 프로그램이 발전하고 성장하기 위해서는 자신들만이 가진 고유한 개성을, 프로그램의 진정한 목적을 망각하지 않아야 한다고 생각한다.

많은 예능 프로그램들 사이에서 <스타골든벨>이 개성 있을 수 있는 이유는 재밌고 색다른 '퀴즈'가 있기 때문이라는 사실을 잊지 말았으면 좋겠다.

<스타골든벨>이 앞으로 좀 더 독창적이고 정성스러운 구성을 통해 온 가족이 즐겁게 볼 수 있는 최고의 퀴즈 버라이어티 프로그램으로 거듭나길 바란다.

매주 토요일 저녁이면 할머니와 같이 재밌게 낱말 만들기 퀴즈를 풀고, 꼬마 동생이랑 같이 탐정 게임을 보면서 즐거워하고 싶은 마음을 담아, 2년 동안 옆에서 지켜봐온 정든 친구로서 나는 <스타골든벨>을 응원한다.

학생부문
가작

나 자신을 사랑하게 하는 주문, 나는 예쁘다

KBS 드라마 <인순이는 예쁘다>

조영은

　어느 날 거울 앞에 앉았는데 내 얼굴을 보면서 마음이 불안해지기 시작한 적이 있다. 점이 언제 이렇게 많이 생겼나, 요즘 V라인이라는데 내 볼살은 왜 빠질 생각을 안 하나, 밋밋한 눈도 맘에 안 들고, 좁은 이마도 그렇고, 작은 키도 몸매도 전부 다 불만스러운 것이었다. 비단 외모뿐 아니라 일상생활에서도 마찬가지다. 누구 딸내미는 어느 대학에 들어갔다더라, 누구 남편은 얼마를 번다더라. 사람들은 늘 자신보다 더 잘난 사람들의 기준에 맞춰서 비교 당한다. 오죽하면 학벌과 외모, 능력에 있어서 뭐든지 완벽한 사람들을 지칭하는 '엄친아(엄마 친구 아들)'이라는 신조어까지 생겼을까. 또 하필이면 그 사람은 엄마 친구의 아들이라 상대적으로 나는 작아질 수밖에 없는 것이다. 그렇게 우리는 늘 자신을 못나게 여기기에, 그리고 그 못난 자신을 탓하기에 바쁘다.

　그러는 와중에 <인순이는 예쁘다>라는 드라마를 알게 됐다. 우연히 보게 된 그 드라마의 첫 장면에서, '인순이'(김현주 분)는 "인순아, 난 예뻐,

난 똑똑해, 난 사랑스러워. 난 특별해"를 연발하며 자신을 토닥이다 결국은 '이따위 주문을 외워봤자 빌어먹을 내 인생은 변하지 않는다'는 사실을 깨닫고 자살을 시도한다. 나중에 알게 된 사실은 그녀가 살인 전과범이었다는 것. 나는 그렇게 <인순이는 예쁘다>라는 드라마를 만났다.

주인공인 인순이는 고등학교 때 자신을 괴롭히던 친구와 싸우다가 우발적인 실수로 살인을 저지르고 전과자가 되지만 누구보다도 순수하고 착한 성품을 가진 인물이다. 출소하여 이곳저곳에서 전과자라는 이유로 버림을 받고 삶에 대한 회의를 느낄 때 옛 친구인 '상우'(김민준 분)와 어릴 적에 자신을 버린 친엄마인 '선영'(나영희 분)을 찾게 된다.

여느 드라마와는 다르게 <인순이는 예쁘다>에 나오는 인물들은 지극히 현실적이고 때로는 가식적이기까지 하다. 방송국 기자인 상우는 자신이 사회부 기자였을 시절엔 범죄자들만 상대해서 끔찍했었다고 얘기해놓고 인순이 자신이 살인 전과범이라는 사실을 밝히자 그 사람들도 다 알고 보면 하나같이 천사같은 사람들이었다고 겉으로는 듣기 좋은 말을 한다. 그래놓고는 전과범 친구를 두는 게 왠지 꺼림칙하게 느껴져 인순이와의 만남을 의도적으로 피하기까지 한다.

남편을 사고로 잃은 후 어린 인순이를 버렸던 인순의 엄마 또한 겉치레에 치중하는 여느 사람들과 다를 바 없다. 자신이 직접 외면한 딸이 20년 넘게 떨어져 있다 찾아왔는데, 평범하다 못해 전과자라는 사실에 자신이 죄책감을 느끼기보다는 오히려 딸에게 분노한다. 엄마라면 다른 무엇보다 딸의 이야기를 먼저 들어주고 이해해줘야 하는 게 아니냐는 인순의 부르짖음에도 그 순간 다른 사람들의 시선부터 생각한다. 하지만 우리 모두가 그들을 비판할 수 없는 것은 그들의 모순적이고 가식적인 행동이 충분히 이해할 만하기 때문이다. 만약 내가 그런 상황에 부딪혔다면, 오랜만에 만난 동창 친구가, 몇 십 년 만에 찾은 딸이 전과범이라면, 그것도 살인범이라면 난 어떻게 행동했을까. 나도 그들과 다를 바 없지 않았을까. 아니 더 심하지 않았을까. 그래서 <인순이는 예쁘다> 속의 인물들을 마음 놓고 비판할 사람은 아무도 없다. 세상 모든 사람들이 그렇듯이, 각각의 인물들 모두 인정할 수밖에 없는 약점을 가지고 있다는 것뿐이다.

그런 인순이는 자살을 하려다 엉뚱하게 취객을 구하게 되고, 그 영상이 '지하철녀'라는 이름으로 인터넷에 올려져 세상에 둘도 없이 착한 사람으로 유명세를 타게 되는 일생일대의 전환점을 겪게 된다. 하지만 인순이라는 사람이 겪게 되는 세상의 다양한 시선들을 그리기 위해 꼭 인터넷상의 소위 말하는 '화제의 인물'이라는 장치를 사용했어야 했는지에 대한 아쉬움이 남는다. 인순이라는 인물이 전과범이라는 파격적인 세팅은 제외하고서라도, 전반적으로 <인순이는 예쁘다> 속의 모든 요소들은 평범한 우리들의 공감을 이끌어내기에 충분한 매력을 지니고 있다. 하지만 인순이가 인터넷을 통해서 유명세를 얻고, 방송에서 못 들어줄 만한 노래를 불러도 '특이한 것'을 좋아하는 요즘 젊은이들에게 호응을 얻어 결국은 신세대 방송인으로 거듭나는 모습은 조금 억지스러워 보이기도 했다. 게다가 드라마 중반부에서부터 결말까지 이끌어나가는 주된 배경이 '지하철녀' 사건과 네티즌 문화여야 했는지는 의문이 가시지 않는다.

하지만 그럼에도 불구하고 <인순이는 예쁘다>는 참 사랑스러운, 그리고 참 좋은 드라마다. 그렇게 한순간에 유명해지고 난 인순이는 너무나 많은 사람들에게 지금껏 느껴보지 못했던 사랑을 받고 있다는 사실에 행복해하지만, 곧 그녀가 전과자라는 사실이 밝혀지면서 인순이는 천하에 둘도 없는 나쁜 사람이 되고, 그것이 우발적인 과실치사였으며 인순이 자신도 또 다른 피해자라는 진실이 밝혀지면서는 이번에는 세상에 둘도 없는 불쌍

한 사람이 된다. 그리고 인순이 자신은 그런 세상의 시선에 울고 웃으며 괴로워하게 된다.

그 모든 과정을 극복해나가는 인순이를 통해 이 드라마가 말하고 싶었던 것은 자기 자신을 사랑하는 방법이다. 세상의 시선이 어떠하든지 간에, 다른 이들이 나를 어떠한 관점에서 판단하든지 간에, 가장 중요한 것은 '내가' 나를 어떻게 생각하고 '내가' 나를 얼마나 사랑하는가 하는 것이다. 나라는 사람은 어떠한 모습으로 어떠한 위치에 있든 간에 너무나 소중한 존재다. 세상이 만들어놓은 표준에 나를 끼워 맞추고 판단하여 낮추거나 절망해버리기엔 나는 너무나 특별하고 가치 있는 사람인 것이다.

결국 살인 전과범이라는 용서할 수 없는 세상의 시선이란 인순이 자신이 스스로를 좌절시키고 가두어버린 세상과의 벽이었다. 그것과 관련하여 인상적이었던 장면은 인순이가 실제 살인범인 '근수'(이완 분)를 용서하는 장면이었다. 사실은 인순이가 친구와 싸우는 도중에 그 친구를 돌로 내리찍어 죽게 만든 것은 근수였고 따지고 보면 실제로 살인을 한 사람은 근수라는 것이었다. 하지만 그 사실을 알게 된 상우나 인순 모두 근수를 원망하기는커녕 오히려 그 죄책감으로 인해 많은 시간을 정신적인 고통 속에 살아야 했던 근수에게 연민을 느낀다. 그리고 자신에게 진실을 고백하는 근수에게 인순은 자신은 마음속으로 그 친구를 수백 번도 더 죽였다면서 실제로 누가 그 친구를 죽였는지는 중요하지 않다고 얘기하고, 오히려 근수에게 그동안 힘들어서 어떻게 살았냐고 되묻는다. 그것은 인순이 이미 살인범으로써의 죗값을 치렀고 그것에서 벗어났음을 보여주는 것이었다. 근수가 자신의 인생을 들개처럼 되는 대로 살아온 그 모든 시간들이 근수에게는 낙인찍힌 살인범으로 사는 것보다 더 힘겨운 시간들이었을 것이다. 그래서 근수는 인순에게 용서를 받은 다음에야 비로소 편안해질 수 있었던 것이다.

그렇게 인순과 근수는 모두 죄책감과 죄의식에서 벗어나게 되고, 그 순간부터 진정으로 스스로를 사랑하게 된 것이다.

드라마가 종영하고 한 인터뷰에서 <인순이는 예쁘다>를 연출한 표민수 PD는 "자신의 존재를 외부에서 찾고 의미를 세상이 찾아주길 바라는 건 거지 근성이며, 행복은 내가 만들어나가는 것"이라고 이 드라마를 한마디로 요약했다.

<인순이는 예쁘다>는 우리 모두에게 각자의 행복을 찾는 법을 이야기한다. 행복은 다른 누가 만들어줄 수 있는 것이 아니다. 마찬가지로 내 삶을 다른 누가 대신 살아줄 수도 없다. 단 한 번뿐인 인생을 그것도 행복하게 살기 위해서, 우리 모두는 나 자신을 먼저 사랑할 필요가 있다. 지금껏 살면서 아무도 나를 사랑하지 않는 것처럼 느꼈다면, 이 세상에 나를 인정해주는 사람은 아무도 없다고, 그래서 너무 외롭다고 느꼈다면, 인순이처럼 내가 다른 사람들의 시선에 나를 가두고 있지는 않았는지 돌아볼 필요가 있다. 그건 결코 나를 행복하게 만들어주지 못하는 방향으로 걸어가는 것과 마찬가지다. 그랬다면, 거기서 벗어나 먼저 나를 사랑하자. <인순이는 예쁘다>는 우리에게 그렇게 하기 위한 주문을 알려준다. 인순이처럼 늘 자신을 북돋아주고 힘을 주는 주문을 외워보자. 못났고 부족하고 실수투성이고, 뭐 하나 제대로 하는 게 없어 보일 때도 나는 예쁘고 나는 사랑스럽고 나는 특별하다고. 내 삶의 주인이 다른 누구도 아닌 바로 나여서 나는 행복하다고.

 입선작

KBS 역사 다큐멘터리 <한국사 전(傳)>을 통해
살펴본 미디어 역사 쓰기의 확대

김나영

학창시절, 누구나 한번쯤 선생님을 짝사랑했던 추억을 가지고 있을 것이다. 나의 경우 그 대상은 국사 선생님이었다. 그 해 처음 우리학교로 오신 국사 선생님은 다른 모든 남자 선생님들을 단번에 제치고, 모든 여고생의 사랑을 한몸에 받으셨다. 그렇지만 공교롭게도 선생님께서 유난히 조용하신 성품을 가지신데다가, 그 해 처음으로 교편을 잡으셨던 터라 수업은 굉장히 지루했다. 그래서 붙여진 별명 "야! 이제 잘 시간이다"를 줄여서 '야자타임'. 그렇게 졸리던 국사 시간, 그래도 모두가 초롱초롱 눈을 뜨고 있을 때도 있었다. 선생님의 교과서 밖 역사이야기가 시작되면, 쑥스러워하시던 새내기 선생님과 꾸벅꾸벅 졸던 학생들은 사라지고, 어느새 등장한 달변의 이야기꾼과 열혈 청취자만 남았다. 그렇지만 야속하게도 흥미진진한 시간은 짧기만 했다. 오늘 수업은 무슨 일이 있어도 꼭 72페이지까지 진도가 나가야 했기에, 다음 주에는 시험을 꼭 보아야 했기에, 하는 수 없이 다시 교과서로 돌아가야만 했던 것이다. 1882년 강화도 조약, 1884년

갑신정변…… 외워야 할 날짜와 사건은 점점 늘어났고, 새로운 텍스트의 등장과 함께 전쟁을 치른 나라가 청이었는지 명이었는지 가물가물한 지난 텍스트는 바로 퇴장했다. 흥미로운 시간은 잠시뿐, 어김없이 '야자타임' 시간으로 돌아가야만 했던 것이다.

성인이 된 지금, 어쩌다 딱히 볼 프로그램이 없어 역사 다큐멘터리에 채널을 놓아두고 있노라면, 생각보다 재미있어 놀란다. 친근한 연예인의 친절한 진행과 함께, 3D 입체 영상으로 없던 건축물이 순식간에 나타나기도 하고(KBS 〈역사스페셜〉), 말 하지 못했던 이야기를 이제는 속 시원히 다 말 해주기도 했다(MBC 〈이제는 말할 수 있다〉). 그렇지만 흥미롭게 지켜보다가도 여지없이 어려움에 부딪히고 말았고, 이는 선생님의 즐거운 이야기를 듣다가 다시 진도로 돌아가야만 했던 학창시절의 그 국사 시간을 떠오르게 했다. 신나게 이야기를 듣고 있다가 어려운 이야기가 나오면 여지없이 떠오르는 생각. '지금은 드라마 할 시간인데.' 어른이 되어서도 국사라는 과목과는 친해질 수 없는 것일까?

그러던 차에 내 두 눈을 번쩍 뜨게 한 방송을 만났다. KBS 〈한국사 전(傳)〉은 국사 선생님의 흥미로운 이야기 시간과 같았다. 진도를 나가야만 하는, 연도를 외워야만 하는 강박관념에서 벗어나, 역사가 아닌 이야기로 다가온 역사 다큐멘터리였다. 〈한국사 전〉은 어떤 방식으로 역사를 읽고 풀어나가고 있길래 흥미로운 이야기로 느낄 수 있었을까?

역사 다큐멘터리의 역사 읽기

역사 다큐멘터리는 끊임없이 변화해왔고, 〈한국사 전〉은 그러한 노력의 연장선상에 있는 프로그램이다. 〈한국사 전〉의 전신 격인 KBS 〈역사스페셜>은 역사의 대중화를 위해서 끊임없이 연구하고 노력한 프로그램으로, 방영되는 동안 많은 변화를 거듭했고 실로 좋은 평가를 받았다. 이 다큐멘터리가 역사를 읽으면서 가장 주안점을 두었던 것은 '우리 역사를 긍정적으로 볼 수 있게 하는 사건'이어야 한다는 점이었다. 이러한 역사관은 우리나라 역사 다큐멘터리에서 공통적으로 드러나고 있는 한계였으며, 방대하고 다양한 시각이 필요한 역사 해석에 제한을 두는 장애물이기도 하다. <역사스페셜>의 기본 목표가 '긍정적 시각', '자랑스런 우리 역사'에 있다 보니 자칫 역사의 미화나 왜곡을 가져오기도 했고, 사실이지만 자랑스럽지 않은 부분은 의도적으로 무시하거나 축소되어 문제가 되었다.

<한국사 전>을 이해하기 위해 살펴봐야 할 또 다른 역사 다큐멘터리 MBC <이제는 말할 수 있다>. <이제는 말할 수 있다> 제작진은 20세기 한국 현대사가 고스란히 질곡과 기만의 역사였다고 본다. 친일파, 한국전쟁과 포로, 북파공작원, 실미도등 현대사의 뜨거운 논쟁거리들을 다뤘으며, 이러한 현대사의 조명은 역사적으로도 큰 의의를 가졌고 시청자로부터도 큰 호응을 얻었다. 그렇지만 긍정적인 면을 부각하는 <역사스페셜>과 반대로, 현대사의 부정적인 측면만 과도하게 부각시킨 것은 아닌가 하는 아쉬움을 남겼다. 이해가 첨예하게 대립되어 있는 현대사를 다룸으로써 어떤 성격이나 가치판단을 배제한 채 단지 현상이나 사실을 전하는 데 그쳤기 때문에, 현대사를 체계적으로 인식하는 데는 기여했지만, 다른 한편으로는 현대사를 복합적으로 이해하는 데 일정한 한계를 드러낸 것으로 볼 수 있겠다.

두 프로그램은 각각의 고유한 시선을 가지고 대한민국 역사를 미디어로 조명하고 읽어냈다. 자랑스런 우리 역사를, 평가가 필요한 현대사를 다룬 두 프로그램은 역사 다큐멘터리 고유 취지와 책임감을 바탕으로 역사를

읽었기 때문에, 우리를 가르치려는 계몽성이 강했다. "그것을 알려준다. 그리고 새로운 사실을 바탕으로 무엇을 일깨운다"는 식으로 접근해온 것이다. <한국사 전>은 다르다. <역사스페셜>의 위엄과 목표의식, <이제는 말할 수 있다>의 예리함을 찾아볼 수는 없지만, <한국사 전>에는 시청자를 위한 '배려'가 있다. 그동안의 역사 다큐멘터리가 자료와 사료를 앞세운 질적 대화를 시도했다면, <한국사 전>은 지금까지의 계몽적 접근에서 벗어나 대중과 같은 눈높이에서 소통하려는 양적 대화를 시도한 것이다. 그리고 그 양적 대화, 즉 많은 시청자와 소통하길 원하는 <한국사 전>의 소재는 '사람'이다.

다큐멘터리는 '가르친다'는 뜻을 지닌 라틴어 'docere'에서 유래된 'document'가 어원이라고 한다. 어원을 곱씹어보면 다큐멘터리를 봄으로써 '배운다'고 할 수 있겠다. 배움에는 재미없다라는 선입견이 있고, 다큐멘터리도 마찬가지였다. 그렇지만 요즘 다큐멘터리는 꼭 그렇지만은 않다. 드라마나 연예 오락 프로그램에 자리를 내주지 않으려면 그러한 탈바꿈은 필수적이었고, 사랑, 유머, 가족 등 서정적이고 인간적인 소재의 다큐멘터리가 점점 많이 기획되고, 또 좋은 반응을 얻고 있다. 진실을 추구한다는 명분으로 투박하게 접근하는 과거의 제작방식과는 달리 감성 다큐멘터리는 말랑말랑한 인터뷰와 다양한 심리이론, 감성적 내레이션으로 꾸며지는 등 제작방식이 날로 다양해지고 있다. 누구나 경험하고 느끼는 가족의 사랑을 전달해서일까, 주말 심야시간에 방송한 MBC 4부작 휴먼 다큐멘터리 <사랑>의 4편 모두 시청률 10%를 넘을 정도로 좋은 반응을 얻었다.

다큐멘터리가 이렇게 변화하는 동시에 역사라는 소재는 사람들의 입맛에서 점점 밀려나고 있었다. 사람 이야기가 재미있는 것은 당연하지 않은가. 그렇지만 사람이 뭐 지금만 있었을까. 당시 텔레비전만 없다뿐이지 모두가 그렇게 좋아하는 휴먼과 감성은 예나 지금이나 존재해왔을 터. <한국사전>은 그 점에 주목한다.

　매회 한 인물이 소재가 된다. 프로그램 이름에서도 알 수 있듯이 한국사 '전(傳)'이다. 일반적으로 전이라 하면 『홍길동전』, 『춘향전』처럼 흥미로운 '한 사람의 이야기'를 말한다. 황제나 왕, 국가의 이야기인 기전체 방식을 버리고 역사 속 진짜 사람 이야기인 전(傳)에 집중하는 것이다. 기득권층에 의해 쓰인 역사의 단 몇 줄 속에 숨어 있는 작은 사람들의 행적을 추적한다. 우리나라보다도 프랑스에 더 많은 자료가 있는 리진, 우리 역사에는 최남선의 『국민조선역사』에 한 줄로만 남아 있는 이정기. 우리의 기억 속에서 잊혀진 덕혜 옹주 등 아예 몰랐거나 기억 속에서 사라진 인물들이 한 시간 내내 등장한다. 그동안 역사 속에서 빛을 보지 못한 인물도 이때만큼은 한국사 전에서 조완벽 전, 신유 전, 이렇게 자기 전이 만들어 지고, 주인공이 되는 것이다. 반면 우리가 익히 알고 있던 인물들은 일반적으로 보여지던 모습과는 다른 면모를 보이며 등장한다. 김옥균을 쏜 수구파 홍종우는 '최초의 프랑스 유학생 홍종우 전'의 주인공 홍종우로, 사도세자를 죽음으로 몰아넣은 영조는 '사랑하는 방법을 몰랐던 아버지 영조 전'의 영조로 그려지는 것이다. 이것은 기존의 역사관과는 확실히 다른 점이다. 물론 기존의 역사 다큐멘터리도 역사를 다르게 보고, 작게 치부되었던 부분을 확대해서 보는 것을 지향해온 것이 사실이다. 다만 <한국사 전>의 경우에는 그러한 흐름을 정면에서 읽고, 직접 표현하려 했다. <한국사 전>이라는 이야기 속에서는 일반 대중도 주인공이 되고 위인도 일반 대중의 한 사람이 된다.

　드라마의 사랑이 허구의 사랑이라면 <한국사 전> 속의 사랑은 바로 이곳에 정말 존재했던 사랑이다. 그런 의미에서 등장인물들의 이야기는

먼 역사적 사실이 아니라, 이 시대 휴먼 다큐멘터리의 주인공들의 삶처럼 흥미롭고 특별하면서도 공감할 수 있는 서정적인 이야기다. 외국인과의 순애보적인 사랑과 좌절을 담은 리진, 자수성가형 성공 스토리를 그대로 보여주는 여성 CEO 김만덕 등 현대인과 같은 인간의 고뇌, 역경, 성공 스토리인 것이다.

그렇지만 그동안 알려지지 않은 인물, 시청자가 공감할 이야기를 가진 인물을 찾고 조명하는 것에 한계도 있다. 가장 큰 문제점은 인물 선정이다. 실제로 조선 최초 근대여성이라는 리진 편은 시청자 게시판에 많은 논란을 야기시켰다. 당시 무법의 제국주의 프랑스의 외교관을 따라 몇 년 살다온 조선 궁중 무희를 근대여성이라고 포장하는 것은 적절하지 않았다. 당시 여성 노예나 다름 없었던 리진의 상황과 어려움은 생략하고, 프랑스 외교관과의 순애보와 전근대에 초점을 맞추어 주인공을 미화시켰다는 지적을 받았다. 시대적 소산으로서의 여성에 대한 지휘와 이해의 접근을 배제하고 한 명의 주인공의 성격을 구축하고 그것을 표현하면서 무리한 감정이입을 요구했다. 두 번째는 그 구조적 한계점을 지적할 수 있겠다. 박문수 편을 예로 들어 설명하면, 암행어사로서의 박문수의 일화가 나오고 더 나아가 전체 암행어사로 소재의 흐름은 확장된다. 그렇지만 본 취지인 주인공으로 돌아와야 하기 때문에, 문제의식이 확장되어 공론화될 틈 없이 다시 원점 박문수 개인으로 돌아오는 것이다. 인물로 출발해서 확장, 다시 인물로 돌아와야만 하는 구조적 한계를 가진다.

휴먼 역사 '드라마' 다큐멘터리

방송 프로그램 수식어가 길어지고 있다. 어떻게든 차별성을 부각하고 정체성을 확인해보려는 고만고만한 프로그램들의 의도가 들어난다. '리얼 버라이어티'를 자청한 <무한도전>을 시작으로 '생계형 리얼 버라이어티'라는 <라인업>, '야생 로드 버라이어티'를 표방하는 <1박2일>까지. 이러한 표현이 옳은지는 모르겠으나 미디어의 대세는 맞는 것 같다. 그런 의미에서 나도 이 대세에 뛰어들어 이름을 붙여보도록 하겠다. 앞에서 이미 휴먼을 덧붙였으니 휴먼 역사 다큐멘터리 <한국사 전>. 차별성과 정체성에 근거를 두어 덧붙일 거리를 찾는다면 그것은 단연 '드라마 재연' 기법이다. 따라서 내 마음대로 지어낸 이름 '휴먼 역사 드라마 다큐멘터리 <한국사 전>'.

우리는 장르 혼성화 시대에 살고 있다. 견고했던 각 프로그램의 장르별 관습이 조금씩 해체되고, 예전의 관습적 표현에 기초한 철저한 장르 구별짓기가 도전받고 있는 것이다. 역사 다큐멘터리도 기존의 방식에서 벗어나 다양한 시도를 해왔고, 한국사 전도 이런 흐름 속에 있다. 단지 다른 점이라면 <역사스페셜>에서 사람들의 흥미를 불러일으키고 설명을 돕기 위해 3D 기법 등 다양하게 사용되었던 표현들이 축소되고, 드라마만이 더 공고히 자리 잡았다는 점이다. 한 인물을 다루면서 휴먼 다큐처럼 직접 주인공을 등장시킬 수도 없고, 현대사를 다룬 <이제는 말할 수 있다>처럼 당시 주변인의 생생한 증언도 들을 수 없는 상황에서 드라마 기법을 중심으로 이야기를 이끌어간 것은 탁월한 선택이었고, 시청자의 흥미를 더 끌 수 있었다. <역사스페셜>은 가정과 의문을 설정한 후, 그것을 풀어나가면서 새로운 의문에 봉착하고, 다시 그것을 해결하는 진행방식을 가지고 있다. 이러한 진행의 이해를 돕기 위해 재연방식을 비롯한 다양한 시도가 사용되었다. 그렇지만 <한국사 전>은 잘 알지 못했던 인물이나 잘 알려져 있는 인물의 다른 요소가 존재하는 것에서 시작해 그 인물과 관련된 에피소드가 나오는 식이다. 인물이 난관에 봉착하고 그것을 극복하거나 좌절하는 모습을 담는 이 전반적인 구조 자체가 드라마고 따라서 극이 프로그램 전체를 이끌어나간다고 해도 과언이 아니다.

드라마 재연에서 배우의 직접 대사를 최소화하고 대부분 내레이션이 극을 진행하도록 하고, 재연은 철저히 사료를 기초로 되었음을 강조하는 등 드라마 재연이 떨어뜨리는 신뢰도를 높이려고 노력하지만, 드라마적 클라이맥스와 결말을 가진다는 점에서 사실과 재구성이라는 원론적인 문제점을 피해 갈 수는 없을 것이다.

미디어 역사 쓰기 방식의 확대

다큐멘터리에서 사실과 재구성의 문제는 늘 따라다니는 꼬리표와도 같은 것이다. 다큐멘터리가 다른 양식과 구별되는 것은 그 소재가 허구가 아닌 사실이기 때문이고, 현실의 사람, 장소, 사건 등 '실제 세계'를 다룬다는 점을 항상 주의해야 한다. 그렇지만 다큐멘터리는 사실 자체가 아니라 재구성을 통한 진실이라는 점 역시 간과해서는 안 되는 부분이다. 현실과 사실이 다큐멘터리 안으로 들어온 이상 누군가의 관점에서 새롭게 구성된 현실일 것이다. 역사 다큐멘터리는 시기 또는 주체에 따라서 더 많은 영향을 받을 수 있다. 역사는 읽는 방식과 의미를 해석하는 방식에 따라 그 의의가 크게 달라질 수 있기 때문에, 역사 다큐멘터리에 사실성이라는 잣대를 대는 것은 한계가 있고, 따라서 타당성이라는 표현의 기준을 제시하는 것이 적절하다. 그런 의미에서 역사 다큐멘터리의 사실과 재구성 문제에서 순수성을 주장하는 것은 무의미하며 얼마만큼 타당하게 구성되었는지가 기준이 되어 <한국사 전>을 비롯한 역사 다큐멘터리를 평가해야 한다.

역사는 두 가지라고 한다. 단 한 번의 역사적 사실과 기술된 역사. 그리고 기술된 역사는 복수다. 따라서 역사 쓰기는 계속해서 변화할 수 있고, 시기와 작가의 세계관에 따라 기술의 역사 방식은 다양해질 수밖에 없다. 그렇지만 그동안 미디어는 역사를 표현할 때, 다른 역사 기록서와 같은 기준으로 해야 한다는 관념에 싸여 있었다. 따라서 미디어의 역사 읽기는 '얼마만큼 새로운 역사적 사실인가. 얼마나 신뢰할 수 있는 자료인가' 하는 수사적 기능에 초점을 맞추어 제작됐다. 따라서 역사 다큐멘터리의 서사적 기능은 상대적으로 축소되었고, 수사적 기능을 뒷받침하고 시청률을 높이려는 최소한의 도구로 사용되어왔다.

그러나 <한국사 전>은 이러한 역사 다큐멘터리다워야 한다는 강박관념에서 벗어나 TV가 역사를 조명하는 데에는 파급력과 대중성 오락성이라는 다른 사료와 구별되는 점을 고려해, 한 서사적 측면을 강조함으로써 역사 미디어 쓰기 방식을 확대했다고 생각한다.

개인의 이야기를 드라마로 담았다는 점은 왜곡의 우려를 갖고 있지만 그 자체가 왜곡은 아니다. <한국사 전>의 이러한 특성은 역사를 해석하고 표현하는 많은 커뮤니케이션 방식 중에 하나인 것이다. 해석과 왜곡은 한 끝 차이다. 자칫 잘못해 왜곡되지 않도록 앞에서 제시해온 문제점들을 보안해나간다면, <한국사 전>의 미디어 역사쓰기 방식은 더욱 더 확대될 수 있고, 이후 역사 다큐멘터리에 긍정적인 영향을 끼칠 수 있으리라 기대한다.

'맷돌'이 되어 '어처구니' 있는 방식으로 거듭나길

<한국사 전>을 비롯한 역사 다큐멘터리가 맷돌같기만 하면 좋겠다.

맷돌이 콩을 제대로 갈기 위해서는 윗돌과 아랫돌이 그 역할을 제대로 해야 한다. 윗돌의 역할이 끊임없이 움직여야 하는 것이라면, 반대로 아랫돌은 윗돌이 잘 돌 수 있도록 제자리에서 지지하는 것이다. 아랫돌의 기본적인 가치를 바탕으로 한 윗돌의 끊임없는 노력이 변화를 가져오는 맷돌처럼, 역사를 타당하게 해석하기 위해서는 기본을 지키고 변화를 시도해야 할 것이다. 맷돌의 손잡이를 어처구니라고 한다. 어처구니없다는 말의 어원이 여기에 있다. 아무리 크고 견고한 돌이 있더라도 돌릴 수 있는 어처구니가 없으면 소용이 없다. 방송 맷돌에는 돌리기 위한 시청자가 필요하다. 더 많은 어처구니가 있는 맷돌 다큐멘터리가 되길 바란다.

 입선작

'구성, 진행자, 청취자',
소통의 문을 여는 세 가지 열쇠
MBC <오늘 아침 이문세입니다>를 통해 본 '소통하는 라디오'

김영주

1. 들어가면서

맑고 청아한 새가 지저귀고 한 마리의 말이 드넓은 초원을 달린다. 그리고 어김없이 이어지는 목소리 "오늘 아침 이문세입니다!" MBC FM4U에서 매일 아침 9시에 방송되는 <오늘 아침 이문세입니다>는 3년 이상 청취자들의 사랑을 받으며 오전 시간대 대표 프로그램으로 자리 잡았다.

라디오의 매력에는 음악과 사연, 각종 정보 전달 등 여러 가지가 있겠지만 고전적이면서도 라디오만의 특색으로 꼽을 수 있는 것은 진행자와 청취자 간의 소통과 참여일 것이다. 별다른 이야기 없이 음악만 나오는 라디오라면 인터넷상의 음악 스트리밍 서비스와 별반 다를 것이 없으며 정보 제공의 기능도 다른 미디어로 충분히 대체 가능하기 때문이다.

TV, 인터넷, DMB 등 각종 미디어의 틈바구니 속에서도 라디오는 조용히 그 인기를 계속 이어가고 있다. 라디오 매체 인기의 원동력에는 소통과 참여가 차지하고 있으며 이런 원동력을 잘 이용한 <오늘 아침 이문세입니다>(이하 <오늘 아침>)는 인기 프로그램이 될 수 있었다. 또한 라디오라는 매체가 어떻게 접근해야 뉴미디어 시대에 살아남을 수 있는지도 보여준다. '프로그램 구성, 진행자, 청취자' 세 가지를 고루 갖춘 <오늘 아침>은 소통하는 라디오로서 청취자를 끌어들인다.

2. 첫 번째 열쇠: 프로그램 구성

(1) 인터넷 라디오 mini와 휴대폰을 이용한 실시간 소통

휴대폰 문자 메시지와 인터넷 라디오의 도입은 라디오의 혁명이라 해도 과언이 아닐 정도로 진행 방식에 큰 변화를 가져왔다. 사연을 쓰기 위해 펜을 들지 않아도 되고 축하 사연의 날짜를 맞추기 위해 우편물 배달 시간을 계산하지 않아도 된다. 마음만 먹으면 인터넷과 휴대폰으로 바로 사연을 보낼 수 있다. 게다가 진행자의 말은 청취자들의 실시간 반응으로 메아리쳐 돌아오기까지 한다.

그렇기 때문에 과거보다 소통의 폭이 훨씬 넓어졌다. '오늘, 지금 이 순간'에 일어나는 일을 진행자와 바로바로 이야기할 수 있다. 이제는 모든 라디오 프로그램에서 이 실시간 메시지를 만나볼 수 있지만 <오늘 아침>은 보다 더 적극적으로 활용해 청취자와 소통하고자 한다.

"오늘은 무슨 이야기를 해볼까요?"라며 시작하는 실시간 메시지 참여 유도는 라디오를 듣고 있는 청취자들의 귀를 깨운다. 특별한 주제에 부합하지 않더라도 소소한 일상을 써 보내면 납득될 것 같은 분위기다. 또한 실시간 참여가 다른 때보다 적으면 진행자는 "평소보다 메시지가 적네요. 아무 이야기라도 좋으니 잘 듣고 있는지 메시지 보내주세요"라며 함께해줄 것을 유도한다. 이런 참여 유도는 진행자가 마치 자신과 같은 공간에 있는 듯한 착각을 준다. '스튜디오의 상황을 알려줬으니 듣고 있는 당신도 이야기를 해달라'는 것으로 해석할 수 있기 때문이다. 상황의 공유를 통해 장소의 벽을 허무는 것이다. 다시 말해 편한 대화를 나눌 수 있는 대화 상대가 다가서는 느낌이다.

실시간 메시지는 라디오 프로그램에서 없어서는 안 될 존재가 되었지만 사용하는 방식은 프로그램마다 제각각이다. 청취자의 반응을 실시간으로 끌어온다는 것에 공통점이 존재하지만 이것을 소통의 방식으로 어떻게 사용하느냐는 다르다. <오늘 아침>에서는 스튜디오와 청취자의 생활공간을 실시간 메시지 사연을 통해 결합시켜 한 발 더 다가선다. 소통을 방해하는 일차적 장벽인 장소의 분리를 허물고 있는 것이다.

(2) 세대를 아울러 소통하고자 하는 노력

현재는 '맞춤 신청곡'이란 제목으로 주제를 던지면 그와 연관된 노래를 신청하는 것으로 약간 바뀌었지만 얼마 전까지만 해도 '세대별 맞춤 신청곡'이란 이름으로 코너를 진행했다. 10대부터 50대 이상까지 각 세대별로 실시간 메시지를 통해 신청곡을 받고 각 세대별 신청곡을 2~3곡씩 전달하는 방식이었다. 별도의 타깃 청취자를 설정하지 않고 모든 세대가 참여할 수 있는 기회를 마련하여 세대의 공감의 장을 만든 것이다.

10대 취향 아이돌 그룹의 노래부터 발라드, 댄스, 트로트까지 장르를 구분하지 않고 한 시간이라는 짧은 시간 동안 각 세대가 원하는 음악을 골고루 들려줬다. 10대의 경우 주로 학교에 있는 시간으로 다른 세대에 비해 높은 참여를 기대하긴 어려웠지만 나이에 관계없이 음악이란 매개체로 모일 수 있도록 했다. 이 코너를 통해서 다른 세대는 어떤 음악에 관심 있는지, 어떤 이유로 아티스트를 좋아하는지 이해할 수 있도록 했다. 타깃 청취자가 비교적 분명한 라디오에서 세대별로 다양하게 모일 수 있도록 참여 코너를 구성한 것은 단연 돋보였다.

(3) 출연자까지 〈오늘 아침〉으로 흡수시키는 소통의 힘

〈오늘 아침〉 초창기부터 금요일 코너를 지키고 있는 '아침 음악회'는 〈오늘 아침〉만의 히트상품이다. 타 프로그램의 라이브 코너가 새로 음반을 낸 국내 가수 위주로 진행된다면 '아침 음악회'에서는 장르와 국적에 관계없이 연주자가 초대된다. 클래식 음악을 들을 수 있는 날이 있으면 뮤지컬 음악을 들을 수 있는 날도 있고, 국내 가수가 초대되는 날이 있으면 해외 가수가 초대되는 날도 있다. 출연자 기준에 제한을 두지 않음은 보다 다양한 음악을 듣게 해줌으로써 음악 장르 간의 소통도 가능하게 해준다.

이것뿐만이 아니다. 〈오늘 아침〉에서는 '아침 음악회'에 출연한 출연자에게 독특한 미션을 부과한다. 3부 시작을 알리는 로고송인 동요 '옹달샘'을 출연자들만의 스타일로 편곡해 연주(혹은 노래)하게 한다. 그리고 편곡된 옹달샘을 3부 로고송으로 넣는다. 16마디의 짧은 동요 '옹달샘'이지만 아티스트의 음악적 취향과 방식에 따라 모두 다른 옷을 입은 옹달샘이 탄생한다. 과거에는 〈오늘 아침〉 제작진 측에서 제작한 옹달샘이 3부 시작을 알렸지만 요즘에는 '아침 음악회'를 통해 재탄생된 각양각색의 옹달샘이 3부의 시작을 장식한다. 출연자들은 30초 남짓의 옹달샘으로 〈오늘 아침〉과 소통하고 3부 로고를 듣는 청취자들은 '아침 음악회'에 출연했던 연주자의 연주를 떠올리며 '아침 음악회'의 추억과 만난다.

3. 두 번째 열쇠: 진행자

<오늘 아침>의 진행자인 이문세 씨는 세대 간 소통을 끌어낼 수 있는 유리한 조건을 가지고 있다. 40~50대가 이문세 씨의 음악 활동과 콘서트를 통해 얻은 청취 층이라면 20~30대는 과거 이문세 씨가 10년 이상 진행을 맡았던 <별이 빛나는 밤에>에서 얻은 청취 층이라 할 수 있다. 20대부터 50대까지 구성된 탄탄한 청취자를 바탕으로 진행자는 세대를 넘나들며 소통한다.

일요일 코너인 '추억의 음악다방'에서는 'DJ 쒜'라는 인물을 설정해 40~50대의 향수를 자극한다. 'DJ 쒜'는 이문세 씨 자신이지만 'DJ 쒜'라는 고정 출연자가 일요일 코너를 진행하는 것처럼 이야기해 자신과 구분 짓는 다(코너가 끝나면 이문세 씨는 "오늘도 DJ 쒜는 화장실로 급히 사라지셨다"고 이야기해 DJ 쒜의 퇴장을 알린다). 중장년층 청취자를 만족시킬 수 있는 새로운 캐릭터를 부여하겠다는 의미다. 또한 젊은 청취자에게는 경험하지 않은 과거의 모습을 상상하게 해주고 과거의 인물이지만 젊은 감각의 재치를 지닌 'DJ 쒜'에게 융화되도록 만들어준다.

20~30대 청취자를 위한 배려도 잊지 않는다. 토요일 코너인 '나만 좋더라'에서는 이달의 아티스트가 추천하는 음악을 함께 듣는 시간을 갖는다. 이때 선정되는 이달의 아티스트는 20~30대가 주로 선호하는 아티스트가 고정 출연자로 나선다. 하림, 심현보, 윤상, 정석원(015B) 등을 초대해 이야기를 나누고 추천곡을 듣는다. 선배 가수(진행자)와 후배 가수(출연자)의 관계로서 음악적으로 공유하며 젊은 청취자에게 음악적 만족을 제공한다. 이문세 씨는 특유의 넉살로 후배 가수 출연자를 끌어가면서 음악과 이야기를 풀어나간다.

4. 세 번째 열쇠: 청취자

<오늘 아침>의 청취자는 단지 사연을 올리는 것으로 만족하지 않는다. 보여주기까지 한다. 다시 말해서 청취자들은 글로 쓰는 사연뿐만 아니라 그 사연의 상황을 알려주는 사진까지 올려놓는다. 자신의 사연이 진실한 것임을 보여줄 뿐만 아니라 해당 사연을 클릭한 제작진 및 청취자에게 생각지 못한 웃음 또는 감동을 선물한다.

<오늘 아침>에서는 사진까지 올린 사연의 경우 사진의 자세한 상황을 묘사하면서 청취자들의 호기심을 자극한다. 그리고 그 호기심에 못 이긴 청취자들이 <오늘 아침> 홈페이지를 한 번이라도 더 찾게 만든다. 사진까지 올리는 청취자의 적극적인 참여가 호응을 불러일으키며 청취자 간의 소통을 증가시키는 것이다.

실례로 토요일 코너였던 '미치거나 빠지거나'(2007년 11월 3일 방송)에서는 한 청취자의 아버지가 모든 물건에 바퀴를 달고 있으며 심지어 손자의 장난감에까지 바퀴를 달아줬다는 사연이 소개되었다. 그 청취자는 장난감 공룡 모형에 바퀴가 달린 사진을 함께 올렸는데 진행자와 출연자(김장훈)는 사연 소개 후 그 사진을 상세히 설명해주고 박장대소하며 호응해줬다. 그 결과 이 사진이 담긴 사연은 하루 사이에 조회수 1,000을 넘는 기염을 토했다. 라디오에서 사진 이야기를 듣고 궁금증을 참지 못한 청취자들이 홈페이지를 찾았다는 것을 방증한다. 또한 그 사연 밑에는 100개 이상의 댓글이 달렸다. 듣는 것에서 벗어나 눈으로 보고자 하는 청취자들의 반응은 인터넷 홈페이지 방문으로 이어지고 이것은 또 다른 참여와 소통을 낳게 되는 것이다.

5. 마치면서

'Video kill the radio star'라는 곡이 대변하듯 라디오의 위기는 80년대부터 끊임없이 대두되어왔다. 국내의 경우 90년대 중반까지는 라디오의 인기가 지속되어왔으나 인터넷이 보급된 90년대 후반부터 급격한 침체기를 탔다. 그렇지만 휴대폰 실시간 메시지의 도입과 2006년부터 등장하기 시작한 인터넷 라디오는 프로그램 참여 패러다임을 바꾸면서 라디오가 다시한 번 도약할 수 있도록 도와주고 있다.

거의 모든 라디오 프로그램에서 실시간 메시지를 통해 참여와 소통을 끌어내고 있으나 <오늘 아침>의 경우 이를 이용하면서도 더 폭넓은 소통과 참여를 시도한다. 또한 한 쪽 세대에 치우치지 않고 다양한 세대의 청취자를 고려하면서 균형을 이룬다. '삼박자를 고루 갖췄다'는 표현은 <오늘 아침>과 잘 어울리는 표현으로 '프로그램 구성, 진행자, 청취자' 중 어느 하나 빠지지 않는다. 프로그램 곳곳에 녹아 있는 '소통과 참여'는 라디오의 매력을 극대화하며 청취자를 끌어당긴다. 단지 신청곡을 들려주고 사연을 읽어주는 라디오에서 벗어나 청취자와 직접 대화하는 듯한 분위기를 형성해 편안함을 주고 있다.

TV도 과거에 비해 시청자 참여가 늘어나고 시청자의 의견이 프로그램에 많이 반영되긴 하지만 그 밀접함과 친밀함의 정도는 라디오의 그것을 능가하기 힘들다. 라디오가 다매체 시대에 살아남는 미디어가 되기 위해서는 소통과 참여를 최대치로 이용하여 기존의 청취자를 유지하고 새로운 청취층을 발굴해야 한다. 이런 점에서 <오늘 아침>은 라디오에서 '소통과 참여를 적절히 활용한 잘 만든 프로그램'의 본보기가 될 수 있을 것이다.

홍길동은 죽었다

KBS 드라마 <쾌도 홍길동>을 통해 본 '영웅'의 재해석

김윤희

사극 드라마 속 영웅주의

<주몽>, <태왕사신기>, <해신>에서부터 최근 방영을 앞두고 있는 <일지매>, <최강 칠우>까지. 이들의 공통점은 영웅 이야기를 다룬 사극이라는 점이다. <주몽>이나 <해신>, <불멸의 이순신>과 같은 역사적 영웅의 정통사극에서부터 <천년지애>, <다모>, <일지매> 등과 같이 화려한 영상과 민중영웅을 주인공으로 내세운 퓨전사극까지 사극 드라마도 많은 변신을 해왔다. 이를 통해 왕에서부터 도둑, 다모, 백정에 이르기까지 영웅은 다양해졌고 화려한 CG기술과 영상으로 볼거리도 많아졌다.

하지만 주인공과 영상만 바뀌었을 뿐, 국민적 호감을 받는 인물로 시청자의 눈을 사로잡아 그의 일대기를 말 그대로 '영웅화'로 포장하고 부풀리기 일쑤다.

광개토대왕의 일대기를 다루었던 퓨전사극 드라마 <태왕사신기>. 그러나 '배용준'이라는 배우의 캐스팅부터 환상적 픽션이 주를 이루는 스토리 구성까지. 그 속에는 역사적 실존 인물인 진짜 광개토대왕이 없었다. 광개토대왕의 이름만을 딴, 철저하게 가공되고 포장된 '영웅 배용준'만 있을 뿐이었다.

종교를 '인류의 아편'으로 비유하여 비판하는 경우가 있다. 인간이 스스로 절망을 헤치고 문제를 극복하도록 하는 것이 아니라, 신이라는 절대자에게 모든 것을 부탁하고 소원하며 문제의 해결보다는 적응과 이해로 만족하는 나약한 존재로 만든다는 이유에서다. 나는 사극 속 영웅주의도 마찬가지라고 생각한다. 영웅주의를 크게 두 가지로 나눌 수 있는데 영웅을 신과 같이 맹신하는 영웅주의와 자신의 개인적 능력과 사고만을 으뜸으로 여기는 개인영웅주의다. 사극 속 영웅주의는 후자로 발현되는 경우가 많다.

흔히 경기침체와 같은 국가적 혼란기에 재난을 극복하고 결국 성공해내는 우리 영웅을 보여줌으로써 국민들의 사기를 돋우려는 사극이 많이 제작된다. 그러나 성공한 사극에 우후죽순처럼 생겨나는 관련 콘텐츠를 통한 '영웅 따라하기'에 그치거나 역사적 환상이나 맹신적 애국주의에 빠지게 하여 특정 국가, 민족을 감정적으로 적대시하고 주인공 영웅을 무비판적으로 감싸는 등 현실감각을 마비시키는 경우가 많다. 무엇보다 가장 큰 문제점은 사람들이 사극과 같은 '영웅을 기다린다'는 것이다. 아무것도 노력하지 않고 오로지 신에게 부탁하고 그의 은총만을 기다리는 맹신도처럼 시청자로 하여금 우리 사회에도 언젠가 영웅이 나타나 모든 것을 해결해줄 것이라 믿는 수동적 태도를 가지게 한다.

홍길동은 죽었다

홍길동. 지금까지 많은 드라마와 영화를 통해 우리의 영웅주의를 조장한 대표 영웅이다. 그러나 2008년 홍길동이 죽었다. 더 정확하게 말하자면 '영웅 홍길동'이 죽었다. 비범한 도술 능력도 없고 게으르며 안하무인인데다 저잣거리에서 알아주는 개차반 홍길동이다. 영웅주의는 고사하고 비웃음과 질책을 받아도 모자라다. 하지만 한심하기 짝이 없는 이 홍길동들이 모여 조선을 흔든다. 무능한 홍길동도 모자라 홍길동이 여러 명이라니. 지금부터 이 말 안 되는 이야기를 말 되게 그린 드라마를 이야기하고자 한다. 홍정은, 홍미란, 일명 '홍자매'의 <쾌도 홍길동>이다.

<쾌도 홍길동>의 홍길동은 비범한 영웅보다는 평범한 인간, 오히려 사고뭉치에 가깝다. <주몽>의 주몽, <태왕사신기>의 담덕 등도 사극 속에서 한심하고 수동적인 삶을 보낸 인물들이다.

하지만 <쾌도 홍길동>의 홍길동이 갖는 인간적 측면과는 다르다. 대부분 그들의 방탕했던 전반기의 삶은 후반기 영웅으로의 삶을 살게 하는 원동력으로 작용한다. 주몽의 경우 삶을 낭비하며 방탕하게 살았던 그였기에 아버지 해모수에 대한 비밀과 안타까운 죽음이 더 가슴 아프고 서러운 한이 되어 그를 변화하게 했고 담덕 역시 "아무것도 하지 말라"는 아버지의 명령대로 무능하게 살다가 아버지를 자신의 왕위에 제물로 삼는 비극을 경험하고 다시 태어나게 된다.

그러나 홍길동은 서자임을 슬퍼하며 살던 때나 활빈당의 당수가 되어 세상과 싸울 때나 여전히 엉뚱하고 무모하고 게으르다. 이는 인물의 성격에 통일성을 갖게 해 시청자로 하여금 인물에 대한 이해와 집중을 하게 하며, 길동이란 인물을 먼 영웅이 아닌 가까운 이웃, 동료로 인식되게 한다. 이렇게 <쾌도 홍길동>에는 우리가 기대했던 비범하고 신이한 홍길동은 없다. 대신 우리 이웃에 살고 있을 법한 평범하고 인간적인 홍길동이 있다. 이는 <쾌도 홍길동>이 갖고 있는 영웅에 대한 의식이 다른 사극 드라마와는 다르기 때문이다.

백성의 한 사람, 홍길동

기존의 영웅 홍길동은 홀로 활빈당을 모아 의로운 도적의 수장으로 지배층과 싸우는 개인이다. 다른 사극의 영웅들도 개인성이 강하며 그를 믿고 돕는 충신이 몇몇 있는 정도다. <쾌도 홍길동>에서도 홍길동은 활빈당의 당수로 역할을 하긴 하지만, 그것은 집단성과 협력을 강조하는 측면이 강하다.

홍길동과 활빈당에 대한 소문이 퍼지면서 전국에서 활빈당을 자처하며 마천산으로 사람들이 모이기 시작한다. 그러나 이들은 마천산의 활빈당이라는 이동으로 칼과 폭탄만을 쥔 군사나 도둑이 되지는 않는다. 오직 전쟁으로, 도둑질로 밥을 먹는 곳이 활빈당이라면 그들은 군사요 도둑이 되겠지만 여전히 농사지어 먹는 백성이다. 창휘의 군대와 최후의 혈전을 앞두고 마천산 사람들은 활빈당을 찾아온다. "무섭지 않냐?"는 길동의 물음에 "어찌 죽는 것이 무섭지 않겠는가"라고 말하는 그들 역시 평범한 백성들이다. 영웅적 면모라고는 찾아볼 수 없는 이들이지만 힘을 모아 세상을 향한 무모한 싸움을 포기하지 않는다. 이렇게 각자 있는 위치에서 최선을 다해 일하고, 세상을 바꾸기 위해 노력하는 집단, 평범한 백성들이야말로 누구나 활빈당이며 홍길동이다. 홍길동 역시 백성을 강조한다. 창휘가 내린 병조판서, 암행어사 등의 관직을 거절하며 길동은 '백성의 한 사람'으로 남겠노라고 말한다.

홍길동이 말한 '백성의 한 사람', 활빈당, 이것이 바로 이 드라마가 말하는 진짜 영웅이다. 대중을 구하고 평화의 세상을 만드는 지배자가 아니라 대중의 한 사람으로 세상의 평화를 위해 맡은 일을 해내는 조력자이자 구성원이라는 새로운 영웅상을 제시한다.

과장된 영웅의 성공 이야기는 시청자에게 오히려 거부감과 거리감을 갖게 하고 그들과 자신을 타자화하여 자신에겐 적용할 수 없는 별개의 이야기라고 자신을 낮추고 적응시키는 영향을 가져올 수 있다. 그러나 <쾌도 홍길동>에서 제시하는 영웅상은 세상을 바꿀 영웅을 기다리는 것이 아니라 누구나 영웅이 될 수 있고, 영웅이 되어 싸우고 노력해야 한다는 메시지를 함축하고 있다. 또한 홀로는 완전할 수 없는 영웅의 협력적 모습을 강조하여 개인영웅주의로의 퇴색을 방지하고 있다.

백성이 만드는 세상

고전『홍길동전』에선 결국 길동이 율도국을 세우고 그곳의 왕이 되어 평화롭고 평등한 이상세계를 건설한다. 뿐만 아니라 많은 사극 속에서도 주인공이 영웅성을 발휘하여 군사적 평화와 경제적 안정을 확보한 태평천하를 건설한다. <쾌도 홍길동>에도 그들이 꿈꾸는 율도국이 있다.

활빈당의 본거지를 포위하고 선 왕의 군대는 '저곳은 있어도 갈 수 없는 꿈'이라며 울타리 안, 활빈당의 세상을 바라본다. 그러나 군사들의 말대로 그곳은 꿈에 불과하다. 활빈당이 꿈꾼 율도국은 마천산 그들의 본거지가 아니다. 지배자도, 계급도 없는 그곳의 마르크스주의적인 완벽한 공산세계가 울타리 없는 바깥세상에서는 지켜질 수 없다는 것을 작가는 이미 알고 있기 때문이다.

활빈당과 홍길동이 목숨을 걸고 싸우는 이유, 죽어서라도 그들이 보고 싶은 세상은 바로 '백성이 세운 왕'이 다스리는 세상이다. 이는 영웅 홍길동이 왕이 된 세상과는 다르다. 홍길동과 같은 좋은 혈통, 비범한 영웅적 능력을 가진 이가 지배자가 되는 것이 아니라 백성에게 선택된 자가 지배자가 되어야 한다는 진리를 보여준다. 이는 기존의 사극에서 위대한 영웅을 왕으로 받들게 되어 행복해하고 영광스러워하는 백성들의 모습과는 비교할수 없을 만큼 능동적이고 주체적이다.

결국 활빈당과 홍길동은 율도국을 세우지 못한다. 계속되는 군의 공격을 당해내지 못하고 산채와 함께 불속으로 사라진다. 이와 같은 비극적이지만 현실적인 결말로 <쾌도 홍길동>은 시청자에게 불편하고 따끔한 현실을 강한 인상으로 보여준다. 이 역시 다른 사극 드라마 속 영웅과는 다른 모습이다. 승리를 이끌어내지 못한 영웅은 어찌 보면 무능하다는 비판을 받을 수도 있다. 하지만 인간이기에 실패하고 한계가 있는 것이 현실이다. 또 현실의 세상은 쉽게 바꿀 수 있는 곳이 아니다. 백성이 만드는 세상의 결말이 비록 비극적이더라도 시청자에게, 잠재적 영웅들에게 사탕발림하지 않음으로써 비현실적 영웅 심리를 갖지 않게 하고 한 번의 실패로 좌절하는 나약함 또한 극복하게 한다.

세상을 똑바로 노려보고 겨누는 자

"영웅은 없다. 하지만 우리 모두가 영웅이다"라는 <쾌도 홍길동>의 진리는 기존 사극 드라마의 정형화된 많은 틀을 깨고 문제점을 제시했다. 비범하고 위대한 영웅의 성공 이야기는 영웅주의로 인한 자신감 상실과 의존적인 태도, 극적 환상의 맹신 등 시청자의 아편처럼 현실감각을 마비시켰다.

내 작은 힘으로는 세상을 바꿀 수 없다고 노력도 해보기 전에 포기할 때가 있다. 세상을 움직이는 사람은 따로 정해져 있는 것이라고 책임을 전가하기도 한다. 그래도 결국은 세상을 움직이는 것은 우리라고, 언제든 뭉쳐 힘을 보여주기만 하면 바꿀 수 있다고 근거 없는 자신감을 갖기도 한다. 전자의 의존적이고 수동적인 모습도 후자의 현실감 없는 자신감도 나쁜만이 아닌 우리 모두의 모습이다.

하지만 <쾌도 홍길동>은 마비된 우리의 현실감각에 강한 자극을 주었다. 가공된 거대 영웅에서 벗어나 살아 있는 영웅이 되어 호락호락하지 않은 현실을 똑바로 인식하라고 말한다. 다음은 이러한 메시지를 가장 강하게 표현한 홍길동의 마지막 회의 한 부분이다. 홍길동에 대해 묻는 꼬마에게 해명스님은 홍길동은 어느 시대에나 세상을 똑바로 노려보고 겨누는 자로 존재한다고 말한다.

해명스님: 무엇을 하는가보다 중요한 건 말이다, 세상을 똑바로 노려보고 겨누는 자가 있다는 것이다. 잊지 말거라. 세상을 노려보고 겨누고 바꿔나갈 칼, 어느 세상에도 홍길동은 있다. 아하하하.

<쾌도 홍길동>은 무엇을 하는가보다 중요한 것이 있다고 말한다. 당장에 세상을 바꾸기보다 세상을 노려보고 겨눌 자가 있다는 것이 바로 그것이다. 어쩌면 모두가 행복한 율도국은 영영 세울 수 없는 환상 속의 공간일지 모른다. 하지만 그렇다고 백성이라는 영웅들이 포기하고 세상을 노려보지 않는다면 현실을 지켜줄 다른 영웅은 존재하지 않는다는 중요한 진리를

전하고 있다.

<쾌도 홍길동>은 우리 시대 영웅의식뿐 아니라 사극 드라마의 영웅상에도 의식적 변화를 가져왔다. <일지매>, <최강 칠우> 등 비슷한 형식의 민중영웅을 다룬 퓨전사극 드라마가 계속해서 선보일 예정이란다. 영웅을 죽이고, 죽었던 영웅을 깨운 드라마 <쾌도 홍길동>. 사극 드라마계의 홍길동으로 영웅주의 사극을 노려보고 겨누고 바꿔나갈 칼이 되길 바란다.

아빠셋, 엄마하나? 가족의 재구성!

KBS2 드라마 <아빠셋 엄마하나>

김은경

특명! 아빠를 찾아라

아비 없는 자식이라 설움 받던 시대가 있었다. 핏줄, 집안이 중요하던 시대도 있었다. 그런데 이 드라마, 엄마 하나에 아빠를 세 명씩이나 주었다. 가족이란 구조 자체에 대한 전면 도전이다. 엄마는 한 명, 아빠도 한 명, 그리고 자녀. 이렇게 구성된 가족이 우리 사회가 인정하는 가족의 정석이다. 그러나 <아빠셋 엄마하나>에서는 철저히 그 시선을 배제하고 있다. 이 드라마는 가족을 바라보는 이 시대의 편협한 시선을 비웃듯 제목에서부터 '아빠셋'과 '엄마하나'를 나란히 선보이는 대범함을 보였다. 대범함은 제목에서 그치지 않았다. 대부분 드라마가 초반에 인물들의 삶의 배경이나 성격, 그리고 클라이맥스로 치닫는 개연성을 하나, 둘 조심스럽게 풀어나가지만 <아빠셋 엄마하나>는 한 걸음 더 나아간다.

드라마의 전체 스토리를 보면 그리 조심스러울 필요는 없지만, 무정자증인 친구를 위해 정자기증을 했다가 마음이 바뀌어 자신들의 정자를 사용하지 말아달라던 세 명의 아빠들이 친구가 죽은 후, 자신들의 정자 중 하나로 하선이가 태어난 사실을 알기까지의 과정이 1, 2회에 걸쳐 모두 이루어진다. 다른 드라마였다면 비밀이 드러나 클라이맥스로 치닫기 일보 직전의 상황이다. <아빠셋 엄마하나>가 4부작 단편드라마가 아닌 16부작 미니시리즈라는 점을 고려해본다면 남은 12회 동안 전개될 스토리에서 제작진이 시사하는 바가 있음을 짐작할 수 있다.

비밀이 밝혀지고 클라이맥스가 12회 내내 이루어지는 동안 <아빠셋 엄마하나>는 시청자에게 하나의 특명을 선사한다. '하선의 아빠를 찾아라.' 하선이를 두고 신경전을 벌이는 세 명의 아빠들 중에서 아빠를 찾아내라는 것이다. 온라인상에서는 누가 아빠가 될지를 투표하기도 하기도 했다. 박빙의 승부였지만 대부분의 누리꾼들은 한 명의 아빠만을 선택하는 데 어려움을 겪었다. 세 명 모두 각자 개성 있는 매력들을 시청자에게 어필하고 있었기 때문이다. 그 매력은 특정 연기자들의 인지도에 기대는 측면도 없지 않아 있으나 그것이 전체라고 하기에는 어딘가 불충분하다. 여기에는 제작진의 의도가 숨겨져 있다. 시청자가 하선의 아빠를 알려고 하면 할수록 제작진의 의도는 선명하게 드러난다. 하선의 아빠가 누군지 궁금해하는 동네 통장 아주머니를 등장시키면서까지 시청자로 하여금 함께 아빠를 찾도록 유도한다. 도대체 그들은 무엇을 말하고 싶었던 것일까.

힌트1. 가족의 틀을 깨라

우리는 그동안 '가족'을 다루는 드라마들을 숱하게 봐왔다. 100회를 훌쩍 넘기는 일일드라마에서는 두말할 것 없이 '가족'이라는 구조는 항상 등장한다. 사랑과 복수를 다루는 드라마도, 전문직을 다루는 드라마에서조차 '가족'은 배제하지 못하는 소재이다. 가족은 사회를 이루는 기본이기 때문이다. 그러나 제아무리 기본이라 하더라도 대량생산되는 물건처럼 다 똑같을 수는 없는 법이다. <고맙습니다>, <아일랜드>, <꽃보다 아름다워> 등 그동안 많은 드라마가 정상 가족이 아닌, 어딘가 결핍되고 상처 있는 가족상을 보여주고 그들의 아픔을 치유하려고 애썼다. 그런 드라마는 대부분 주인공 자신이 속해 있는 가족이 사회가 정한 '가족'이라는 틀에 맞지 않는 상황에 문제의식을 가진다. 그리고 최선의 방법으로 '가족'이라는 틀을 재정비한다. 주체적이며 다분히 영웅적이다.

<아빠셋 엄마하나>도 불완전한 가족을 이야기하고, 갈등을 해결해나간다. '가족'을 그리는 중심에는 정자기증이 있다. 드라마 속에서 정자기증은 우리 사회가 인정하는 정상적인 가족과 그렇지 않은 가족을 나누고, 갈등을 일으킨다. 정자를 기증받아 아이를 가지려는 나영과 성민은 정상적인 가족을 추구한다고 볼 수 있지만, 세 명의 아빠들이 정자를 기증하는 그 순간부터 드라마는 혈연으로 이루어진 정상 가족의 범위를 벗어나 있다. 즉, 정자기증이란 소재 자체가 혈연을 중시하는 사회의 단면을 보여주면서 동시에 그 단면을 깨고 있는 것이다. 그리고 깨어져 상처 난 부분을 나영과 세 명의 아빠, 그리고 하선이가 서로 치유해나가는 모습을 보여준다.

이쯤 되면 <아빠셋 엄마하나>도 '가족'을 다룬 수많은 드라마 중 그저 하나에 지나지 않는 게 아닌가 싶다. 그러나 분명히 다른 점이 있다. 다른 드라마에서와는 달리 사회가 규정한 정상적인 '가족'의 틀을 나영과 세 명의 아빠들은 그 누구보다도 강하게 긍정하고 인정한다. 나영과 하선, 세 명의 아빠가 한집에서 함께 사는 것은 임시적이며, 또 언젠가는 서로 독립해야 한다는 사실을 무언의 약속처럼 여기고 있다. '임시적인 가족'이

기 때문에 주인공들이 현 상황에 대해 문제의식을 가지지 않는 것은 당연지사다. 오히려 통장 아주머니가 그들의 관계를 가족으로 말하려고 하면 손을 내둘러 부정하기에 바쁘다. "우리 그런 사이 아니에요"라고 하면서 말이다. 그렇다면 그들의 관계를 추궁해나가는 것은 온전히 시청자의 몫이 된다.

나영과 하선의 관계는 혈연이 맺어준 관계라 가족으로 쉽게 규정지을 수 있다. 그런데 세 명씩이나 되는 아빠들과 하선, 그리고 나영의 관계를 설명하기란 참으로 난감하다. 시청자 입장에서는 답답한 마음에 유전자 검사가 간절했을지도 모르겠다. 그런 시청자의 바람에도 <아빠셋 엄마하나>는 후반부에 가서야 유전자 검사를 진행한다. 우리는 그 이유에 주목할 필요가 있다. 왜 아빠들은 유전자 검사를 하지 않은 것인지. 정자기증을 받았다는 사실을 알고도 나영이 왜 유전자 검사를 하지 않은 것인지. 유전자 검사는 정상적인 '가족'의 틀을 보장받을 수 있는 절호의 기회가 될 수 있다. 그런데 나영과 아빠들은 그 기회를 외면한다. 두려움 때문이다.

나영과 아빠들은 그들의 관계를 '임시적인 가족'으로 규정했지만, 1년을 넘는 시간을 함께하면서 서서히 '임시적인'은 단지 불필요한 형용사에 불과하다는 것을 인지하게 된다. 물론 그들만의 공동체는 사회가 인정하는 정상적인 '가족'의 범위에서 크게 벗어나고 있다. 하지만 그들은 서로에게 의지하고 서로를 걱정하는 하나의 공동체로서 관계 맺고 있었다. 때문에 유전자 검사는 공동체에 소속된 그들에게 탈락의 두려움을 갖게끔 한다. 더 이상 기회가 아니다. 결국 우리는 유전자 검사를 통해 하선이의 아빠가 누군지를 알게 되지만, 그들만의 공동체에서 벗어나기를 두려워하는 아빠들을 보며 진짜 아빠를 찾는 우리 자신의 모습을 되돌아볼 필요가 있겠다.

힌트2. 세 명의 아빠들을 주목하라

회를 거듭할수록 나영과 하선, 그리고 아빠들이 하나가 된 모습을 반복적으로 보여주지만 우리는 또다시 하선이의 진짜 아빠를 찾아나서기를 게을리하지 않는다. 사회가 인정하는 정상적인 가족에 너무 익숙한 탓이다. 그렇다면 이번엔 아빠들을 낱낱이 파헤쳐보는 수밖에 없다. 사랑보다 돈이 삶의 목적인 수현(조현재 분), 자유분방한 삶을 지향하는 광희(재희 분), 결혼하고 싶지만 직업도, 돈도 변변치 않아 연애도 제대로 못하는 경태(신성록 분). 세 명의 아빠들은 이 시대의 고뇌를 안고 살아가는 실제 남성상이다.

대부분 드라마는 남녀평등을 외치면서도 정상적인 '가족' 속의 아버지의 권위의식을 재확인시켜준다. 그런데 <아빠셋 엄마하나>는 아버지에 대한 기존의 시선을 보기 좋게 무너뜨린다. 사위에게 채무의무를 이행하는 나영의 아버지나 항상 돈에 쪼들리는 수현, 결혼을 위해서는 자유를 포기해야 하는 광희, 돈도 없고 직업도 변변찮아 여자들에게 외면 받는 경태를 통해 권위의식 뒤에 숨겨진 고뇌하는 아버지의 모습을 숨김없이 보여준다. 동시간대 드라마 속의 남자 주인공은 일에서 경쟁하고(<스포트라이트>, <온에어>), 세상을 바꾸는(<일지매>) 등 다소 영웅적인 면모를 보이고 있다. 이들과 비교하자면 <아빠셋 엄마하나>의 아빠들은 너무나도 사실적이며 현실적이다. 누구나 다 한 번쯤은 만나봤을 법한 남자들이며 주위에서 흔히 볼 수 있는 남자들이다. 때문에 시청자들이 하선의 친아빠를 선택하는 데 어려움이 있었을 것이다.

갑작스런 하선의 등장에 처음에는 아빠들도 적잖이 부담스러워하며 당황해했다. 마치 우리가 나영과 하선, 아빠들의 공동체를 낯설어하는 것처럼 말이다. 그러나 결국에는 하선이가 자신의 아이일 거라는 기대를 걸 만큼 하선이와 아빠들은 가까워졌다. 그러다 엄마인 나영을 두고도 신경전을 벌이기까지 한다. 전문직을 다루는 드라마에서도 로맨스를 곁들이는 요즘 드라마의 특성상 아주 이해하지 못할 일도 아닌 듯싶다. 설사 이해할 수 없다 치더라도 아빠들과 나영의 로맨스는 권위의식에서 무너져가는 아버지의 모습에서부터 그 시작을 암시하고 있다.

드라마에서 남자들의 권위가 상실된 데에는 다 그럴 만한 배경이 있었다. 경태와 광희는 홀어머니 밑에서 자랐다. 수현에게는 엄마 대신 아빠가 있지만 치매에 걸렸다. 나영과 로맨스를 벌이는 또다른 남자, 찬영(주상욱 분)은 서자의 설움과 동시에 엄마에게 버림받은 아픔을 가지고 있다. <아빠셋 엄마하나>의 모든 남자들은 모성에 대한 욕구를 지닐 수밖에 없었고 모성에 의지하고 싶어 할 수밖에 없다. 그런 그들에게 나영은 모성 그 자체였던 것이다. '웃는 게 어머니를 닮아서 그녀를 사랑했노라'는 몇몇 남자들의 말이 작업 멘트만은 아니었나 보다. 남편을 잃고도 아이를 낳아 당당하게 키워나가는 나영의 모습 속에서 아빠들과 팀장님은 어머니의 모습을 보았으리라. 그런데 어떻게 우리가 감히 그들 속에서 하선의 친아빠만을 찾아 헤맬 수 있겠는가.

아빠셋, 엄마하나, 그리고 하선이는 한가족이다

결국 경태와 광희는 하선이의 친아빠가 아니었다. 그 사실을 알고 두 명의 아빠들이 하선이를 보며 그토록 서럽게 우는 이유는 바로 공동체에서 탈락된 박탈감과 소외감 때문일 것이다. 수현도 역시 하선의 친아빠가 아니었다. 경태와 광희보다 훨씬 전에 유전자 검사를 통해 알아본 뒤였다. 그럼에도 불구하고 경태와 광희에게 말하지 않은 것 역시 박탈감과 소외감에 대한 두려움 때문이었을 것이며, 그들만의 특별한 공동체라는 틀을 깨지 않기 위함이었을 것이다. 결국 우리가 그토록 찾아 헤맸던 하선이의 친아빠는 하늘나라로 일찍이 떠난 성민이었다. 지금의 우리 사회 속의 정상적인 '가족'에게는 아빠가 필요하고, 그 아빠는 아이에게 씨를 주고 아이와 피를 나눈 사이여야만 했다. 그러나 <아빠셋 엄마하나>에는 그런 '아빠'의 실체는 없었다.

경태와 광희, 수현이 중에서 하선이의 진짜 아빠를 찾게 해놓고는 다른 곳에 진짜 아빠를 둔 이유는 무엇일까. 아빠 한 명과 엄마 한 명, 그리고 자녀로 이루어진 가족만을 아무런 의심 없이 정상이라고 인식하고 있는 사회에 일침을 가하기 위해서라고 답할 수 있겠다. 우리 사회가 그나마 가족으로 인정해준다고 하면 한부모 가족, 조부모 가족, 소년 소녀 가장처럼 정상적인 가족에서 어떤 한 부분이 결핍된 가족만으로 한정시켰다. '가족'의 의미가 구성원들의 유무에만 국한된 것이다. 정작 '가족'에게 필요한 사랑과 믿음은 뒷전이다. 사랑과 믿음이 없는 '가족'은 실체가 아니다. 그저 사회가 인정하는 범위 내에서 가능한 벗어나지 않기 위한 몸부림일 뿐이다. 다행스럽게도 <아빠셋 엄마하나>는 이 모든 사실들을 시청자들에게 말하려고 애썼다.

나영과 하선, 그리고 세 명의 남자들은 한가족을 이루었다. 그들조차 편견을 갖고 있었기에 자신들을 '가족'으로 인정하는 데까지 우여곡절이 있었지만, 결국 하나가 되었다. 서로에 대한 믿음과 사랑으로 영원불멸처럼 여겨졌던 기존의 '가족'이란 굴레를 과감히 깨고 새롭게 '가족'을 정의한 것이다. 덕분에 장가도 가지 않은 경태와 광희, 수현은 '아빠'라는 이름을 얻었지만 그들만의 공동체 속에서 '엄마'나 '아빠'는 별로 중요하지 않았다. 하선이를 아끼고 사랑하는 마음만 있으면 누구든지 하선이의 우유도 먹일 수 있으며, 잠도 재우고, 하선이를 위해 돈도 벌어올 수 있다. '엄마'와 '아빠'는 '여자'와 '남자'처럼 하나의 이름에 지나지 않았다. 가족은 사랑과 믿음의 공동체이기 때문이다.

벌써부터 하선이가 자란 뒤에 세 명의 아빠들과 엄마와 지내면서 사회로부터 어떤 시선을 부여받을 것이며, 하선이가 자신의 상황을 어떻게 받아들일지 사뭇 궁금해진다. 여기에는 우리 사회가 얼마나 가족의 다른 형태들을 받아들이고, 가족의 진정한 의미를 이해할 수 있느냐에 대한 기대감도 깃들어 있다. 그런 점에서 <아빠셋 엄마하나> 시즌 2가 기다려지는 것도 무리는 아니지 않을까 싶다.

미래, 관계 그리고 마음

MBC 주말드라마 <9회말 2아웃>을 권하며

김지훈

1.

안녕, G야. 아, 안녕이라고 새삼 말하기도 민망해. 우리는 고작 20분 전에 헤어졌고, 매일 만나고, 하루에 열 번씩은 "안녕"이라고 인사하잖아. 하루에 전화, 문자, 그리고 대화로 수십 분은 소통하지. 웃고, 떠들고, 가만히 있고, 화내고, 토라졌다 풀어지고 만난 지 이제 고작 석 달째인데도, 우린 서로를 꽤 깊숙한 삶의 영역으로 끌어들였어. 난, 과거의 상처 때문에 누굴 다시 좋아할 수 있을 거라고 생각하지 못했지만 널 만나고 보니 그건 역시 착각이었던 듯해. 어쩌면 아이와 어른의, 청소년과 생활인의 접점인, 스물다 섯의 나에게, 어른스러운 너와 시간을 공유할 수 있는 '지금'의 의미는 참 특별해. 항상 네게 참 고마워.

2.

널 모르던 작년, 난 군대에 있었어. 병장이었는데, 항상 텔레비전만 보았지. 입대 전엔 스포츠 중계를 제외하곤 거의 텔레비전을 시청하지 않았던 내가, 그 안에서는 모든 쇼프로와 드라마 스케줄을 꿰고 그에 맞춰 하루 일과를 조정하는 '텔레비전 키드'가 되었어. 특히 드라마들은, 내겐 그 시절의 음울함으로부터 도피할 수 있던 수단이었던 듯해. 드라마를 좋아하는 너도, 나처럼 열 시만 되면 텔레비전 앞에 앉았다고 했지. 우린 드라마 이름대기 내기를 했어. 그리고 너는 못 본 어떤 작품을 내가 말했기 때문에 그 대결에선 내가 이겼었지. 기억하니? 그 드라마의 이름을. 그건 바로 <9회말 2아웃>(이하 <구투>)이었어.

3.

넌 내게 물었어. "그거, 동거 드라마 아냐?" 아주 틀리다곤 할 수 없지만, <옥탑방 고양이>와는 달라. 한편으론, 그렇게 드라마를 좋아하는 너도 이 작품에 대해선 잘 모를 정도니 <구투>가 얼마나 반향이 없었는지를 실감할 수 있었어. 하긴, 무리도 아니지. 이 작품의 평균 시청률은 고작 평균 8.1%에 불과했으니까. 홍보가 좀 덜 된 탓도 있고, 주연이던 수애와 이정진 그리고 다른 출연자들이 적어도 안방극장에서의 시청률을 보장해주지 않는 배우들이었기도 해. 물론, 이슈 자체도 겉보기엔 특별한 게 없었고 말이야. 다만 <구투>가 방영되던 시기에 경쟁해야 했던 작품이, 다름 아닌 그 시간대의 패자였던 <대조영>이었다는 점이 시청률에 대한 변명거리가 될 수는 있겠다. <구투>는 2007년 7월부터 9월까지, MBC의 16부작 주말기획으로 방영되었어. 원래 <구투>는 기획 단계에서 제작이 보류되었는데, 야심작 <태왕사신기>의 방송이 연기되면서 당초 주말기획으로 예정되었던 <커피프린스 1호점>이 월화로 옮겨졌고, 그 편성 공백을 채워 넣기 위해 급히 만들어졌어. 그만큼 방송사측에선 별 기대를 하지 않았던 작품이고, 결국엔 낮은 시청률로 종영하게 되었지. <구투>의 팬으로서는 참 아쉬운 부분이야. 내겐, 작년 최고의 작품이었거든.

4.

"김광석의 '서른 즈음에' 더하기 피노키오의 '사랑과 우정 사이'". <구투>는 이 한 문장으로 정리돼. 좀 식상하니? 서른 즈음에 서 있는 청춘의 끝물들에 관한, 또 우정과 사랑의 사슬이 느슨하게 연결된 두 사람의 관계에 관한 이야기. 진부하게 느껴지는 소재일 수도 있겠구나. 맞아. <구투>의 기획 의도는 별로 와 닿지 않아. "30대에 다다른, 9회말 2아웃에 놓여 있는 우리의 이야기." '야구에 인생을 대입하기'는 종전에 다른 작품들에서 여러 번 사용되었던 평범한 소재고, 일견 구질구질해 보이는 인물구도 역시 넓은 시청자 층에게 이슈가 되기엔 무리였던 듯해. 비슷한 소재를 다루었던 여타 드라마들 ― 이를테면 결혼에 관한 이야기가 끼긴 했지만 <구투>보다 눈높이를 몇 살 높인 구도를 보여주었던 <연애시대> ― 의 경우를 보면 <구투>의 실책이 좀 더 명백하게 보여. "이별 후에 찾아온 사랑. 헤어진 다음 시작된 미묘한 연애감정" 얼마나 직관적이고 알기가 쉽니? 비슷한 상황의 인물을 주인공으로 설정해 대성공을 거두었던 <내 이름은 김삼순>을 얘기하는 것은 입만 아플 뿐이겠지. 물론, 시청자들이 채널을 이쪽으로 돌려주기 시작하는 것과 이 작품이 얼마나 잘 만들어졌냐는 것은 좀 다른 문제가 아닐까 싶어. 시청률이 나오지 않은 것이 아쉬운 것은 분명하지만, 그 원인을 <대조영>이나 시청자들의 '책임'으로 돌리기엔 <구투>의 첫 단추가 너무 허술하게 끼워졌다는 문제가 있지. 거봐, 너도 벌써 심심해하는 눈치잖아. 하지만, 조금만 참아주겠니? 거듭 말하지만, <구투>는 내게 꽤 감동을 주었던 드라마야. 그래서 난 이 작품이 무엇을 말하는지, 그게 왜 우리에게도 유효한지를 네게 역설할 작정이거든.

5.

여기 '홍난희'라는 이름을 가진, 서른 살 여자가 있어. 과거에 많은 연애에 실패했고, 소설가를 꿈꾸지만 등단은 요원해. 여자 나이 서른이면, 미래를 준비하는 것을 넘어 그걸 현재로 만들어야 한다고 믿지만, 그녀에겐 어떤 기반도 없어. 만화나 청소년 소설 등을 펴내는 작은 출판사에 다니지만, 월급은 번번이 체불되고 노동 강도는 높은 전형적인 영세기업이야. 광고 분야에서 분전하고 있는, 마음이 잘 통해 어떤 얘기든 쏟아내는 남자 소꿉친구가 있지만 성공적으로 커리어를 쌓고 있는 그와 비교하면 자신이 너무 초라해 보여. 친구들이 부러워하는 스물두 살짜리 야구선수 연인도 있지만, 친구들이 부러워하는 건 그저 그 '남자아이'의 '몸', 혹은 '반반한 얼굴' 정도일 뿐이야. 마음은 이어져 있다고 믿지만, 아직 군대도 다녀오지 않았고 책 한 권 읽지 않는 철없는 아이일 뿐인 그녀의 연인. 어때, 암담하니? 이런 서른 살만은 되지 말아야겠다고 생각했지? 하지만 비슷한 처지의 서른, 혹은 서른을 앞둔 여성들에게 충분히 그녀와 자신을 동질화할 수 있는 캐릭터로서 '홍난희'는 연결성을 획득해. 그런데 이런 그녀의 캐릭터를 공감할 수 없다는 의견도 많더구나. 이런 거지. 그녀 나이 서른, 어쨌든

반반하고 어린 남자친구－게다가 그녀를 절실히 원하고 열렬히 사랑하는!－가 있고, 어쨌든 직업도 있고, 피곤할 땐 들어가 쉴 수 있는 집도, 때마다 맛있는 반찬을 해다 주시는 어머니도 계시고, 거기다가 마음이 잘 맞는 '이성 친구'도 있는데다 얼굴도 예쁘고 몸매도 좋으니까. 공감할 수 없다는 사람들은 이렇게 얘기하지. "대체 뭐가 문제라는 거야? 그 정도면 욕심 없이 살 만하지 않아? 삼순이를 보라고 뚱뚱하고 애인은 케이크를 만드는 기술이고 남자는 자기를 갖고 놀려고 하는데. 근데 뭐, 자기가 이룬 것도 없이 서른이 되었다고? 에라!" 슬프게도 이런 의견은 소위 'TV 평론가'라는 사람들에 의해 집중적으로 제시되었고 그들의 의견은 포털 사이트를 통해 '여론'으로 포장되었지. 그래서 아직 <구투>를 접하지 못했던 잠재적 시청자들은 그 '여론'에 의해 이 작품 대신 다른 작품을 선택하거나, 아예 그 시간에 드라마를 시청하지 않기로 결정했지. 결국 <구투>는 이 작품을 안 본 사람들에 의해 키치적인 가짜 성장드라마로 포지셔닝되어버리고 말았어. 혹은 너처럼, 이걸 <옥탑방 고양이>의 모작으로 인식한 사람들도 있었고 '김삼순'에서 큰 공감을 주었던 '노처녀'라는 문제적 소재가 빈약하게 재인용되었다는 낙인이 찍혀버린 거야. 그런데 이건 좀 부당하다고 생각하지 않니? 일반 시청자들은, 그러니까 그 시간대에 이 작품을 지켜본 8.1%의 대중들은 <구투>의 최고 매력으로 '공감'을 꼽고 있어. 그 말은 <구투>와 주인공 '홍난희'의 해석에 대한 여론엔 다소 관점의 오해가 있다는 말이 아닐까? 그렇잖아. 그렇지 않다면, 1화부터 16화까지 <구투>를 지켜보고 찬사를 아끼지 않은 시청자들은 모두 감각이 비정상이라는 말이잖아.

6.

　결론부터 먼저 말할게. <구투>는 노처녀의 구질구질함을 가지고 얘기를 풀어내고 있지 않다고 한 가지 물어보자. '서른 살 여자'가 노처녀일까? 어리다곤 할 수 없지만 지금은 서른 너머 결혼하는 여자가 부지기수고, 인간으로서도 서른이라면 아직 더 성장해야 할 나이야. <구투>는 이런 '서른 살 여자'의 고민을 담고 있다고 이 작품 어디에도 '노처녀의 고민'이 등장하지 않아. 이 작품을 '노처녀 이데올로기'와 연관시키는 건, 결국 그렇게 말하는 사람의 편견을 적나라하게 드러내는 것 이상도 이하도 아니겠지. '서른'은 자신이 키워왔던 '꿈'과 명민한 생활인으로서 삶을 살아야 하는 '현실'이 간명히 교차하는 지점이야. '홍난희'는 바로 이 교차점에서, 어떤 방향으로 걸어가야 할지를 고민하는 '진짜 인간'이라고 그녀는 이렇게 말해. "컸던 스트라이크존이 작아지면서, 점점 존 밖으로 삐져나가는 공들이 보여." 너도 해봤던 고민일 거야. 꿈과 능력의 불일치. 그 교차점에서, 어떠한 나름의 선택을 했기 때문에 지금 네가 여기에 있는 것일 테고. '홍난희'의 고민은 네가 했던 고민들이 좀 더 포괄적인 인생의 영역으로 확대된 것일 뿐이야. 본질적으로 그녀가 하는 고민은 대중 전반에게도 공감을 얻을 수 있는 보편성을 갖고 있지. 모든 사람은 꿈을 꾸지만, 한편으로는 안정을 희구해. 나이를 먹을수록, 혹은 상황이 바뀔수록 자신이 골라낼 수 있는 스트라이크 존은 넓어지거나 좁아져. 그러다 어느 순간, 볼 카운트가 몰리면 치기나 골라내기 중 하나를 결정해야 할 시점이 와. 저번에 같이 야구장에 간 적이 있으니 아마 이해할 수 있을 거야. '홍난희'의 딜레마는 이런 거라고 "계속 소설가라는 꿈을 꾸어도 되는 것일까? 아니면 편집자라는 직업에 자부심을 갖고 내 커리어를 이어가야 하는 걸까. 철없지만 앞으로 달려나갈 일만 있는 이 아이와 계속 사귀어도 되는 걸까? 좀 더 준비된, 그리고 나를 이해하는 사람을 만나 안정적인 미래를 준비해야 할까.” 그녀의 고민은 뭐 하나 분절적인 것이 없어. 우리네 인생이 잉태하는 모든 씨앗의 생장처럼, 줄기와 뿌리가 서로 연결되면서 풀기 어려운 넝쿨이 되듯 그녀의 고민들도 얽히고 얽혀 자신의 ‘서른’을 ‘9회말 2아웃 상황’으로 만들고 있어. 이제 알 수 있겠니? ‘홍난희’라는 캐릭터로 무엇을 얘기하고 싶었던 것인지. 어째서 그녀가 서 있는 기로의 위태로움이 브라운관 바깥에서도 유효할 수 있는지.

7.

지금쯤, 넌 오해를 할 수도 있겠구나. 혹시나 이 작품이, ‘홍난희’의 시점에서만 얘기되는 모노드라마의 형식을 차용하고 있지는 않은지. 물론 그렇지는 않아. 그런 작품이 어떻게 지상파 주말기획으로 등장할 수 있었겠니? 주인공 난희, 그녀와 소울 메이트이자 그녀를 ‘홍양’이라 부르는 멋진 광고인 형태, 그리고 난희의 젊은 연인인 야구선수 정주. 형태의 여자 친구이자 광고회사 동료 지선, 형태의 트라우마인 클래식 기타리스트 성아. 그리고 동갑내기 친구들, 회사 동료들. 우리네 인생처럼 많은 관계들이 등장하지. 그런데 사실 <구투>에 드러나는 관계들이 모두 깔끔하게 전개되고 있지는 않아. 이를테면 형태가 말도 없이 떠난 성아 때문에 상처를 받고, 그녀가 다시 돌아와 연애를 하게 되는 과정에 대한 서사라든가, 지선을 떠나고 그 후에 재정립된 그녀와의 관계 풀이와 같은 부분은 그 인과성이 난희에 관한 이야기보다는 좀 떨어지는 편이야. 이야기의 추를 난희에게 부여하면서도, 균형감각을 위해 형태의 이야기를 무리해서 담으려고 했기 때문에 인물들을 둘러싼 관계들 사이에서 유기적 전체의 부조화가 발생해 버렸지. 때문에 형태는 드라마 초반에 비해서, 중·후반을 지나고는 관계들에 치이며 성격이 왜곡되어버리기도 했어. 별로 길지 않은 작품에서 처음에는 멘토로 등장했던 캐릭터가, 회가 거듭될수록 인간적 갈등에 매몰되고 결국 그 갈등이 난희를 중심으로 전개되는 이야기의 흡인력을 떨어뜨린 건 아쉬운 부분이야. 하지만, 그와는 별개로 이 드라마에서 등장인물들이 맺고 있는 인간관계가 공감 가능한 것인가, 혹은 소통의 문제를 잘 반영하고 있는지를 묻는다면, 난 주저 없이 그렇다고 답할 거야. 난희의 예를 다시 들게. 난희가 정주에 대해 어떤 고민을 했는지는 앞서 얘기했는데, 이번엔 그녀가 형태에 대해 느끼는 감정이야. "정말 좋은 친구, 나의 정신적 배설구. 가까이 있으면 좋지만 그러나 그와 사귀게 된다면? 그와 미래를 설계하고 결혼생활을 한다면?" 이는 뭇 청춘들이 저지르고 있는 소위 '어장관리이론'을 반영해. 가까이 두고는 싶지만 내 것으로 하기엔 망설여진다는 거야. 이는 시점을 형태로 바꿔 봐도 비슷하고 모두는 관계의 가치 혹은 기회비용을 놓고 고민하지. <구투>는 바로 그 점을 이야기 속에 가장 잘 녹여낸 작품이야.

8.

모두는 마음을 갖고 있어. 그러나 그 마음의 방향성 때문에 수반되는 '상실'을 채울 수 없을 것임을 두려워하지. 난희는 젊은 연인과 사귀며 자신의 지나간 청춘을 떠올려. 하지만 그 청춘은 결국 자신의 것이 아니야. 자기는 스쳐 보낸 청춘을 살아가는 정주의 모습은 서른의 난희에게는 그와의 관계 속에 자신도 모르게 스스로에게 모종의 상실이 발생하고 있음을 깨닫는 기제가 될 뿐이야. 정주는 극중 난희를 위해 꿈을 포기하고 결혼을 결심하는데, 난희로서는 그가 하나뿐인 청춘을 상실하면서까지 자신을 선택해주기를 바랐던 것은 아니었고 결국 둘은 손을 놓아버렸지. 형태의 경우엔 좀 더 적나라해. 성아에 의해 상실을 겪은 후, 형태에게 그 아픔을 버티게 한 힘은 다름 아닌 난희였어. 하지만 성아가 돌아오자 기존의 상실감이 채워지고 대신 난희와의 관계에서 상실이 발생해. 상실에서 오는 상처를 두려워하지 않는 사람은 없어. <구투>에서 제시하는 관계의 오고감은 결국 '상실'이 관계에 어떻게 작용하는지를 간명하게 보여주는 적극적인 레토릭인 셈이지. 정리해볼까? '서른'이라는 특정한 시공간에서 갖는 고뇌들, 그리고 생성과 상실을 거듭하며 관계의 가지치기를 수행해야 하는 데서 오는 마음 깎기. 그 둘이 단단히 엮이면서, <구투>는 비로소 간명한 핍진성을 획득하게 되었어. 이 이야기가 어떤 커다란 사회적 이슈를 담아내지 않고 사변적인 커뮤니케이션 방식으로만 일관하면서도, 그리고 전개의 균형성이 다소 무너져 있다는 결점에도 다양한 시청자 층에서 비교적 고른 수준의 공감을 이끌어냈던 데엔 그럴 만한 연유가 있었던 거야. '드라마 왕국'이라 칭해지는 MBC에서 비로소 '미래'와 '관계'의 본질을 제대로 다룬 작품을 내놓았다는 점에서, <9회말 2아웃>의 무게가 시청률이라는 저울로만 측정되는 건 참 안타까운 부분이야. 어때? 이제 이 작품을 좀 보고 싶어졌니?

9.

고마운 G야. 우리는 요즘, 진로와 미래를 고민해. 아직 졸업은 멀었지만, 어떤 목표를 설정해야 하며 또 어떤 방식과 시간배분으로 그 설정된 도달점에 다다를 수 있을까를 생각하며 매일을 보내지. 매력적이지만 각자의 기회비용을 요구하는 갈림길들. 그 분기점까지 죽 뻗은, 그러나 길지 않은 일차선 도로를 따라 우리는 걷고 있어. 지금은 손을 잡고 있지만, 각자가 선택한 길에 따라서는 결국 이 손을 놓아야 할 날이 올 수도 있겠지. 슬프지만, 성장과 진보는 어떤 형태라도 상실을 담보하지 않고선 이루어질 수 없는걸. 하지만 이것만은 기억해. 결국 난희가 선택한 형태는, 그리고 형태가 선택한 난희는 서로 어떤 상실을 감수하고라도 꼭 가져야만 했던 마음의 짝이었음을. 그래, 중요한 건, 그거라고 생각해. <9회말 2아웃>이 정말로 이야기하고 싶었던 건, 어떤 고민과 관계 속에서도 가장 소중하게 여겨야 할 것은 바로 자신의 '마음'임을. 불안한 미래와 각박한 현실 속에서도, 끝까지 지켜나가야 할 유일 선은 다름 아닌 '가슴이 시키는 소리'인 것임을. 그래서 결국 그 선택으로 스스로가 행복해져야 한다는 것을. 잊지 말자, 우리. 사랑하는 G야. 이게, 네게 정말로 하고 싶은 말이었단다. 들어줘서 정말 고맙구나. 밤이 늦었는데, 비온 뒤라 하늘이 너무 맑아서 북두칠성이 보일 정도야. 너, 나, 그리고 우리가, 그리고 우리가 가진 것들이 저들처럼 반짝이게 될 수 있기를, 멀리 있어도 연결되어 있으매 빛나는 관계 속에 행복할 수 있기를, 그리고 편안한 잠을 청할 수 있기를. 좋은 꿈 꾸어 눈 부빈 아침 이부자리가 행복하길 진심으로 바란다. 안녕.

고전을 뒤엎는 새로운 영웅의 탄생,
<쾌도 홍길동>을 말한다

김혜옥

사극을 이야기하다

사람들은 영웅을 좋아한다. 그들에게는 사람들의 마음을 움직이게 만드
는 강력한 힘과 카리스마가 있다. 강력한 군주, 뛰어난 천재, 불굴의 의지로
최고의 자리에 오른 인물 등 태초가 이 땅에 선 순간부터 지금까지 많은
영웅들이 탄생되고 있다. 우리는 그들로 하여금 역사가 찬란히 빛날 수
있음에 기뻐하고 열광한다. 그리하여 그들의 이야기는 영웅담으로 재탄생
된다. 영웅담이 세월을 초월해 인구에 널리 회자되는 이유는 이야기로서의
재미도 충분히 있지만 영웅들의 이야기를 통해서 고난과 역경을 이겨내고
마침내 이루고 마는 성취감을 공유함으로써 대리만족을 할 수 있다는
것이다.

이러한 점은 드라마가 갖추어야 할 미덕과 일맥상통한다. 그래서 드라마
와 역사는 만나고 사극이라는 장르를 만들어낸다. 사극은 역사적 사실에

기초해 만든 드라마의 한 장르로서, 오랜 세월동안 시청자들의 애정과 사랑을 듬뿍 받아온 효자 같은 콘텐츠로 자리매김해왔다. 그러나 다변화 시대에 살고 있는 시청자들의 눈높이를 맞추기 위해서 드라마의 여러 장르가 꾸준히 소재의 다양성을 확보하며 변혁을 시도하는 것처럼 사극도 장르의 고착화를 탈피하여 다양한 접근과 방법을 모색해야만 생명력이 길어질 수 있다. 사극은 역사적 사실에 기초하여 실제로 있었던 사건과 인물을 다룬다는 태생적인 근본만 가진 채 드라마를 제작, 연출하게 된다면 언젠가는 소재고갈에 따른 사극시장의 침체화가 올지도 모르는 일이다.

그러한 우려의 걱정인지 오랜 세월 동안 보수의 길을 걸어온 사극이 조금씩 변화를 꿈꾸고 있다. 바로 퓨전사극의 등장이다. 퓨전은 서로 다른 것이 합쳐 새로운 것이 된 것을 뜻한다. 기존의 사극에 현대적인 감각을 덧칠해 또 다른 예술로 승화한 것이다. 퓨전사극의 가장 큰 매력은 다소 무겁고 제한적인 소재를 다루는 정통사극에 비해 소재의 다양성, 형식과 내용이 비교적 자유로우며 주로 서민들의 삶의 애환을 다루기 때문에 누구나 쉽게 이해할 수 있고 화려한 영상과 역동적인 액션 신으로 시청자들로 하여금 눈과 귀를 즐겁게 해 엔터테인먼트로서의 역할을 충실히 한다는 것이다.

2003년 <다모>를 시작으로 사극에 퓨전사극화의 바람이 불고 있으며 그 후 <대장금>, <황진이>, <주몽>, <태왕사신기> 등 많은 사극이 변화에 동참해왔다. 그리고 2008년 1월에 시작해 3개월간 방영된 <쾌도 홍길동>은 새로운 시각과 현대적인 감각으로 퓨전사극이 가질 수 있는 만화적인 상상력과 결합해 재미있고 현실적이며 인간적인 영웅으로 그려냈다. 또한 과거와 현재를 아우르며 에피소드마다 패러디 기법을 차용하여 사회의 부조리한 면을 신랄히 풍자해 결코 가볍지만은 않는 '코믹 퓨전사극'

의 시초를 열었다.

고전을 뛰어넘는 캐릭터의 탄생, 진정으로 성장하는 캐릭터

우리가 익히 알고 있는 허균이 쓴 『홍길동전』의 홍길동은 적서 차별의 제도적 모순에 회의를 느껴 의적이 되어 사회적 비리를 고발하며 당대 서민들의 집단적 소망을 담은 이상적 사회상(율도국)을 만든 영웅이다. 그렇다면 원작과 달리 퓨전사극 <쾌도 홍길동>은 어떠한가? 드라마를 통해 그는 역사 속의 민족영웅이 아닌 인간적 결점을 지닌 캐릭터로 변모했다. 원전의 신출귀몰한 정의의 사도가 아닌 지극히 인간적인 캐릭터로 사극의 무거운 굴레를 벗어던졌다.

또한 <쾌도 홍길동>에서 길동(강지환 분)은 홍길동의 업적을 조명하기보다 보통의 인간이 끊임없이 새로운 세상의 올바른 왕을 만들기 위해 노력하는 과정을 특유의 코믹과 사회비판적인 시각을 곁들어 잘 버무린 퓨전음식 같은 드라마다. 극중 주인공인 길동은 적당히 게으르고 자신의 안위를 챙길 줄 알며 모순된 사회에서 날건달처럼 살던 사람이다. 그런 그가 민심을 읽고 세상을 똑바로 볼 줄 아는 눈을 키워가는 과정에 초점을 맞추는 것은 여타의 영웅 이야기와는 차별화된 점이다. 기존의 영웅 사극인 <주몽>, <이산>이 왕을 만드는 이야기라면 <쾌도 홍길동>은 길동이 백성들과 같이 싸우면서 자신들이 원하는 왕을 만드는 이야기, 즉 백성들의 이야기다.

가공의 인물이지만 선왕의 유일한 대군인 창휘(장근석 분)는 길동이 서자이듯 적자라는 공동의 결핍을 가지고 있다. 이미 세자의 자리에 있던 최숙빈의 소생인 형 광휘(조희봉 분)가 왕위로 등극하면서 죽음의 위기를 겪고 오로지 복수를 위해서 살아간다. 그는 선왕의 사인검에 적힌 밀지에 명분을 걸고 자신의 정통성에 따라 왕이 되고자 한다. 그러나 그런 그가 길동을 만나면서 변화한다. 백성들의 민심을 읽고 지지를 얻는 길동을 보며 진정한 왕이란 백성들을 통해 만들어진다는 깨달음을 얻은 것이다. 그래서 창휘는 왜 왕이 되느냐가 아닌 어떤 왕이 되어야 하는가에 대한 성찰의 과정을 통해 성숙한 자아로 성장하는 캐릭터다. 그리하여 두 사람은 새로운 세상을 열기 위해 손을 잡는다.

그러나 종국에 두 사람이 적이 될 수밖에 없는 근본적인 원인이 있다. 바로 허이녹(성유리 분)의 캐릭터다. 그녀는 아이처럼 해맑고 단순하면서도 옳고 그름에 대한 정의가 확실한 캐릭터. 이녹이 표면적으로 길동과 창휘의 사랑을 받고 있는 여자 주인공처럼 보이지만 그 내면에는 극의 중심을 잡는 중심 추 역할을 한다.

길동과 창휘에게는 공동의 목표, 바로 사인검의 밀지에 미쳐버린 왕으로부터 백성들을 구하는 것이다. 따라서 두 남자에게 사랑받는 이녹은 멜로 라인의 삼각관계 중심이라기보다는 두 남자가 지키고 싶은 백성을 상징한다고 볼 수 있다. 두 남자가 이녹을 지키고 사랑하는 방법이 다르듯이, 길동은 백성들의 민심 속에 들어가 그들과 함께 싸우며 세상을 살아나갈 힘을 실어주지만, 창휘는 사인검을 통해 유생(권력층)들을 모아 새 세상을 열기 위해 고군분투한다.

그래서 길동은 평등하고 함께하는 사랑, 계급이 존재하지 않는 마천산을 꿈꾸지만 창휘는 이녹에게 무언가 주려고 하고 지켜주는 사랑, 즉 둘에게는 선천성 계급이 존재한다. 따라서 창휘는 나라를 지킬 수는 있어도 백성에게 꿈(평등)을 줄 수는 없다. 이들이 추구하는 목표는 같지만 결국 꿈꾸는 세상의 모습이 다를 수밖에 없는 것이다.

모두가 평등하고 서로 존중하는 곳, 마천산을 모두가 건너가고 싶은 꿈이라고 말한다. 이녹이 친아버지와 이녹을 키워준 허 노인을 죽인 사람이 길동이의 아버지라는 장애는 표면적으로 현실에서 길동과 이녹이 함께할 수 없음을 뜻한다. 그것은 백성이 꿈꾸는 율도국, 즉 마천산은 존재 할 수 없다는 의미로 해석된다. 그러나 이녹은 죽을 수밖에 없는 것을 알고 있음에도 길동을, 모두가 평등한 세상인 마천산을 택한다. 그것은 백성들이 꿈꾸는 세상이기도 하기 때문이다.

홍길동은 살아 있다, 웃음 속의 진지한 메시지

<쾌도 홍길동>이 코믹 퓨전사극을 지향하며 매회 새롭고 신선한 웃음을 주고 있지만 그 이면에는 진지한 메시지도 담겨져 있다. 원작 고전 『홍길동전』과 달리 <쾌도 홍길동>에서 길동은 율도국은 없다고 말한다. 그는 조선의 이중적 사회구조 역시 자신이 지켜야 할 나라와 백성이라고 생각하는 창휘에게 "왕과 양반이 사라진다고 해도 다른 이름으로 지배층이 생기겠지. 지배자가 있으니 그 아래 지배당하는 천민과 노비도 다시 생길 거구. 모든 사람이 똑같은 나라라는 건 저 세상에도 없다. 하지만 이 아래 있는 사람들은 그런 꿈을 꾸고 그곳에 더 가까워지기 위해 싸우는 거야"라고 말하는데, 이처럼 모든 백성이 꿈꾸는 율도국 같은 나라에 좀 더 가까이 가기 위해 싸운다는 말은 단순한 이상향에 그치던 백성들의 꿈에 한걸음 다가가는 주체적이고 단호함이 보이는 새로운 영웅상을 제시한다. 위에서 언급했듯이 길동은 여타의 영웅들과는 다르다. 그는 고리업에 결국 딸까지 팔아넘기게 된 백성들을 동정하지 않는다. 그는 딸을 팔아넘기는 것이 가난한 탓이라고 생각하는 백성들의 약한 마음을 비난하며 그들에게 살아

갈 힘을 주고 그 옆에서 같이 싸울 뿐이다. 그럼으로써 그들 스스로 자신들의 딸을 구할 수 있는 기회, 스스로 영웅이 될 수 있다는 힘과 세상을 살아가는 혜안을 준다. 그럼으로써 그는 영원불멸하다. 그가 비록 한 줌의 재가 될지라도 그의 정신은 백성들을 통해 이어지기 때문이다. 시대가 흘러 100년, 500년이 흘러도 양반과 천민이 있듯 역사는 흐르고 또 그 시대의 강자와 약자가 생긴다. 그리고 또 시대의 홍길동은 살아갈 것이다. <쾌도 홍길동>이 말하고 싶은 것은 홍길동이란 영웅의 대단함이 아닌 지금의 나와 당신, 그리고 우리 모두 홍길동이 될 수 있고 세상을 바라보며 올바른 칼(정의와 힘)을 겨눌 줄 아는 혜안을 지니라는 것이다.

퓨전사극, 과거와 현재를 소통하다

<쾌도 홍길동>이 여타의 퓨전사극과 차별화되는 점은 드라마의 내용이 아닌 표현 양식의 방법에 있다. 그 방법의 변화는 과감하며 파격적이고 변칙적이다. 드라마의 배경은 조선시대이지만 그 면면을 이루는 각각의 요소들은 현대적인 요소로 과거와 현재를 담으며 자연스럽게 조화를 이루었다. 극의 전반에 이르는 주인공들의 현대식 말투와 영어대사는 사극의 엄숙함과 관습을 과감하게 버렸으며 길동이의 의상은 시대를 짐작할 수 없는 개량한복으로 파마머리에 소품인 선글라스까지 더해 캐릭터의 자유분방함을 표현했다. 또한 현대식 골프를 격구로 재연해 표현했으며 극적인 재미를 위해 광고와 영화 속 장면들을 패러디하며 만화적 상상력을 결합시켜 퓨전사극의 무한한 가능성을 보여주면서 현재와 과거의 끊임없는 소통의 통로를 만들어왔다.

무엇보다도 <쾌도 홍길동>에서 괄목할 만한 점은 고전의 패러디를

통해 주제의식을 보다 분명히 했다는 점이다. 그 예로 『심청전』에피소드에 저잣거리의 소문난 스타 얼굴이 패가 "이자가 정말 싸네~"라고 외치며 홍보하는 모습을 통해 톱스타들의 무분별한 대부업체 광고 출연 문제를 패러디해 우리나라의 '사채 권하는 사회'를 신랄히 비판했다. 그밖에 한미 FTA, 이라크 파병, 인수위 몰입식 영어교육, 삼성특검, 병역비리를 패러디해 웃음보다 강력한 풍자로 2008년 현재 우리 사회의 치부를 적나라하게 드러내며 작가의 사회비판적인 시각이 극에 힘을 실었다.

이렇듯 이제까지의 사극이 과거의 역사 재현에 머무르거나 연출자의 의도에 따라 약간의 색을 덧칠하던 것에서 과감히 벗어나 현재의 사회적 문제와 소통하며 퓨전사극의 무한한 가능성을 보여준 것은 놀라울 만한 재치와 용기라 말하고 싶다. 사극은 역사적 사실을 기초로 역사 왜곡 논란을 최소화하여 사회적 관점을 가미하기 힘든 장르인데도 불구하고 현 사회의 병폐를 고전의 패러디를 통해 재밌으면서도 신랄하게 풍자한 것은 역사가 현재와 소통해야 의미가 되살아난다는 것, 즉 사극이 과거의 재현에만 머물러 있지 않고 현재의 시대 흐름을 읽고 소통해야만 그것이 진정한 드라마로서 사극의 태생적 약점을 강점으로 탈바꿈하는 기회가 된다는 것을 보여주었다. 또한 <쾌도 홍길동>의 용기 있는 시도가 드라마가 사회의 현안을 끌어안는 새로운 콘텐츠 제작 풍토를 형성해 좀 더 가치 있는 드라마, 현재의 국민과 소통할 수 있는 엔터테인먼트의 역할을 하는 좋은 밑거름이 되길 바란다.

성장통을 앓고 있는 퓨전사극

그러나 보수적인 사극이 변화를 포용하면서 그에 따른 진통 또한 뒤따른다. 사극이 과거를 엿볼 수 있는 시간의 통로로 언제나 사실성에 초점을 맞추고 시대에 의해 새롭게 재조명되지만 여전히 보수적이기 때문이다. 따라서 이러한 환경에서 자생한 퓨전사극은 언제나 역사 왜곡 논란에 휩싸이게 되는 것이다.

<쾌도 홍길동>이 사극에서 다양한 표현 양식의 변화를 꾀하며 퓨전사극의 지평을 열었다는 평을 받았지만 한편으로는 과감한 변칙을 통해 사극의 근간을 흔들었다는 비난도 함께 감수해야만 했다. 그것은 사극이 사실성을 기초로 하는 만큼 다른 장르보다 몰입도가 강하기 때문이다. 우스갯소리로 종종 "허준은 전광렬이다"라는 난센스가 유행했던 것처럼 사극을 보는 이들은 그것을 통해 역사를 인식하는 경향이 있다. 따라서 지나치게 현대적 감각으로 재탄생한 <쾌도 홍길동>이 새롭고 기발한 시도임에도 불구하고 대중성을 확보하지 못하고 10% 중반대의 시청률에 머물러야 했던 것도 그 점에 대한 반증인 것이다. 그러나 <쾌도 홍길동>은 사극이라는 보수적인 장르가 변화를 꿈꿀 수 있도록 길을 터준 미래지향적 드라마인 것만은 사실이다. 그리고 무엇보다 분명히 알아야 할 점은 <쾌도 홍길동>의 노선은 역사적 고증이 아닌 원전을 살린 새로운 창작의 고전 비틀기라는 것이다. 홍정은, 홍미란(이하 홍자매) 작가의 전작 <쾌걸 춘향>에서 보듯 홍자매 작가의 고전 비틀기는 드라마의 극에 상상의 요소를 자연스럽게 녹이는 기술 중 하나다. 고전을 비튼다는 것에서 역사성을 강조하지 않고 역사를 재해석하며 새로움을 만든다는 것에 의미를 두면 어떨까 싶다.

또한 현재 드라마라는 문화에 대한 시청자들의 의식전환을 당부하고 싶다. 드라마는 허구의 이야기, 현실에서 있음직한 리얼리티를 다루는 극의 형태를 띤 이야기다. 따라서 아무리 이야기가 사실성을 가지고 있다 할지라도 드라마의 장르를 만나게 되면 드라마의 연출에 의해 색깔이 덧칠해지기

마련이다. 우리가 드라마를 보는 이유가 평범한 일상에서 강한 카타르시스와 대리만족을 얻고자 하는 것이라면 이야기의 사실성에 의미를 두지 말고 그것의 진정성에 의미를 두어야 한다. 그 이야기를 통해 제작진이 무엇을 보여주려 하는가? 그것을 되새기며 재밌고 유익하게 또한 이야기의 핵심을 통해 반성과 성찰을 한다면 그것이 드라마의 순기능일 것이다. 따라서 언제나 역사의 사실성과 줄다리기를 해야 하는 퓨전사극이 이러한 드라마의 순기능을 잘 활용하여 앞으로 나아갈 퓨전사극의 미래를 위한 성장통을 잘 극복해나가길 바란다.

끝내며

<쾌도 홍길동>은 퓨전사극으로서의 새로운 대안을 제시하며 지평을 열었고 드라마로서 재미와 작가의 사회적 메시지도 극에 잘 스며들었다. 그러나 플롯보다 캐릭터의 힘으로 극을 이끌어가다 보니 후반부로 가면서 유연하지 못하고 급격하게 치닫는 결말이 아쉬움으로 남는다. 결국 대립할 수 없는 길동과 창휘의 극명한 대립에 좀 더 동기 부여가 있었으면 결말의 완성도가 높았을 것이다. 또 코믹 퓨전사극의 장르가 역사왜곡이라는 난관에 부딪혀 대중성을 확보하지 못한 점도 앞으로 보완해야 할 것이다. 하지만 캐릭터에 대한 주연·조연들의 연기가 극에 잘 스며들어 극의 흐름을 깨지 않아 드라마가 갖추어야 할 기본에 충실했다. 가수 출신의 연기자라는 굴레에 갇혀 매번 연기력 논란에 시달렸던 성유리는 허이녹이라는 귀엽고 당돌한 캐릭터를 사랑과 운명에 고뇌하는 인간적 캐릭터로 성장하는 것을 잘 표현했으며 대군의 카리스마 있는 눈빛 연기를 통해 성인연기자 신고식을 한 장근석이란 배우를 배출한 것도 큰 수확이었다. 미니시리즈가 스타성

을 내세우며 연기력 부재에 대해 고민하지 않는 우를 범하지 않은 것에
박수를 치고 싶다. 아울러 좋은 드라마를 만들기 위해 각자의 역할에 충실한
많은 주연·조연 분들에게 진심을 담아 수고했다는 격려를 덧붙이고 싶다.
마지막으로 시청자의 한 사람으로서 바라는 점이 있다면 시청률에 의존하
지 않고 다양한 소재, 새롭고 기발한 방식을 통해 드라마의 다양한 장르를
개척하며 홍길동 같은 용기와 재치를 가진 드라마가 많이 만들어졌으면
하고 바란다.

 입선작

꼭 다시 만나요, <드라마시티>

KBS2 <드라마시티> 비평

나은지

끝났다. 국내 유일하게 남아 있던 단막극, KBS 2TV <드라마시티>가 3월 29일 토요일 밤 '돈꽃'을 끝으로 막을 내렸다. 지상파 모든 방송에서 정통 TV단막극이 사라진 것이다. 정확히 1년 전에 막을 내린 MBC <베스트극장>의 폐지와 같은 이유였다. 시청률의 부진과 어려운 제작 여건, 안타깝게도 개인적으로는 해결할 수 없는 문제였다. 서명운동으로도 통하지 않았다. "폐지하지 말아달라"는 시청자들의 의견에도 "그동안 사랑해주신 시청자 여러분께 진심으로 감사 드립니다"라는 글뿐이었다.

태어나면서부터 본방을 사수하진 못했어도, 햇수로는 24년, 만 23세 동갑내기였다. 84년 <드라마게임>을 시작으로 <드라마시티>로 이름을 바꾸고, 개편 때마다 시간대 변경, 요일 변경, 그럼에도 묵묵히 자리를 지켜왔던 친구였다. 매주 다른 모습으로 찾아와 하루는 즐겁게 해주고, 다른 하루는 고민하는 내 마음 다 이해한다며 등을 토닥거리던 친구. 언제나 반가웠던 다섯 글자, <드라마시티>. 이젠 만날 수 없다. 정말 끝이 났다.

내가 꿈꾸던 드라마, <드라마시티>

<드라마시티>가 왜 좋았는지 묻는다면 단연 '신선함'을 꼽겠다. 몇몇 작품에서 보이는 배우의 미숙한 연기력과 아직은 노련하지 않은 편집으로 낮은 완성도를 문제 삼더라도, 어디에서도 볼 수 없었던 참신한 소재와 일반 드라마에서 자주 사용하지 않는 재기 발랄한 연출은 앞의 우려를 상쇄시킬 정도로 충분히 매력적이었다. 다양한 제작자들이 마음 놓고 자기 색을 뽐내던 단편 드라마는 색다른 맛을 찾는 시청자에게 안성맞춤이었다.

사랑으로 시작된 집착, 스토커들의 사랑을 귀엽게 그린 '프리지아, 곰인형, 핫초코, 그리고…'(2005.01.16)를 본 게 3년 전이다. 뒤에서 바라보는 스토킹으로 충분했는데 이젠 마주보고 싶어진 사람. 프리지아, 곰인형, 핫초코보다 더 좋아졌는데, 이젠 그가 다른 사람을 사랑하는 것 같다. 선글라스를 끼고, 마스크를 쓰고, 귀마개를 하고, 말 그대로 벽장 안에 콕 박혀 있던 여주인공의 모습이 아직도 기억에 남는다. 그 장면을 보고는 너무 웃겨서, 푸흡~하고 물을 뿜었지만 이내 짠한 마음이 들었다. "51시간 30분 27초 만에 마스크를 벗었다. 사랑은 배고프고 목마르다"라는 그 말이 어찌나 가슴에 와 닿던지……. 웬만한 미니시리즈를 본 것보다 두근거림이 오래갔던 드라마였다.

그 두근거림은 마지막까지 이어졌다. 어느 드라마에서 정신병이 있는 사람이 주인공이 될 수 있겠는가? '실연 복수 전문가, Miss 조'(2008.03.22), 어렸을 적 부모에게서 버림받은 충격 때문일까? 애정결핍, 일명 '못 오를 나무 증후군'에 걸린 여주인공. 사랑할 수 없는 사람만 사랑하는 병에 걸린 한 여자의 이야기를 참 맛있게 그렸다. 첫 신의 기괴한 등장과 함께 나오던 영화 <아멜리에>의 배경음악, 복수라는 심각한 설정을 마사지와 눈병으로 귀엽게 풀어내는 시도, 등장인물들의 모습을 액자 틀에 담는 카메라 서비스까지……. 사랑이 많아서 곤란한 남자와 사랑이 부족해서 정신병을 앓는 여자, 아이러니하지만 그 둘은 정말 잘 어울렸다.

귀여운 사랑만이 소재가 아니었다. 일반적인 재벌 2세, 불륜, 신데렐라, 줌마렐라를 배제하고, 드라마가 만들어낼 수 있는 최대한의 공상, 과학, 명랑, 감동 스토리를 가능하게 했다. 과학이 발전하게 되어 우리가 본연의 능력까지 바꿀 수 있게 된다면, 어떤 삶을 살게 될지 진지하게 생각해본 적 있는가를 묻는 'GOD'(2007.07.07), 진실의 면모를 밝히기 위해, 살인자를 찾기 위해, 흥미진진한 취재를 집중해볼 수 있었던 그곳 '이중장부 살인사건'(2007.09.08), 한 번쯤 겪어봤을 만한 에피소드로 이미 늙어버린 아버지들의 다정다감한 아버지상을 그리는 곳 '아버지의 이름으로'(2008.01.12), 바로 <드라마시티>였다.

'어떻게 저런 사람이 있을 수 있지?'에서 '저 모습은 딱 나다'라는 말을 끌어냈던 드라마, '에이, 저런 게 어디 있어'에서 '음, 저럴 수도 있구나' 고개를 끄덕이게 한 드라마, 복잡다단한 일상을 신선하게 재가공해서 한 시간에 담은 실속 있는 드라마였다. 일정한 틀에 얽매인 식상한 트렌디 드라마(물론 내공의 차이는 있을 수 있다)와는 차원이 달랐다. 잘 만든 16부작, 24부작, 장편 대하드라마와도 다른, 어디서도 보기 힘든 매력을 한 방에 뽑고 가는 것 같다고나 할까? 1부로 끝나서 드는 아쉬움보다는 1부라서 느낄 수 있는 깔끔한 맛, 그 맛을 좋아했던 것 같다. 비록 이번 주와 다음 주는 아예 다른 작품이 방송되는 단편 구성일지라도, 다음 작품을 꿈꾸게 하는 드라마였다.

드라마가 꿈꾸는 도시, <드라마시티>

<드라마시티>는 시청자만 꿈꾸게 하지 않았다. 오히려 제작자들에게 더 많은 꿈을 주는 장르였던 것 같다. 단막극 자체가 주는 의미는 실로 대단하다. 일주일에 단 한 편, 단 한 시간이었지만, 항상 새로운 것에 도전하는 역량 있는 작가와 PD, 그리고 감초 배우가 열연할 수 있는 장이었다. 신인 제작자와 신인 연기자의 등용문으로 쓰이며 그들이 열연할 수 있게 열려 있던 장도 바로 이곳이었다.

인기가 있었던 몇몇 작품을 통해 정규 드라마의 기초를 다져온 건 말해 무엇 하랴. <드라마시티>에서 여러 차례 단편을 만들었던 김규태 PD는 연출력을 인정받아 16부작 <이 죽일 놈의 사랑>의 제작을 맡았고, '제주도 푸른밤'처럼 벼랑 끝 애절한 사랑을 잘 담아냈다는 평을 받았다. 잠깐 옆 동네 이야기를 보자. MBC <커피프린스 1호점> 이윤정 PD의 연출 경력을 따라가 보면, MBC <베스트극장>의 '태릉선수촌' 4부작이 나온다. 태릉선수촌에서 벌이는 국가대표들의 도전과 사랑이 주제였던 이 작품은 단막극의 탄탄한 구성과 짜임새 있는 전개에 미니시리즈보다 더 좋았다는 평도 있다.

잘 자란 연기자도 빼놓을 수 없다. 남상미, 한지민, 엄태웅, 이선균, 김윤석 등, 연기력을 인정받는 그들을 보면 출연작으로 <드라마시티>가 나온다. 몇몇은 MBC <베스트극장>에서도 본 얼굴이다. 내공의 전부를 단막극에서 쌓았다고는 할 수 없어도, TV카메라 앞 연기의 든든한 밑거름이었음을 부정할 수는 없을 것이다. 신인 배우만 좋은 것은 아니다. 배우의 범람으로 드라마에 설 자리가 없었던 오랜 연기자들, 연기력은 뛰어난데 아직 빛을 못 본 연기자들, 그들도 <드라마시티>에선 주인공이 될 수 있었다. TV만틀면 나오는 똑같은 사람들이 아닌 다양한 배우들의 연기를 볼 수 있었던 드라마였다.

그동안의 <드라마시티>는 제작진, 배우, 그리고 드라마 자체의 발전을 가져왔다. 폐지가 된 지금, <드라마시티>가 모든 '드라마의 시작'이라고 자신 있게 말하는 홈페이지의 영상이 신경 쓰인다. 창의성과 다양성 속에 우리 드라마의 미래와 희망이 있다던 그 다짐은 어떻게 된 걸까. 이동건, 한지혜 주연의 <낭랑 18세>를 기억하는가? 이 16부작 드라마는 이선균, 한혜진 주연의 단편 <낭랑 18세>가 없었다면 나오지 못했다. 드라마의 기초를, 그 시작을 없앤 지금, 과연 우리 드라마는 안녕한가?

저조한 시청률과 어려운 제작 여건

24년 동안 내실 있는 드라마 만들기에 많은 공헌을 했던 단막극을, 하루아침에 내릴 만큼 중요한 사안이 있었는지 궁금하다. KBS가 왜 <드라마시티>를 폐지했는가, 그에 나오는 답변은 낮은 시청률이었다. 토요일 밤 11시 35분, 5% 내외의 시청률. 낮은 수치다. 그러나 그렇다고 폐지할 만한 수치는 아니었다. <MBC스페셜>은 7% 내외로 동 시간대 시청률 1위였지만, 전반적으로 큰 차이는 아니었고, SBS 외화 <히어로즈>는 4%를 겨우 넘기면서 오히려 더 낮은 수치를 보였다. 시청률 부진으로 <드라마시티> 폐지를 정당화하기엔 타당성이 부족해 보인다. 토요일 밤에 TV를 보는 사람은 얼마나 될까? 시청률 말고, 점유율을 따져본다면 결코 폐지될 만한 백분율은 아니었을 것 같다.

폐지를 강행한 이들은 폐지에 반대하는 사람들 중에 <드라마시티>를 제대로 시청한 사람이 과연 있었는지 묻는다. 나 역시도 토요일 밤엔 노느라,

자느라, 본방 사수는 힘들었다. 어쩌다가 돌린 다른 채널이 더 재미있어 보이면, <드라마시티>는 다음으로 미룬 적도 있다. 보지도 않고 만들라고만 한다고, KBS가 속상해할지도 모르겠다. 억울해하지 않아도 된다. 다 챙겨봤다. 늦으면 홈페이지에 들어가서 봤고, 혹시 놓친 것 중에 좋다고 소문난 것은 꼭 찾아서 봤다. 나보다 더한 애청자는 많다. 지금도 시청자 게시판에 부활시켜달라고 외치는 사람들, "공영방송이 시청률 따지면서 프로그램 폐지한다"고 난리다.

KBS가 <드라마시티>를 없앴다. 단순 시청률 문제일까? 논의의 방향을 좀 달리해보자. 드라마가 신선해서, 드라마의 젖줄이라서, 단막극의 필요성을 주장한다면 순진한 생각이다. 대부분 드라마 외주 제작사들은 적자(赤字)로 적자생존(適者生存) 하게 된다. 외주 제작사에 제작비를 줘야 하는 지상파도 경영난에 허덕이는 건 마찬가지. 드라마를 제작하면 할수록 손해라는 말도 나온다. 당장의 <드라마시티> 폐지는 제작비가 많이 드는 프로그램을 못 만드는 상황의 연장선이다. MBC는 진작 <베스트극장>을 폐지하고 싼값에 CSI를 사오는데, KBS라고 시장의 논리에서 자유로울 수 있겠는가.

공영방송이기 때문에 <드라마시티>를 살려야 한다?

올 봄, 공영 방송사인 KBS가 수익성을 문제로 <드라마시티>를 폐지하고, 그 자리엔 성인용 오락 프로그램인 <신동엽, 신봉선의 샴페인>이 들어갔다. 수익성을 강화하려는 방침은 KBS 1TV의 <대왕세종>을 KBS 2TV로 옮기면서 여실히 드러났다. 대하드라마의 제작비를 충당하기 위해서, 시청률 17~18%인 인기를 앞세워 광고 수익을 올리길 기대하고 있는 것이다. 시간이 경과한 지금, 결과적으론 1TV, 2TV 주말 시청률이 동반

하락하는 모습을 보이고 있다. 광고 수익은 조금 늘었을지 몰라도, 많은 시청자를 잃었다. 자본을 따라가는 공영방송이 실망스러워서였나.

공익은 방송에 대한 이념의 잣대이자 규제 근거이다. 주파수의 희소성, 전파 자원의 공공성, 사회적 영향력, 공공서비스의 논리에 입각해서 사익보다는 공익을 우선시해야 한다. 하지만 공익의 개념은 매우 추상적이고 다원적이기 때문에 정의하기가 어렵다. 공익이 모든 사회구성원이 공유하는 공동 이익이라는 뜻만 가지고 있지 않으며, 방송이 적자를 내면서까지 사회 전체의 이익을 위해 봉사해야 한다는 것은 아니기 때문이다.

<드라마시티>가 끝났던 날, PD연합회·언론정보학회 공동주최 토론회에서 숙명여대 강형철 교수는 이렇게 말했다. KBS 2TV의 광고에 의존하는 재원 구조를 수신료 위주로 바꾸지 않는 이상, 광고로 수익을 내는 방송은 점차 공익적 프로그램을 편성할 수 있는 여지가 좁아지게 된다고 했다. 풀어 말하면 이렇다. 공영방송인 KBS가 수신료 인상을 통해 안정적인 경영이 가능할 때만이 더 많은 공적 임무를 수행할 수 있다는 것이고, 그렇지 않은 상태에서 대단한 광고주들이 기부를 하지 않는 이상 <드라마시티>는 부활하기 어렵다는 것이겠다.

그럼에도 불구하고, 다시 만나고 싶다

유명 배우와 스타 작가 그리고 위험성 낮은 탄탄한 제작진이 팀이 되어 만들다 보니, 이왕 투자할 거면 확실한 곳에만 집중하자는 대하드라마의 공식이 유행처럼 번지고 있다. 그러면서 드라마의 형태나 소재, 연출 스타일이 많이 비슷해지는 것도 그리 놀랄 일은 아닌 것 같다. 네티즌과 시청자들이 한 목소리로 다양성을 외치며 <드라마시티> 부활을 요구한들, 수익성이

창출되지 않으면 유지할 수 없다는 방송사. 국민의 방송 KBS마저 수익성을 위해 작품성 있는 방송을 폐지했다. 그래도 아쉽다. 그럼에도 불구하고, 다시 만나고 싶은 게 애청자의 마음이다.

드라마, 새로운 가능성을 보여줘

다양하고 창의적인 아이디어로 시청자들의 마음을 사로잡는 프로그램이, 곧 구매력 있는 프로그램이라는 생각은 왜 하지 못하는가. <드라마시티>의 부활 혹은 다른 단막극의 시작이 어렵다면, 실험적이고 독창적이며 저비용의 원칙을 담은 대안을 생각해보자. MBC의 <떨리는 가슴>과 같이 작가 5명, 연출자 5명의 '옴니버스' 연작 시리즈는 어떠한가? 그때는 스타 제작진이었지만, 이번엔 신인들이 뭉쳐서 옴니버스 드라마를 만드는 것이다. 모험할 만한 가치가 있는 시도다. 미국 드라마처럼 흥행에 따라 줄이고 늘릴 수 있는 시즌제는 어떠한가? 안전함을 원한다면, 흥행했던 드라마의 주인공만 따서 쓰는 스핀오프 드라마를 제작해볼 순 없나?

조만간 <베스트극장>을 다시 시작하겠다는 MBC의 공영성 강화에 뜨끔했는지, 시청자들의 끈질긴 쇄도에 마음을 돌렸는지, KBS가 올 가을 단막극의 부활을 고민 중이라고 한다. 새로 시작할 단막극이 오랜 벗 <드라마시티>든 아예 새롭게 개발된 형식이든 지상파에서 다시 단막극을 만나게 될 날이 얼마 남지 않았다. 더 멋진 모습으로 다시 돌아올 내 친구를 기대해본다.

당돌하고 발칙하다, <돌발 영상>

배민영

영상, 경계를 넘다

시민들이 세종로를 가득 메운 것이 이번이 처음은 아니다. 월드컵의 붉은 함성으로 물든 축제가 있었고, 여중생을 치어 죽이고도 태연한 주둔군을 규탄하는 촛불이 있었다. 그러나 이번에는 모든 것이 다 나왔다. 촛불도 나오고 살수차도 나오고, 쇠파이프도 나오고 전·의경들의 부모님들도 나왔다. 그런가 하면 갓난아이도 나왔다. 눈물이 나온 자리에 웃음꽃도 피웠다. 한 가지 형태로 규정할 수 없는, 시위의 모든 것을 용광로처럼 녹여버린 탈경계의 현장에 카메라들도 나왔다. 그러나 이번에는 소수의 방송사 카메라와 경찰의 채증용 카메라로 국한되었던 과거의 엘리트적 프레임과 색출을 위한 기록을 넘어섰다. 시민들 스스로 다각도에서 디지털 영상을 담고 실시간으로 인터넷에 유포했다. 때로는 기자보다 더 깊숙한 현장을 달리며 원칙을 벗어난 진압을 포착했고, 때로는 군중들의 야유를 받는 장관의 뒤통수에 서 있기도 했다. 이렇듯 탈권위를 선언한 카메라 앞에 국가 권력이 쳐놓은 경계도 조금씩 무너지고 있었다. 컨테이너 박스를 넘어가는 대신, 디지털 캠코더를 틸트업했다. 그러자 거북선에서 나와야 할 이순신 장군이 박스 아래서 올라오는 것처럼 희화화되었다. 이순신 상을 세운 독재자에게 타는 목마름으로 외치며 갈망하던 자유의 경계를 영상의 시대에 비로소 날개를 달고 넘고야 만 것이다.

만평, 날개를 달다

날개는 하루아침에 만들어진 것이 아니었다. 오른쪽 날개는 기술적 측면의 진보다. 보다 정확하고 선명하게 영상을 담아낼 수 있는 카메라를 보다 저렴한 가격으로 보급할 수 있는 세상이 온 것이다. 왼쪽 날개는 정보 공개 수준의 진보다. 인터넷, 케이블 등 신생 채널들은 기존의 신문·방송에서는 다룰 필요가 없었거나, 다루기를 꺼렸던 부분들까지 공개했다.

그러다 보니 독특한 시선들이 반영되었는데, 알고 보니 엘리트 기자들이 너무 가공을 해놓아서 어렵게만 느껴졌던 정치의 영역이 사실은 간단한 문제였던 것이다. 탈당과 복당 시기를 저울질하는 국회의원들의 눈높이에서 국민의 뜻이 어떻고 정치적 명분이 어떻고 분석을 하던 구 매체들에게 정치는 경성 메시지로 전달해야 한다는 강박증이 있었다. 그나마 그들이 최대한 허용하는 연성 메시지가 만평인데, 정치적 앙숙들의 난데없는 합당을 적과의 동침으로 그리는 식이었다. 그런데 사실 이렇게 불륜으로 비유되던 정치 풍자가 한편으로는 정치 개혁의식의 포기를 야기했다. '사람 사는 게 다 그렇다'는 식이다. 이렇듯 그들의 장광설이나 정리해주고 있자니 약이 오르고, 만화 한 컷으로 함축하자니 시원치 않은 때에 등장한 것이 바로 <YTN 돌발 만평>이었던 것이다.

일단 다 찍어, 그리고 버무려

YTN은 뉴스 전문 채널이기에 취재 부문에서는 공중파를 능가하는 전문성을 확보해왔다. 그러므로 의제 설정 기능의 기수로서 가질 수 있는 엘리트 의식이라는 함정에서도 역시 자유로울 수 없다. 그러나 다행히도, 그들은 시청자들 앞에 군림하려 하기보다는 사명감과 일종의 겸손함을 유지하려는 기조로 국민들의 등을 시원하게 긁어주려고 한다. 방송의 개념인 공중파와 점송의 개념인 인터넷 사이에 협송 매체로서 케이블이 어떤 수준의 편집과 공개를 할 수 있는가에 대한 고민과 결정이 뚜렷하게 있어왔다.

그 첫 시도는 <돌발 만평>으로, 인터넷에서 정치 풍자로 인기를 모으던 네티즌을 공식 제작자로 전격 발탁한 것이다. '마지막 2초에서 반드시 웃게 한다'는 나름의 신념은 이슈가 되는 문제에 대해 정치인이나 고위급 관료 등 책임 있는 사람들의 모순된 언행을 콜라쥬한 것이다. '다함께 차차차'에 '차떼기'를 합성한 '신 노비어천가' 등 이슈가 된 말들을 '그들의 육성'으로 모아 붙여 비꼬는 형식은 외형상 '손 안 대고 코 푸는' 것처럼 보일 수 있으나, 사실은 고도로 계산된 영상편집의 개가였다. 뉴스 전문 채널로서 확보해둔, 그러나 뉴스 시간에는 보도하지 않은 수많은 디지털 영상 풀은 그야말로 가장 맛있는 비빔밥을 만들기 위한 무한한 재료였던 것이다. 그리고 이것은 <돌발 영상>으로 본격화하면서 보다 명백한 공격 루트와 정교한 편집으로 권력을 빌려 쓰는 자들과 권력을 빌려 준 사람들의 안방에 매일 찾아오게 되었다.

무책임, 무식, 무능력, 무관심에 들이댄다

<돌발 영상>을 구성하는 꼭지들은 소재에 관계없이 나름의 공통된 주제의식을 가지고 있다. '오늘 문득'은 서로 관계없는 내용이라 하더라도 어느 한 가지 단어나 격언 등으로 묶일 수 있다는 것을 돌발적으로 제기한다. '오만과 편견', '팔은 안으로 굽는다' 등 상식적으로 통찰할 수 있는 개념이나 불문율이 정치판에서 어떻게 오·남용되는지를 굳이 어려운 설명 없이도 가능하다는 것을 보여준다.

나아가 '돌발사전'은 그들이 공식 석상에서 잘못 사용한 용어 선택의 순간을 놓치지 않는다. "오늘 한 번 사고 칠까", "전군표만 남아……" 등 무책임하거나 부적절한 언사라든지, '미필적 고의', '지니계수' 등 옹졸한 변명을 위해 사용된 전문용어가 현실적으로 괴리되었음을 통해 그들의 무식 내지는 무능력까지 비웃을 수 있는 미학이 바로 여기에 있는 것이다. '말을 말하다'는 더 깊숙이, 그야말로 '말꼬리'를 잡고 늘어진다. '이 무슨 망발', '그때가 좋았지' 등 말로 흥하고 망하는 정치인들의 속성을 여실히 보여주는데, 국민들은 이를 통해 그들의 헛된 집착을 접하게 된다. '돌발 자투리'는 무관심의 영역에도 약간 비튼 시선으로 카메라를 들이댄다. '좀 도와주십시오', '땡! 外 2편' 등은 화려한 정치판에 취해 소외된 국민들이나 지역 민심에 무관심한 모습을 여실히 담았다.

국민은 통쾌하다, 그러나 뭔가 아쉽다

그런 모습을 볼 때마다 국민은 열광하고, 또 자신의 블로그에 퍼 나르는 등 유포를 통해 공감과 소통을 이어간다. 공중파와 맞먹는 위상의 뉴스

채널이 공급한 세련된 고발은 많은 호응 속에 타 매체의 프로그램에도 적지 않은 영향을 줬다.

MBN의 <팝콘 영상>은 제목부터 아류의 냄새가 난다. 물론 좋은 취지의 프로그램이 추가된 것은 긍정적으로 평할 수 있겠으나, 아직은 평면화된 보도식 영상과 <돌발 영상>처럼 과감하게 부분 부분을 떼어내 절묘하게 붙이는 것보다는 지루하게 늘어지는 편집 방식으로 인해 큰 호응은 받지 못하고 있는 듯하다. KBS의 <단박 인터뷰> 역시 크게 봤을 때는 <돌발 영상>의 '정신'을 이어가고 있다. 이 프로그램은 <돌발 영상>이 수거해온 물품들을 재정리하고 재해석하여 '물건'을 만들어내는 순서와 달리 '먼저 들이대는' 방식을 취하고 있다. 어찌 보면 참신한 기획 이전에 공중파 '한국 방송'의 자부심이 추동하는 바가 크다. 그러나 여기서 민감한 문제를 직설적으로 물어봄으로써 인터뷰를 '당하는' 권력가의 진땀을 보는 재미는 <돌발 영상>이 슬쩍 슬쩍 흘려온 말실수한 사람들의 진땀과 본질적으로 같다. 국민은 깔깔대며 그 순간의 카타르시스를 즐긴다. 그런데 뭔가 아쉽다. 왜, 두 프로그램은 그렇게 깊숙이 권력가들의 코앞에 카메라를 들이대고도 때로는 만평이 그랬던 것처럼 식상하게 느껴지는 것일까. 어느덧 시민들은 비슷한 포맷과 어느 정도 수준에서의 비판에 물들어버렸다. 혹은 그 비판 수준을 더 넘어서고 싶어진 것인지도 모른다. 그래서 아예 직접 자신의 캠코더를 들고, 촛불을 들고 컨테이너를 마주하여 거리에서 밤을 새우는지도 모를 일이다.

"그을리되 태우지는 말자"

미국의 뼈 있는 쇠고기가 국민들을 거리로 내몬 판국에 조금은 '부적절할 수도 있는 말'을 하려 한다. 미국의 '뼈 있는 농담'을 일부 수입하자는 얘긴데, 화부터 내지 말고 들어주길 바란다. 그리드아이언 클럽(Gridiron Club)은 동명의 협회 회원들이 1년에 한 번씩 당대의 주목받는 인사들을 초청해 만찬과 연극 등을 즐기며 정치적 농담을 나누는 행사다. 이 행사는 다소 비밀스럽고 엘리트적인 느낌을 주지만, 사실은 정치 당사자들이 공적으로 풍자를 나눔으로써 국민들에게 다가가는 장이기도 하다.

이를 위해 평소 더욱 교양 있는 언행을 해야 한다는 문화가 조성되어 있으며, 당파와 이념을 초월해 모인 이들은 서로의 영역을 존중하는 한편 그들의 고충을 이해하고 있음을 전제한다. 그 때문에 "내가 요즘 방송을 많이 타서 패리스 힐튼은 은둔자처럼 비쳐진다"는 오바마의 능글맞은 농담이나, 사냥 논란으로 자신의 인기까지 떨어뜨린 부통령 체니에게 "도대체 이번에 누굴 쏜 거요?"라며 꾹 참고 있던 마음을 쏟아낸 부시에게 그날만큼은 '건방지다'라든지 '비열하다'라는 등의 비난을 하기가 민망하다. 오히려 정치인도 인간이고, 꼭 더러운 거짓말과 꽉 막힌 이야기만 하는 사람들은 아니라는 것을 보여준다. 그리고 시민들에게도 다소 공격적인 농담이 세련되게 다듬어졌을 경우 소통에 도움이 된다는 것을 보여주며 문화적 자부심으로 자리 잡게 한다. '그을리되 태우지는 말자(Singe, but never burn)'는 이 클럽의 캐치프레이즈이자, 인간과 정치에 대한 미국 시민의 기본자세이기도 하다.

가슴을 뻥 뚫어준 <돌발 영상>이 조금씩 가슴을 답답하게 하는 요즘 나는 묻고 싶다. 탐관오리가 활개 칠 때는 앞에서 굽실거리고, 발가벗겨졌을 때야 군중 속에서 박수치고 웃고 있는 '배비장전'의 메커니즘을 별 다른 수정 없이 이어받지는 않았는가 하고 말이다. 굴욕과 보복으로 때로는 '깃털'이기에 '몸통' 대신 얻어맞으러 나온 '인간 공무원'에게 온 화살을 쏜 적은 없는지, 오히려 정치적으로 자신을 알리기 위해 <돌발 영상>에서 다룰 만한 상스러운 말을 내뱉는 정치인들의 '기습 번트'에 눈 뜨고 당한 것은 아닌지 생각해 볼 일이다.

그리고 그렇다면, 지금까지 당돌하고 발칙하게 카메라가 끄집어내지 못할 것이 없다는 것을 보여준 우리의 <돌발 영상>에서 신선한 제안과 칭찬도 해보는 것이 어떨까.

집 나간 솔루션을 찾습니다
해결사 프로그램에 대하여

봉강욱

1. TV와 할머니

동생이 울면서 들어왔다. 흙먼지 자욱한 티셔츠 위로 열 살배기 동생의 닭똥 같은 눈물이 분분히 낙화한다. 물어보나마나 아랫동네 쌀집 3형제의 소행이다. 또래보다 큰 체격을 가진 녀석들은 우르르 몰려다니며 윗동네 꼬마들을 괴롭히곤 했다.

복수를 위해 녀석들의 집으로 향한다. 대문을 세차게 걷어차며 포효하기를 두서너 번. 산만 한 덩치들이 어슬렁거리며 나온다. 수적 열세인 관계로 일단 후퇴. 성난 녀석들이 가만히 있을 리 없다. 이제는 우리 집 대문이 부서질 차례다. 이때 혜성처럼 나타난 구원자가 있으니 바로 우리 '할머니'다. 나무 지팡이 휘젓기 신공만으로 사태를 정리하셨으니 실로 대단한 내공이시로다.

소위 '솔루션 프로그램'이라 불리는 방송 프로그램을 보다가 문득 어릴 때 추억이 떠올랐다. 한쪽 구석에서 신음하는 사회적 약자들을 찾아가 친절하게 문제를 해결해주는 모습이 꼭 돌아가신 우리 할머니 같았기 때문이다. 이런 프로그램을 보고 있노라면 얼마나 속이 시원해지는지 모른다. 그러면서 동시에 미안한 마음도 든다. 소외된 이웃을 애써 모른 체하며 내 밥그릇만 챙겨온 옹졸함이 얼마나 부끄럽던지…….

솔루션 프로그램, 방송이라는 공적(公的)인 매체가 개인의 문제를 다루는 이른바 '해결사 프로그램'이다. 우리네 삶 전반을 소재로 한 솔루션 프로그램이 전성기를 맞고 있는 지금, 그런 미안함 때문에라도 우리나라 TV솔루션 프로그램의 발자취를 기록해보려 한다.

2. TV솔루션의 뒤안길

딱딱한 소재여, 안녕

내 생각에 우리나라 솔루션 프로그램의 효시는 MBC <일요일일요일밤에>의 한 꼭지였던 '러브하우스'다. 아무 대가 없이 가난한 사람들의 집을 고쳐주는 이 프로그램은 오랫동안 인기를 누렸다. 이 프로그램이 갖는 가장 큰 의미는 오락 프로그램도 얼마든지 공익적이고 건전할 수 있다는 것, 딱딱한 시사성 주제도 재미있게 그려낼 수 있다는 것을 온몸으로 증명한 점이다. 이후 주말 버라이어티쇼에서 연예인들이 솔루션을 위해 뛰는 모습을 심심치 않게 볼 수 있게 되었다.

아예 기획의도 전체를 솔루션으로 설정한 작품도 있었다. MBC의 <느낌표>는 '아시아아시아', '눈을 떠요' 같은 꼭지들로 외국인노동자, 시각장애인과 같은 소수자들에게 실질적이고 직접적인 도움을 주었다. 비슷한 시기에 KBS 2TV에서도 해외입양아의 부모를 찾아주는 '지금 만나러 갑니다'

같은 꼭지를 주말 버라이어티쇼에 편입하여 그야말로 솔루션 프로그램의 전성시대가 열렸다.

5년 넘게 방영되고 있는 SBS <세상에서 가장 아름다운 여행>은 난치성 희귀질병으로 고통받는 이들에게 희망을 주는 프로그램이다. 이 작품은 전문가로 구성된 솔루션자문단을 꾸려 출연자에게 좀 더 정밀한 솔루션을 제공하는 것이 특징이다. 최근 솔루션 프로그램에서 '솔루션위원회'가 빈번히 등장하는데 바로 이 작품을 벤치마킹한 듯하다.

가난, 장애와 같은 소재는 사회·구조적인 모순과도 연관성을 갖기 때문에 문제의 책임을 개인 탓으로만 돌리기 어려울 때가 많다. 그래서 시청자는 방송카메라가 사적인 공간을 휘저으며 인권 침해 논란을 일으켜도 당면한 문제 해결이라는 기본 취지에는 공감하게 된다. SBS <긴급출동 SOS 24>는 이런 논리를 십분 활용한 프로그램이다. 제목 그대로 긴급구조가 절박한 사람들을 도와줌으로써 오랫동안 시청자들의 사랑을 받아왔다.

SBS <우리 아이가 달라졌어요>는 그간의 TV가 다뤄온 공교육에서 한 발 더 나아가 '가정교육'을 솔루션 소재로 삼으며 큰 관심을 끌었다. 떼쓰는 아이, 욕하는 아이, 폭력적인 아이 등이 전문가의 도움을 받아 본래의 자리로 되돌아오는 과정을 그려낸다. 시청자는 그 여정을 바라보며 TV시청의 재미에 더해 육아에 관한 정보까지 얻을 수 있다.

솔루션이 진화한다

기존의 정통 시사 프로그램이 거시적이고 구조적인 악(惡)을 주로 다루는데 반해 솔루션 프로그램은 미시적이고 개인적인 문제까지도 소재로 삼는다. 돈 문제는 무척이나 사적이고 민감한 사안이다. 그런데 이제 방송카메라가 가게 장부나 가계부까지 아무 거리낌 없이 들춰내는 수준에 이르렀다.

SBS <해결! 돈이 보인다>는 대박과 쪽박이라는 새로운 유행어를 탄생시키며 한때 열풍을 일으켰다. 전설적인 노하우로 무장한 대박집 사장이 망하기 직전인 쪽박집의 부활을 돕는데, 실제로 많은 쪽박집이 대박집으로 발전하면서 관심을 모았다.

SBS <체인지업 가계부>는 재정전문가들이 무절제한 소비생활을 하는 주인공을 알뜰한 살림꾼으로 거듭나게 하는 프로그램이다. 짜임새 있는 소비에서 노후를 준비하는 방법까지 폭넓은 컨설팅을 해주면서 시청자들에게 자연스럽게 재테크 정보를 제공하려 했지만, 흥미위주의 구성과 변변치 못한 솔루션 제공으로 6개월 만에 종영되고 말았다.

지나치게 가볍고 오락적인 솔루션에 대한 비판이 급증하면서 최근엔 색다른 솔루션 바람이 불고 있다. 기존 고발프로그램의 포맷에 시청자 친화적인 소재와 부드럽고 재밌는 진행이 더해지면서 한 차원 진화가 일어났다.

그 대표적인 예가 MBC <불만제로>와 KBS <이영돈 PD의 소비자고발>이다. 이 두 프로그램은 시청자의 다채로운 삶의 모습 중에서도 소비적 존재로서의 면모에만 초점을 맞췄다. 프로그램의 소재가 일상생활에 밀착되어 있다 보니 시청자와 한층 더 가까워진다. 그래서 시청자가 부담 없이 자신의 사연을 제보하고, 방송이 나간 후에도 지속적으로 모니터하는 등 방송이 제시한 솔루션 이상의 효과가 발생할 수 있었던 것 같다. 특정한 개인의 문제가 아닌 우리 누구나 마주칠 수 있는 소소한 문제들을 현장 고발하고 이에 대한 해결책을 제시함으로써 예전의 솔루션 프로그램들보다 더욱 깊은 공감을 이끌어내고 있는 것이다.

3. 가출한 솔루션을 찾습니다

솔루션아, 어디 갔니?

언젠가부터는 솔루션 프로그램을 보다가 고맙기는커녕 짜증이 날 때도 있다. 무슨 일이 생긴 걸까? 문제를 해결한답시고 내놓는 솔루션이 오히려 더 문제일 때가 있다는 생각이다. 솔루션 프로그램에 빠지지 않고 등장하는 해결책이 '해병대'와 '냉수마찰'이다. SBS <우리아이가 달라졌어요>와 KBS <해피선데이>의 한 꼭지인 '품행제로'는 서로 짜기라도 한 듯 주인공들을 해병대 캠프로 보냈다. 아이들의 폭력성을 잠재운다는 구실로 또 다른 폭력을 구사하는 게 교육적인 처방일까?

솔루션의 주인공이 어른인 경우에도 별반 다르지 않다. <러브하우스>나 <해결! 돈이 보인다> 같은 작품에서는 가난하기 때문에 혹은 쪽박집이기 때문에 고쳐야 할 정신 교육의 일환으로 한겨울의 냉수마찰이 빈번하게 등장한다. 이런 자극적인 화면으로 일시적인 시선을 끄는 것 말고 무엇을 얻을 수 있을까? 앞서 말했듯이 가난은 결코 개인만의 책임이 아니다.

남발되는 '솔루션위원회'도 문제다. 생업에 바쁜 전문가를 몇 번 모은다고 문제가 해결되진 않는다. 전문가들이 주인공의 상황을 정확히 분석하고 오랜 토론과 협력을 거쳐 적확한 처방을 내릴 때만 솔루션위원회가 의미를 갖는다. 토의하는 장면만 몇 커트 보여주고 건성으로 끝낼 일이 아니라는 말이다. 상황이 이렇다 보니 주인공을 바라보는 시선이 위에서 아래로 기울어질 수밖에 없다. "문제 있는 너를 도와줄 테니 잠자코 있어라"라는 거만하고 강압적인 시선이 시청자에게까지 전염된다.

실제로 <해결! 돈이 보인다>는 이런 비뚤어진 시선을 극복하지 못하고 문을 닫았다. 쪽박집은 대박집 사장이 무엇을 시키더라도 무조건 받아들여야만 한다. 명령 거부는 쪽박집의 몰염치처럼 묘사된다. 볼 만한 화면을 만들기 위해 명동 한복판에서 "나는 할 수 있다"라고 고성을 지르며 생뚱맞은 관심을 끌어야만 했던 쪽박집 사장은 방송 출연을 후회하는 눈물까지 흘렸다고 훗날 고백했다. 그러나 당시 방송을 본 시청자는 그것이 감사의 눈물인지 수치스러움의 눈물인지, 알지도 기억하지도 못한다.

모 아니면 도?

선과 악의 대결 구도는 예나 지금이나 인기다. 그런데 픽션이 아닌, 차라리 다큐멘터리에 가까운 솔루션 프로그램에서 극단적인 이분법 공식에 집착한다면 정말 큰 문제다.

<긴급출동 SOS 24>는 언젠가부터 솔루션을 명분으로 선과 악을 나누는 데 집착하는 듯하다. '아들의 벽' 편이 나간 후 제작진은 시청자들의 거센 항의를 받았다. 방송은 못된 둘째 아들이 부모를 괴롭혀 결국 부모가 노숙자 신세로 전락했다고 묘사했지만, 둘째 아들의 속사정을 알게 된 일부 시청자들은 방송에서 둘째 아들을 너무 일방적으로 몰아붙였다고 느낀 것이다. 차별 대우를 받으며 자랐지만 오랫동안 부모를 모셔온 둘째 아들이 오히려 피해자라고 보는 사람도 있었다. 이런 상황에서는 그 누구도 가해자와 피해자를 명확히 구분하기 어렵다. 그런데 방송은 무 자르듯이 그 경계를 그으려다 그만 진실을 놓쳐버리고 말았다. 제작진은 끝까지 자신들의 판단이 옳았다고 주장했지만 출연자의 동의 없이 몰래카메라와 비밀 녹음을 통해 취재하고 임의대로 편집, 방송한 사실이 결국 드러났다. 이와 같이 솔루션이 실패할 경우 산산이 부서져버린 그 가족은 누가 어떻게 책임질 것인가? 그리고 아무리 솔루션이 목적이었다고 해도 촬영 과정에서 이뤄진 불법은 지탄받아 마땅하다.

최근엔 KBS <이영돈 PD의 소비자고발>이 고발 대상이었던 황토제품 업체로부터 수십억 원의 손해배상 청구 소송을 당하는 일까지 있었다. 진실은 대법원까지 가봐야 알겠지만, '진실을 떠나 좀 더 신중하게 제작한 후 방영했어야 하지 않았나'라는 생각이 든다. 매번 100%의 확신을 가지고 제작에 임할 수는 없겠지만, 만약 오보일 경우 단 한 번의 방송으로 졸지에 길거리로 나앉게 된 해당 업체의 직원들은 어떻게 할 것인가? 진정한 솔루션을 제공하고 싶다면, 제작진은 편의적인 이분법이 아닌 철저한 조사와 다각적 검토를 제작의 금과옥조로 삼아야 할 것이다.

끝까지 책임져줘

그 많던 솔루션 프로그램들은 어디로 갔을까? 불현듯 등장했다가 반짝하고 없어지는 솔루션 프로그램들을 수없이 봐오면서 걱정스러운 마음이 들었다. <러브하우스>를 보며 따뜻한 보금자리를 꿈꿨을 사람들에게는 프로그램의 종방이 얼마나 큰 실망이었을까. <해결! 돈이 보인다>를 보면서 대박집의 소원을 빌었던 사람들은 <느낌표>를 보면서 희망을 얻어온 이주노동자와 시각장애인들은 또 얼마나 섭섭했을까.

요즘 방영되는 솔루션 프로그램은 하나같이 '지속적인 사후 관리'를 강조한다. 이는 그간의 솔루션 프로그램들이 그만큼 지속적이지 못했다는 말이다. 주로 오락 장르에 편성된 탓도 있겠지만 무엇보다 시청률에 급급했기 때문이다. '일단 내보내고 아니면 말지' 식의 자세는 책임감이 결여된 태도이며 시청자에 대한 예의도 아니다. 금세 포기할 거면 아예 시작도 하지 말라는 충고를 하고 싶다.

내 생각에 시청률에 연연하지 않고 묵묵히 본연의 임무를 다해온 작품은 SBS <세상에서 가장 아름다운 여행>이다. 방송하는 동안 ARS모금을 진행하여 출연자뿐만 아니라 다른 장애우들에게도 도움을 줌으로써 소수에 치중된 솔루션 프로그램의 한계를 뛰어넘으려 한 점, 밤늦은 시간에 편성되어 시청률도 변변치 않지만 5년 넘게 꾸준히 방영되어온 점 등을 두 손 들어 칭찬해주고 싶다.

4. TV의 씨오쟁이

뉴미디어의 출현으로 TV의 영향력이 약해지고 있다지만 아직도 TV는 우리네 삶에 지대한 영향을 미치고 있다. 어떤 사실을 두고 말싸움을 하다가 종지부를 찍는 방법 중 가장 많이 쓰이는 게 "그거 TV에서 봤거든!"이 아니던가. "인터넷에서 검색해봐"보다 높은 신뢰도를 자랑하는 이 멘트는 앞으로도 유효할 것 같다.

영향력이 큰 만큼, 국민의 전파를 사용하는 TV는 공익성과 공공성을 견지해야 한다. 그것은 농부의 씨오쟁이와도 같다. 진정한 농부는 굶어 죽을지라도 내년 농사를 위해 남겨둔 종자씨는 먹지 않는다고 한다. 중국의 5경(經) 중 하나인 주역에 나오는 '석과불식(碩果不食)'도 비슷한 뜻이다. 36괘 중 가장 어려운 상황을 담은 박괘에 나오는 이 말은 '씨앗은 먹지도, 먹히지도 않는다'는 말이다. 씨앗이 있어야 비로소 절망 속에서도 희망을 꿈꿀 수 있기 때문이다.

솔루션 프로그램의 목적은 아이러니하게도 더 이상 해결할 소재가 없어져서 끝을 맺는 것이다. 그날까지 TV솔루션은 계속되어야 한다. 단, 여기서 절대 잊지 말아야 할 것이 있다. 공익성과 공공성이라는 TV의 씨오쟁이를 프로그램 속에 오롯이 간직하는 것 말이다. 재미와 의미를 두루 갖춘 솔루션 프로그램이 많이 나왔으면 좋겠다.

입선작

이슈 추적자에서 사람의 관찰자로 거듭나다
\<단박 인터뷰\>의 세상 읽기

서동진

인터뷰는 끈이다

그 끈의 양쪽은 인터뷰를 하는 사람과 인터뷰를 당하는 사람이 나누어 갖는다. 끈이란 물리적으로 두 편을 이어주는 역할을 하지만 때로는 그 인장력(引張力)에 따라 팽팽한 활시위와 느즈러진 옷고름을 넘나들기도 한다. 그 조임과 풀어짐이 오롯이 인터뷰어의 몫이라고는 보기는 어렵다. 인터뷰어가 아무리 수완을 발휘하더라도 선택된 건너편의 상대가 인터뷰에 어떻게 답할 것인가가 또 하나의 관건이기 때문이다.

2007년 5월1일, KBS의 새로운 인터뷰 전문 프로그램은 그렇게 시작되었다. 그것도 속 시원한 이름, \<단박 인터뷰\>란 이름으로.

'단박'이란 말 그대로 즉시, 직접적으로, 솔직하게라는 의미를 지닌다. 빠르게 다가가서 그 속내를 앉은 자리에서 후련하게 보여주겠다는 것이다.

\<단박 인터뷰\>의 홈페이지에 들르면 이 프로그램의 성격을 규정짓는

서너 개의 키워드가 있다. 이제 이들의 키워드를 나름대로 바꾸어가면서 <단박 인터뷰>의 지난 한 해를 되짚어보려 한다.

뜨거운 이슈-미지근한 인선(人選)

한 줄로 요약하자면 <단박 인터뷰>의 모토는 '이슈 추적자'다. 방송 초기에 속도 모르는 나는 그것이 다채로운 사회 각 분야에 두루 통용되는 이슈인 줄 알았다. 그러나 제작진은 그 이슈의 진원이 '정치'에서 비롯된다고 믿은 것 같다. 모든 분야의 원만한 안배를 짐작했던 처음의 생각은 보기 좋게 어긋났다. 다음은 방영 첫 회부터 금년 4월 말까지 정확히 1년간에 걸친 이 프로그램의 분야별 인터뷰 대상자 분류다.

	정치	문화	스포츠	사회	경제
숫자	80	27	10	12	7
비중	58.8%	19.9%	7.4%	8.8%	5.1%

주: 총 137회 중 특집 1회를 제외한 136회 기준. 정치에는 정부 인사 포함.

<단박 인터뷰>의 이슈 선점이 대체로 깔끔하고 입맛 당기는 것이었음은 칭찬할 만한 점이다. 텔레비전의 어느 프로그램에서도 다루기 어려웠던 다양한 스펙트럼을 겨냥했던 의욕은 아직까지도 유효하다. 2007년 10월의 소말리아 피랍선원 석방 위원회와의 대화는 중간자적인 입장에서의 인터뷰 프로그램이 어떻게 기능할 수 있는가를 대표적으로 예증한다. 언론의 집중적 조명을 받았던 아프가니스탄과 소말리아의 대비 효과가 두드러지면서 더욱 효과적이었던 터다. 그렇다면 그 이슈는 분야별로 어떻게 나뉘어졌을까? 결과가 썩 만족스럽지는 않다.

프로그램의 테이프 커팅 격인 첫 인터뷰는 말도 많고 탈도 많았던 어느 전임 대통령의 아들에게 돌아갔다. 그 이후 이름 있는 혹은 한 자리씩 차지한 정치인들의 면면이 카메라 앞에 서는 데 일 년간의 비중은 58.8%에 달한다. 당시가 대선을 앞둔 일종의 정치적 개화기였다는 점을 감안하더라도 이는 지나치다. 지나친 것이 아니라면 이것은 프로그램의 출발에 앞서 약속된 기획 의도의 하나였을 것이다.

섭외 기준을 묻는 질문에 인터뷰어 김영선 PD는 이렇게 답했다. "그 주에 가장 보고 싶은 인물을 골라냅니다."[5] 주 3회씩 편성되는 <단박 인터뷰>에서 '보고 싶은' 정치인들은 그 당시 봇물을 이루어 여야를 가릴 것 없이 등장했는데, 특이한 점은 중복되는 인사들이 여럿 나타났다는 사실이다. 이회창, 이재오, 추미애, 심상정, 안상수, 홍준표, 문국현, 박상천 같은 인물들이 그 대표다.

물론 이들이 각기 처한 정치적 지점과 시점이 달랐음은 쉽게 인정할 수 있다. 그럼에도 또한 이들의 응답하는 방식이나 거기에 담긴 내용이 어슷비슷했음은 부인하기 어려울 것이다. 특히 정치적인 인물들의 레토릭과 가늠할 수 없는 발언의 진위는 서로 맞물리면서 간간이 파장을 만들어냈다. 이 부분은 인터뷰어 스스로의 고백에서도 묻어난다.[6] 그가 가장 답답했다고 꼽는 한 정치인과의 만남에서 있었던 대목이다.

문) 봄이 찾아왔습니까? 시베리아에?
답) 시베리아에 봄이 찾아와요? 시베리아에 봄이 찾아왔다? 시베리아는

---

5) 서울신문 나우뉴스 TV 인터뷰(2007년).
6) 같은 글.

시베리아죠. 시베리아에도 다 봄이 찾아오고 그러겠죠. 그렇지만 시베리아
가 추운 겨울에도 우리 어렸을 때 잘 놀러 다니잖아요.

당을 옮긴 정치인의 입지를 빗댄 질문은 선문답의 형식을 빌린 것이지만,
당내의 입지가 불완전한 정치인의 답변은 다만 변죽을 울린다. 이런 종류의
주고받음은 이미 한차례 유행을 불러온 '돌발 영상'류의 가벼운 영상 취재
에서 익숙해진 것들이다.

　문) 이제 슬슬 기존 세력하고 어떻게 관계를 해나가실 것인지 밝히실
때가 되지 않았나요? 선거를 치르시려면 정당이 필요할 것이고 지지 기반이
필요한데.
　답) 그것은 정당이 될 수도 있고, 정치세력의 연합이 될 수도 있고, 정치세
력화하는 이런 것도 될 수가 있고…….

질문자는 선문답을 통해 행간의 진실을 끄집어내려 했지만, 답변자는
필사적으로 행간의 옷자락을 감추어 여민다. 정치인이 갖는 자기방어의
덕목이었을까. 그 정치의 백가쟁명은 2008년 3월 19일 총선을 겨냥한
일련의 특선 프로그램에서 절정에 달했다. 의원 입후보자들의 동정을 살피
기에 기존의 프로그램들이 역부족이었다는 판단 때문이었는지 <단박 인터
뷰>는 전국을 누비며 총선의 기치를 세웠다.
정치를 벗어나 다른 분야에서의 초대 손님 인선은 어떠했을까?
이를테면 음악의 경우 미술이나 연극, 무용 등에 비하여 견줄 바 없이
환대를 받았다. 그러나 숫자적인 배려에도 불구하고 골라 든 카드들은
안전성 위주의 선택이었다. 조수미, 장한나, 장영주, 정명훈, 임동혁 이후에

라도 백건우, 신영옥, 금난새 등을 피하고 싶다는 생각이 드는 것은 인터뷰의 중핵을 이루는 이들의 소소한 개인사가 이미 다른 미디어를 통해 웬만큼 낯익은 것이기 때문이다. 프로그램의 속성상 예술가들의 만남에서 비평적인 질문을 던지기는 어려울 것이다. 그렇다면 애초에 그들을 선정하는 과정에서 새로운 시각을 가질 필요도 고민해야 한다. 역설적으로 이들보다 훨씬 매력적인 결과물이 김민기와 김장훈으로부터 나왔음이 이채롭다.

과학과 광범위한 일차 산업 쪽이 관심 없음으로 드러난 것도 의외롭다. 건축가나 의사나 화학자나 수의사나 농부나 조류 연구가나 해양학자나 어부나 심마니는 오늘의 대한민국에서 뉴스의 변경에 서 있음을 이제 깨닫는다.

속 시원한 인터뷰 - 속 답답한 동문서답

미리 밝히자면 인터뷰어 김영선 PD는 그 자리에 꼭 맞는 인물이다. 일부 시청자들로부터 간간이 딱딱해 보인다는 지적을 받기도 했던 그는 기실 여느 MC들과 차별화되는 덕목을 지니고 있다. 여성성에 기대지 않는 의연함, 안정된 화술을 통한 접근, 화면을 흩뜨리지 않는 튀지 않는 외모에 이르기까지 두루 모날 것 없는 안정형 인터뷰어인 셈이다. 장르를 가리지 않고 만나야 하는 대상자들을 잘 어르고 때론 재촉하는 순발력은 10여 년에 걸친 교양 프로듀서로서의 내공 덕택일 것이다.

그러한 김영선 PD도 성공과는 거리가 먼 인터뷰를 남길 때가 종종 있다. 왜 그럴까. 스스로의 입을 빌리면 그것은 섭외에서 결정에 이르는 과정의 초단기적 의사결정에 기인함을 엿볼 수 있다. 뉴스의 시차와 해당 인물의 선정과 수락에 이르는 시차를 고려한다면 얻어내고자 하는 질문의 소산들이 때때로 상식적인 것이거나 신문의 행간에서 읽어낼 수 있는 도식적인 것에 머무르는 것을 이해 못할 바는 아니다. 그런 경우 푹 곰삭은 질문을 준비할 수 없다는 점은 뉴스의 중심인물을 찾으려 하는 소위 '시사 인터뷰'의 불가항력적인 한계일지도 모른다. 그것은 뼈아픈 체험일 터다.

<단박 인터뷰>가 속 시원하고도 속 깊은 인터뷰들로만 점철되게 할 방도는 없을까? 의외로 단순한 처방으로 가능할지 모른다.

그 첫 번째 단서는 인터뷰 대상자들을 고를 때 정치인들을 대거 덜어내는 일에 있다. 정치적인 사건과 쟁점이란 것은 늘 시간에 쫓기듯 나타나기 마련이고, 그 중심인물들 또한 예측불허의 시간적 틀에 갇혀 있기가 일쑤다. 시간을 놓친다는 것은 결국 그런 인터뷰의 존재 가치 자체를 와해시키는 일이 된다. 뿐만 아니라 진행자들에게도 커다란 부하로 작용하기가 쉽다. 반면에 문화, 사회, 스포츠 등 다른 분야의 인물들은 시간적인 압박감에서 상대적으로 자유로운 편이다. 작가로부터 연출가에 이르기까지 준비하는 인력들의 아이디어와 이해의 깊이와 너비가 만족스러울 정도로 확대되는 것이다. 정치의 과잉에서 벗어나 더 많은 탈정치적 화제의 인물들이 카메라 앞에 설 계기가 될 것이다.

정치의 범람이 <단박 인터뷰>를 스스로 가두고 있었음은 이를테면 그동안 교육과 관련된 인사가 몇몇 교수를 제외하곤 1년 동안 단 한 번도 인터뷰의 대상이 되지 못했다는 데서 일목요연하게 드러난다. 한 해 사교육비 20조 원에 이르는 대한민국이다. 이상스럽지 않은가? 교육의 이슈가 단박 떠오르지 않는다고? 만일 기획자가 그런 변명을 한다면 그것 자체가 정치 외적인 화제와 그 인물들이 모두 정치적 연산으로 걸러지고 있음을 반증하는 셈이 된다. 간략한 예를 들자. 교육 이슈의 인물로 서울시 교육감 혹은 사학법 개정 관련 단체의 관계자 등을 우선 떠올린다면 그 시야는 정치적 잣대로 제한된 것이다. 반면 느티나무 도서관의 설립자를 인터뷰한 다면 그 발상은 속전속결의 이해타산과는 거리가 먼, 새로운 지평이 되는 것이다. 우리나라 민간 어린이 도서관이 어떻게 움트게 되었나를 엿보는 것은 굳이 아침 주부 프로그램에서 다룰 영역이 아니기 때문이다. 캐낼수록 값어치 있는 소재는 넝쿨째 드러난다. <단박 인터뷰>가 단박에 집어 들어야 할 교육 이슈의 하나가 여기에 있다.

프로그램 성장을 위한 두 번째 단서는 제작 인력의 재배치를 통한 다소 기술적이며 내부적인 이슈를 다루는 것이다. 요컨대 두 개의 팀으로 나누어 프로그램을 제작하는 방식이다. 시청자의 비평과 제안의 항목에서 다루기 에는 버거운 것이므로 의견을 참조하기만을 권한다. 이 방식은 위와 마찬가 지로 인터뷰의 질과 양을 고루 확충시킬 수 있을 것이며 방법론에 따라 인터뷰어의 이원화를 통해 각자의 전문적 영역을 구축하는 계기도 될 것이다.

잘 알려진 미국 CBS의 <60 Minutes>는 레슬리 스탈(Lesley Stahl)이나 스콧 펠리(Scott Pelley)와 같은 노련한 남녀 진행자들로 독립적인 인터뷰를 맡기고 있다. 물론 이 프로그램의 성격은 인터뷰와 탐사 보도를 결합시킨 혼합형이고 <단박 인터뷰>와는 그 궤(軌)가 다르다. 때로는 이슈 인물의 단일 인터뷰 대신 주변 인물들의 다양한 인터뷰를 따오기도 한다. 오랜 방영기간에도 호평을 유지하고 있는 것은 그 전문화된 제작 환경에서 많은 힘을 얻었을 것이다.

로맨틱한 변주- 사실적인 주제

<단박 인터뷰>를 지탱하는 따스한 시선 가운데 하나는 동적인 움직임

이 아닌 정적인 정지영상에 있다. 프로그램 도중 연출자는 친절하게도 출연자의 정지화상과 간단한 약력을 첨부한다. 그 사진적인 구도의 의도는 다분히 아날로그적인 호감을 겨냥한 것이 아니었을까? 그와는 달리 프로그램의 말미에 배치하는 인터뷰어와 출연자의 스냅 사진은 <단박 인터뷰>가 날 선 토론의 중심에 있지 않았음을 웅변한다. 전반에서 준비된 출연자의 우호적 등장은 이처럼 따뜻하고도 해피엔딩적인 귀결로 마무리되는 것이다. 그 화목한 결말이 얼마나 시청자들을 움직일 것인가는 출연자의 진정성과 진솔함이 어디까지 확장되어 있느냐에 따라 전적으로 달라진다. 꾸미지 않은 리얼리즘이란 어느 수사보다도, 어느 눌변보다도 더 힘이 있다.

그 진정성의 예시로 꼽을 만한 두 편의 빛나는 인터뷰가 있다. 그중 하나는 인터뷰어 스스로 가장 애먹은 프로그램으로 꼽았던 작가와의 해후였으며, 또 다른 하나는 인터뷰를 극구 사양해온 예사롭지 않은 음악인과의 만남이었다.

"나의 기자 생활은 실패한 것이죠. 그 시대 전체가 실패한 것이에요. 여기 지금 카메라 뻗치고 있는데, 아마 KBS는 가장 크게 실패한 언론사일 거요." (2007년 5월 김훈 편)

이 도발적인, 그리고 완전히 비우호적인 사설을 늘어놓는 이가 바로 『남한산성』의 주인공 김훈이다. 인터뷰의 예측 불가해함을 완벽하게 보여준 이 프로그램은 '돌발 인터뷰'의 재미를 한껏 비현실적인 극점까지 확장한 케이스다. 개인적으로 그의 준비되지 않음직한 답변들은 꾸미지 않음으로써 더 깊이 울리는 놀라움을 일깨워 주었다고 생각한다. 영상적으로도 연출진은 무대를 김훈의 자택에서 남한산성까지 이동시키는 역동성을 보여주었다.

"어떤 이름이 마음에 드십니까?"

"글쎄요. 그 어떤 것도 맞는 것 같지가 않아요. 저는 대본 쓰고, 노래 만들고, 무대 위에다 연출해서 만들고 그러는 쟁이일 뿐입니다. 그런 것 만드는 쟁이란 말이 딱 맞지……."

「아침 이슬」의 주인공이라기보다는 극단 학전의 대표로서 더 편안해 보이는 김민기는 김훈과는 또 다른 방위에서 인터뷰에 덜 익숙한 출연자도 얼마든지 기억에 오래 남는 대화를 나눌 수 있는지 확인시켜준다. 그 인터뷰의 말미에서 김영선 PD는 말 그대로 돌발적인 질문을 던진다. "제가 좋아하는 노래는 뭔지 물어봐 주실래요?"

<단박 인터뷰>는 언필칭 '돌발 영상'이 아니다. 그러기에는 너무 많이 왔다. 그러기에는 <단박 인터뷰>의 어깨에 얹힌 시청자의 애정이 너무 무겁다. <단박 인터뷰>가 정치 가십이 아니듯 토론의 성격이나 추적 다큐멘터리가 될 수 없음 또한 너무도 명백하다.

애당초 <단박 인터뷰>는 불현듯 늘어난 토론 프로그램과 정치 영상 프로그램 사이에서 위태로운 줄타기를 할 운명이었을지도 모른다. 그러나 그 운명은 이제 진화의 영역으로 들어섰다. 정치를 덜어낼 때, 그 여백 사이로 비치는 이 사회의 갖가지 이름 없는 절박한 이슈들을 들여다볼 때 <단박 인터뷰>는 단박에 훌쩍 자라날 것이다.

그 이름 없는 고개 마루에서 우리는 쉰다.

"사람들은 손을 들어 가리키지
높고 뾰족한 봉우리만을 골라서
허나 내가 오른 곳은
그저 고개 마루였을 뿐."
(김영선 PD가 고른 김민기의 「봉우리」 중)

어른을 위한 성장 드라마

MBC 일일 시트콤 <김치 치즈 스마일>

서지민

1. 어른이 없는 어른들의 이야기

방송은 어른의 세상이다. 청소년이나 어린이는 특집, 유아, 교육이라는
수식어가 붙는 프로그램에서만 주인이 될 뿐이다. 뉴스, 시사 교양 프로그램
에서는 어른들이 사는 세상의 규칙과 사건·사고를 이야기하고, 연예·오락
프로그램도 어른들의 세계를 이야기한다. 현실과 환상의 달콤한 경계에
있는 드라마나 시트콤도 어른들의 일상 혹은 환상을 이야기한다. 방송을
만드는 주체도 이를 수용하는 주체도 어른이라는 것은 부정할 수 없는
사실이다.

드라마나 시트콤도 다른 방송 장르와 같이 어른들의 이야기를 하는데,
이에 대한 어른들의 반응은 뉴스나 시사 교양 프로그램에 대한 반응과
다르다. 드라마나 시트콤에 대해 어른들은 대개 비현실적이라거나 시간
낭비라는 생각을 한다. 이런 시각은 특히 현대가 배경인 미니시리즈나

시트콤 장르에서 더욱 두드러진다. 이들이 다루는 결혼, 일, 사랑, 꿈, 도전과
좌절은 모두 현재를 살아가는 어른들의 이야기인데, 이에 열광하고 공감하
는 것은 어른이 아니라 어른의 세계를 엿보고 싶은 아이들이다. 어른들이
공감대를 형성하는 것은 과거의 향수를 자극하는 70년대 드라마, 시대극,
혹은 아줌마들의 감성을 자극하는 가족 드라마나 아침 드라마에 한정될
뿐이다. 마치 90년대와 2000년대 초반에 유행했던 대학생이 주인공인 청춘
시트콤과 드라마가 대학생에게 외면당하고 대학생이 되고 싶은 청소년의
사랑을 받았던 것처럼. 청춘 시트콤과 드라마가 대학생들에게 외면당했던
것은 진짜 대학생의 이야기를 하지 않았기 때문이었다. 텔레비전에 나오는
대학생들처럼 화려하고 즐겁게 연애로만 얼룩진 대학 생활을 하는 학생들
이 없기에, 청춘 시트콤과 드라마는 대학 생활에 대한 달콤한 환상이 필요한
청소년들에게 더 많은 사랑을 받았다. 현대를 살아가는 어른들의 이야기에
어른들이 공감할 수 없는 것은 그 이야기들이 어른들의 이야기라는 포장을
하고 있을 뿐 어른들의 이야기를 하지 않기 때문일 것이다.

드라마나 시트콤과 같이 픽션을 보여주는 장르에 현실의 완벽한 재현을
기대하는 사람은 없다. 허구의 이야기라는 전제를 가진 드라마나 시트콤은
리얼리티를 생명으로 하는 뉴스나 시사 교양 프로그램과 그 출발점이 다르
기 때문이다. 픽션에서 사람들이 기대하는 리얼리티는 현실의 완벽한 재현
이 아니라, 허구를 통해 자신의 삶을 돌아보고, 자신을 따뜻하게 껴안을
여유를 주는 삶의 진실이다. 텔레비전 드라마에 나오는 어른들을 보면서,
어른들이 공감할 수 없는 이유는 그 속에 자신의 삶을 투영할 수 있는
캐릭터가 없기 때문이다.

드라마에서 묘사하는 어른들은 슈퍼맨처럼 완벽한 능력을 가진 사람들
이거나 혹은 <메리대구 공방전>과 같은 종류의 드라마에 나오는 어른이

되지 못한, 세상의 방식에 따르지 않는 사람들로 분류할 수 있다. 재미를 위해 캐릭터가 극적으로 설정된 것일 수도 있지만, 열정적으로 사랑하고, 일하고, 현실과 타협하지 않고, 비겁하지 않은 삶을 사는 어른보다는 그렇지 않은 어른들이 더 많기에, 텔레비전 드라마를 보면서 저렇게 사는 어른이 얼마나 되냐며 채널을 돌린다. 어른들의 세상을 보여준다는 드라마에서 어른들을 소외당했다.

2. 어른도 성장을 한다

사람들은 언제 어른이 될까? 나이를 먹으면 막연하게 어른이 되는 것일까? 국어사전은 어른이라는 단어를 다 자라거나 혹은 다 자라서 자신의 삶에 책임을 질 수 있는 사람이라고 정의한다. 육체에는 다 자란 상태가 있지만, 우리의 정신이 완전하게 다 자란다는 것이 가능할까? 인간이란 완성된 상태가 아니라 완성을 향해 달려가는 과정에 있기에 어른이라고 해서 완전히 다 자란 사람은 아닐 것이다. 때문에 실수를 하기도 하고, 후회하기도 하면서, 그렇게 어른도 아이처럼 실수하고 배우는 과정을 통해 매일 성장을 한다. 전작 <거침없이 하이킥>과 같은 뚜렷한 캐릭터도 없고, 전작과 과거 <논스톱> 시리즈의 소재를 그대로 썼다는 비난을 받기도 했지만, 일일 시트콤 <김치 치즈 스마일>은 평범한 어른들의 성장을 보여준다.

하룻강아지 범 무서운 줄 모르는 상태를 갓 벗어나, 세상이 만만치 않다는 것을 알게 될 무렵 사람들은 비겁해지기 시작한다. 싫은 것을 싫다고 말할 때도, 좋은 것을 좋다고 말할 때도, 혹시나 하는 마음에 조심스러울 수밖에 없다. 싫은 것도 해야 할 때가 있다는 것을 알기에, 어린아이 같은 솔직함과 담백함을 어른에게서 발견하는 것은 쉽지 않다. <김치 치즈 스마일>에 나오는 혜영, 기준, 그리고 산호가 그렇다. 어른의 형상을 하고 있지만, 그들은 모두 현실 앞에서 한없이 비겁한 사람들이다.

서른아홉 노처녀에 번듯한 직장도 모아놓은 돈도 없는 혜영에게 결혼은 현실이다. 혜영은 사랑이 아니라 결혼에 집착하기에, 감정에 충실하기보다는 상대의 조건과 결혼 가능성을 재고 따진다. 아나운서라는 그럴듯한 직업과 사람들이 부러워하는 대부분의 조건을 갖춘 기준은 결혼이라는 제도에 따르는 속박과 책임감 앞에서 두려워한다. 가족도 돈도 없었던 산호는 음주 운전으로 교통사고를 낸 회장의 죄를 모른 척하는 대신, 그의 양자가 될 수 있다는 제안 앞에서 양심을 저버렸다. 혜영, 기준과 산호는 모두 어른이지만, 자신의 일에 책임을 지는 성숙한 사람은 아니다. 그들은 모두 어느 정도 비겁하고, 세상과 쉽게 타협하고, 책임지기 싫어하는 어른들이었다. 비겁한 그들이 자신의 비겁함을 깨닫고 성장하는 데에는 많은 시간이 걸렸다. 그들은 열렬히 사랑하고, 급격히 깨닫고 비장하게 삶을 완성시키지는 않지만, 일상의 틀 속에서 실수하며 깨닫는 과정을 통해서 성장했고, 자신들의 삶을 성숙시켜나간다.

혜영이 성장을 시작하는 순간은 기준에게 이별을 통보하는 때였다. 혜영은 결혼에 집착하는 자신의 처지를 인식하고, 기준의 비겁한 행동들에 상처받는 자신의 모습을 인정한다. 기준이 제안한 쿨한 연애란 불가능하기에 이별을 선언한 혜영은 서른아홉 노처녀에 아버지의 사진관에서 일하고 모아둔 돈도 없는 주제에 기준과 같은 신랑감을 차버린 것에 대해 아버지에게 야단을 맞고, 뒤늦은 독립을 결심하며 집을 나간다. 다른 드라마와 달리 그녀의 독립은 성공하지 못한다. 서른아홉 그녀에게 능력을 가진 젊은 아이들도 하기 힘든 직장 찾기는 드라마에서나 가능한 일이기에 그녀는 결국 아버지의 사진관으로 돌아온다. 하지만 아버지의 사진관으로 돌아오는 그녀는 자신이 아버지의 사진관에 꼭 필요한 존재라는 것을 깨닫게 된다. 가출하기 이전과 이후의 그녀의 상황은 변하지 않았지만, 자신감을 찾게 되는 것이다. 기준에 대한 마음이 변하지 않았지만, 기준의 태도가 변하지 않기에 그녀는 기준을 받아들이지 않는다. 기준이 성장해서 자신의 잘못을 깨닫게 될 때까지.

남들에게 보이는 것을 중요하게 생각하고, 조금은 영악하게 세상을 사는 기준은 혜영에 대한 자신의 감정과 결혼에 따르는 책임감 사이에서 갈등한다. 기준은 혜영을 사랑하지만, 혜영과의 관계에 뒤따르는 가족들과의 관계와 자신의 자유를 구속할 것이 뻔한 결혼 앞에서 망설인다. 혜영에게 쿨한 연애를 제안하고, 혜영이 선을 보러 갈 때에도, 기준은 사랑 앞에서 모든 것을 거는 드라마의 주인공들처럼 혜영을 잡지 못한다. 기준은 혜영과 자신의 관계에 존재하는 문제를 자신의 비겁함이 아니라 타이밍 탓이라고 말한다. 기준의 성장을 돕는 것은 혜영을 좋아하는 산호의 존재였다. 자신의 정체에 대해 아무것도 기억하지 않는 산호는 혜영을 향한 자신의 감정을 솔직하게 드러내고, 비겁한 기준의 행동을 비판한다. 산호의 모습을 통해, 기준은 사랑이라는 감정에 솔직하지 못한 자신을 되돌아보고 혜영과의 결혼이 자신의 감정에 책임을 지는 것임을 깨닫게 된다. 기준이 혜영에게 청혼하는 순간은 자신의 잘못을 인정하는 순간이었다.

혜영의 차에 치여 기억을 잃은 산호는 자신의 정체에 대해 아무것도 모르는 순간에 자신에 대한 확신이 없기에 혜영에 대한 감정을 표현하면서도 두려워한다. 기억을 되찾은 산호가 경찰서가 아닌 회장의 집으로 돌아간 것은 좋은 사람으로 혜영과 그녀의 가족들에게 사랑을 받고 싶은 마음 때문이었다. 양심의 가책으로 시신을 수습할 때부터 보관했던 손가락 뼈를 한강에 버리는 순간, 산호는 진실 앞에서 등을 돌린 한없이 비겁한 어른이었다. 산호의 성장은 기준의 도움을 받는다. 시신이 발견되고, 산호가 그 시신과 관련된 사람이라는 것을 알게 된 기준에게 산호는 자신의 잘못과, 생애 처음으로 가졌던 가족들과의 관계를 지속하고 싶었던 자신의 욕망을 고백한다. 연적이며 앙숙이었던 기준은 산호의 고백 앞에서 그를 도와준다. 산호가 가족들에게 계속 좋은 사람으로 남을 수 있도록, 산호의 비밀을 지켜주고, 산호가 자신의 양심을 속이지 않고 죗값을 받는 것을 돕는다. 5년이라는 시간을 통해 속죄를 하고 돌아온 산호는 비로소 자신의 잘못에 대한 책임을 지면서 비로소 어른이 된다.

3. 어른들도 성장이 필요하다

어른들에게도 성장이 필요하다. 세상살이의 고됨을, 세상사는 것의 만만치 않음을 알아버렸기에 더 이상 솔직하고 담백할 수만은 없는 비겁한 어른들의 삶이지만, 어른들의 비겁함을 그런 핑계로 변호하기에 우리의 인생이 너무나 길다. 완벽할 수는 없지만, 완벽하지 않기에 성장하고 변화할 수 있는 가능성은 언제나 있는 것이다. 열렬한 사랑, 이루지 못한 꿈에 대한 도전을 통해 일상의 비루함을 잊고 대리 충족을 할 수도 있지만, 대리 충족만으로 남은 시간을 보낼 수는 없는 것이다. 어른들이 일상을 뛰어넘을 수는 없어도 일상 속에서 가능한 성장이, 그런 성장의 모델이 필요하다.

<김치 치즈 스마일>은 일상을 잊게 만드는 재미를 주지는 못했다. 시트콤이나 드라마에서 보기 힘든 평범한 캐릭터가 빚어내는 평범한 일상이었기에, 매회를 채우는 소재도 기존 시트콤의 그것과 비슷비슷했다. 하지

만 어른들의 비겁함을 솔직히 인정하고, 그렇기에 어른들도 성장할 수 있음을 보여줬다. 비겁함을 숨기기만 해서는 아무것도 변하지 않는다. 비겁했던 혜영, 기준과 산호가 성장을 했던 시점은 바로 자신의 비겁함을 인정한 순간이었던 것처럼.

세상을 살아가는 모든 어른이 완전한 능력을 갖춘 사람이 될 수는 없다. 메리와 대구처럼 자신의 꿈을 찾아서 현실을 모른 척할 수도 없다. 그렇지만 슈퍼맨이 되거나 세상의 규칙을 벗어나지 않는다고 해도 일상 속에서 성장할 수는 있는 것이다. 때로는 실수하고 후회하고 비겁하게 굴지만, 조금만 용기를 내면 아닌 것을 아니라고 이야기하고, 좋아하는 것을 좋아한다고 말하고, 진실하지 못했음을 인정할 수 있기에. 그리고 그 작은 용기를 내는 순간 세상이 변하고 자신이 변할 수 있기에, 어른을 위한 성장 드라마가 필요한 것이다.

차마고도를 따라 그대의 샹그리라로

안지영

깎아지른 듯한 산자락에 쥐와 새만이 다닐 수 있다는 길이 있다. 차마고도 실크로드를 200년 앞서 차와 말의 무역이 있었던 그 좁고 험난한 옛길 위에 현대문명의 상징 카메라가 나타났다. 그리고 또 다른 카메라는 그 차마고도를 생활의 터전으로 삼는 소수민족을 그려낸 대작 야외공연에 렌즈를 비췄다. 예로부터 꿈속의 이상향 샹그리라로 불려온 이 일대를 담아낸 두 개의 시선은 같은 듯 또 다르게 나타난다. 옛 방식을 고수하며 살고 있는 사람들과 변화에 발 맞춰 그 흐름을 따라간 사람들을 담아낸 두 프로그램 속에서 우리는 과연 진정한 샹그리라를 찾아볼 수 있을까?

1. 카메라 vs. 카메라

첫 번째 카메라는 인류 역사상 최고(最古)의 문명 교역로인 차마고도의 5,000여 킬로미터 전 구간을 세계 최초로 담아내겠다는 포부를 가지고 길을 떠났다. 방송 80년 대기획이라는 타이틀까지 부여받으며 우리나라 다큐계에 한 획을 그은 이 프로그램의 이름은 바로 <차마고도>다. 장장 1년 6개월간의 시간을 들여 아름다운 자연과 그 속에 살고 있는 소수민족들의 삶의 문화를 담아낸 대작 <차마고도>는 프로그램 방영 이전부터 대대적인 홍보로 엄청난 기대를 불러일으켰다. '해외 선 판매'에 '세계 최초 전 구간 촬영'이라니 다큐멘터리라면 하품 먼저 나오는 사람도 구미가 당기지 않겠는가. 그 결과 다큐멘터리 분야에서는 나오기 힘든 10% 중반대의 시청률 기록을 세우며 작품의 완성도 면에서도 큰 호평을 받았다. 앞서 내가 두 번째 카메라로 칭한 프로그램은 바로 MBC스페셜에서 2부작으로 제작한 <춤추는 도시>다. 이는 세계적인 감독 장예모가 지휘하는 인상프로젝트를 통해 단 한 편의 문화상품 혹은 예술작품이 한 도시와 그 도시에 깃들어 살고 있는 15개 소수민족의 삶을 어떻게 바꾸어놓았는지를 담으려는 기획의도를 가지고 출발한 프로그램이었다. 그 속에서 장예모 감독의 비밀 프로젝트인 올림픽 개막식의 윤곽을 찾아볼 수 있으리라는 제작진의 호언장담이 기사화되면서 역시 적지 않은 기대감을 가지게 만들었다.

중국을 배우고 중국어를 전공하는 나로서는 이 두 프로그램이 너무나도 매력적으로 다가왔고 그에 대한 기대감도 상당히 컸다. 그러나 나의 기대를 충분히 만족시켜준 <차마고도>와는 달리 <춤추는 도시>는 큰 실망감을 안겨주었다. 비슷한 지역 일대를 촬영한 이 두 프로그램이 나에게 준 느낌은 왜 이렇게 달랐을까? 그것은 단지 스케일의 차이에서만 오는 문제는 아니었다. 이 문제를 파고들기 위해서 <차마고도>의 세 번째 이야기 <생명의 차>와 <춤추는 도시>의 1부 <리장의 기억>을 중심으로 그 차이점을 짚어보았다.

2. 소수민족 그들의 삶

<생명의 차>의 카메라는 윈난성 푸얼에서 만들어진 푸얼차를 티베트 라싸로 팔러가는 마방들의 발자취를 조용히 뒤따라간다. 그 속에는 차를 만드는 사람들과 위험한 길을 따라 차를 운반하는 마방, 차마고도의 노선에 있는 교통과 상업의 요충지 리장, 그리고 차로 인해서 몰락의 길을 걸었던 티베트에 대한 이야기가 있다. 그러나 카메라는 절대 그 사람들의 삶 속에 직접적으로 뛰어들지 않는다. 대신 옆에서 가만히 지켜볼 뿐이다. 그런 면에서 상당히 불친절한(?) 모습을 보여준다고 할 수도 있을 것이다. 화면에 등장한 소수민족들이 차를 마시면서 나누는 대화들이나 마방들이 중얼거리는 방언들은 내레이션으로도 자막으로도 설명되지 않는다. 그 화면을 지켜보는 사람으로 하여금 진정한 관찰자가 되도록 만든 것이다. 그 덕분에 <생명의 차>는 차 무역의 역사에서부터 그 속의 소수민족들의 삶까지 담담하고 매끄럽게 이어낼 수 있었다.

반면 <리장의 기억> 속에는 관광 안내원 허종머이의 이야기와 장예모 군단의 예술정신, '인상리장'에 출연하는 소수민족들의 이야기, 대형 뮤지컬 '인상리장'의 메이킹 스토리와 공연장면 등 너무나도 많은 이야기가 이리저리 복잡하게 전개된다. 소수민족들의 삶에 들어온 '인상리장'과 그것을 통해 문화의 도시로 변모하는 모습을 담아내지 못하고 소수민족들은 소수민족대로, 공연의 연출자는 연출자대로 이야기가 따로국밥처럼 섞이지 못하면서 시청자는 화면에 몰입할 수가 없다. 더군다나 너무나도 친절하게 등장인물의 감정을 설명해주는 바람에 시청자는 감상의 자유조차 빼앗겨버렸다. <리장의 기억> 속에 샹그리라에 살고 있는 소수민족은 없었다. 관광의 요지에 있는 관광 안내원과 초대형 뮤지컬을 만드는 연출가, 그리고

소수민족에서 이미 배우로 변해버린 사람들이 있었을 뿐.

3. 누구나 할 수 있는 말, 누구도 할 수 없는 말

명절날 고스톱과 윷놀이가 빠질 수 없는 것처럼 다큐멘터리에는 빠질 수 없는 두 가지 요소가 있다. 바로 인터뷰와 내레이션이다. 특히나 두 프로그램 모두 해외에서 현지인들의 모습을 담은 것이기 때문에 인터뷰와 내레이션의 비중이 더욱 컸다. <차마고도>의 내레이션은 탤런트 최불암이, <춤추는 도시>의 내레이션은 아나운서 손정은이 맡았다. 아나운서인 손정은에 비하면 정보의 전달력과 정확한 발음 면에서 최불암은 아마추어인 셈이다. 하지만 그가 가진 차분하고 서정적인 이미지는 프로그램의 방향과 정확하게 맞아 떨어졌고, 그는 절대 특정한 시각을 내세우지 않은 채 영상을 설명하는 것 위주로 내레이션을 진행했다. 덕분에 나는 그 담담하면서도 깊은 목소리가 들려주는 이야기를 따라 마치 직접 차마고도를 여행하는 듯한 느낌을 받았다. 그의 목소리는 누구보다 감성적이었지만 그가 들려주는 이야기는 지극히 사실만을 말하는 객관적인 내용이었다. 손정은의 내레이션 역시 전반적으로 객관적인 시선을 유지한다. 그러나 공연장면이 나오는 부분에서 큰 오류를 범하게 된다. "여인의 모습이 애잔하다", "관객들을 울린다" 등의 말로 시청자의 감정을 주관하면서 감정을 전달해주는 수준을 넘어 감정을 만들어내게 된 것이다. 내레이션은 영상의 길잡이 역할을 해야 하지만 그 관여도가 너무 높아서는 안 된다. 감정을 느끼는 주체는 시청자이므로 그들이 직접 느끼도록 해야 하는 것이다.

그럼 인터뷰에 대해 이야기해보자. 흔히 인터뷰를 일컬어 '다큐멘터리의 심장'이라고 한다. 인터뷰야말로 다큐멘터리를 보다 진실성 있고 신뢰감 있게 만들어주는 도구인 것이다. <생명의 차>에서의 인터뷰는 주관성이 지배적인 한국다큐의 틀을 깨고 싶었다는 제작자들의 의도에 따라 다분히 객관적으로 진행된다. 질문자가 거의 등장하지 않으며, 마치 옛날이야기를 들려주듯이 자신의 이야기를 해준다. 반면 <리장의 기억>의 인터뷰는 질문자의 개입이 지나칠 정도로 많다. 45분가량의 영상 속에서 무려 30여 개의 인터뷰가 있는데, 이 속에서 질문자가 등장한 횟수는 자그마치 11번이다. 등장인물들도 13명가량으로 대부분 짧게 지나가버렸기 때문에 진솔하고 깊은 이야기가 나오기는 어려웠다. 이 방면에서 어느 누구의 방식이 옳았다고 말할 수는 없다. 오히려 후자가 등장하는 사람들의 여러 가지 목소리를 담으면서 그 현실을 더 진실되게 그린 것일 수도 있다. 그러나 <리장의 기억>에서 등장인물들의 인터뷰가 있을 때마다 빠짐없이 들어갔던 질문자의 추임새가 인터뷰에 대한 집중력을 떨어뜨리고 시청자를 대상에게서 한 발짝 더 멀어지게 만들었다는 것은 분명하다.

4. 보고 있어도 보고 싶은

차마고도를 비롯한 윈난성 일대 지역은 그 자연 경관이 아름답기로 유명하다. 마치 '보고 있어도 보고 싶은 그대'처럼 보고 또 봐도 질리지 않는 매력적인 절경인 것이다. <차마고도>는 이를 국내에서 보기 힘든 스케일의 화면구성으로 담아낸다. 하지만 스케일보다 더 눈에 띄는 점은 영상적 미학이 두드러진다는 점이다. 정갈하고 신성한 윈난의 차나무, 힘차게 달리는 티베트의 말들을 담은 화면처럼 한 장면 한 장면이 아름다운 것은 말할 필요도 없거니와 중간 중간 이야기의 이미지를 형상화해 보여준 화면들은 세심한 연출자의 감각이 만들어낸 걸작이 아니었나 생각한다. 그중 가장 눈에 띄는 장면은 '낙산대불'이 나오는 장면이다. 최불암의 내레이션은 명나라 주원장이 차 무역을 엄격하게 금지했다는 내용을 이야기하고 있는데 화면에 나오는 것은 낙산대불이다. 비록 사천지방에 대해 이야기하고 있는 대목이었지만 그렇다고 해도 낙산대불은 주원장과 아무런 연관이 없다. 그렇다면 제작진은 왜 이런 화면을 넣은 것일까? 그 해답은 구도에 있었다. 낙산대불은 그 발등 위에만도 100여 명이 둘러앉을 수 있을 만큼 거대한 불상이다. 카메라는 그 거대한 불상의 아래에서 위를 향한 카메라구도를 잡는다. 그러자 불상은 더 크고 웅장하게 느껴진다. 근엄하고 완고한 주원장의 이미지를 담아내기에는 그만이 아니겠는가. 더불어 메리설산의 눈이 낙하하는 모습을 슬로 모션으로 40초가량이나 할애하면서 촬영한 것은 이 작품이 영상적 미학을 중요시한다는 것을 보여주는 단적인 예라고 할 수 있을 것이다.

촬영기법에서도 기존의 다큐와는 차별화된 모습을 보여주었는데 이는 바로 주관성의 배제였다. 사람의 시선으로 담아내는 다큐멘터리에 얼마나 주관성이 배제되겠느냐마는 그래도 촬영감독은 최대한 객관적으로 피사체를 바라보기 위해 클로즈업을 자제했으며 롱샷 위주의 촬영을 고수했다. 모든 사물은 보는 각도에 따라 시선이 달라지기 때문에 좀 더 객관적이고 자연스럽게 보이기 위해서는 카메라가 어느 정도 떨어져서 대상을 담아야 한다. 그래서 <차마고도>의 촬영감독은 주로 고정된 카메라 워크와 롱테이크 기법을 사용했고, 인터뷰에서도 배경까지 넉넉하게 나오게 하면서 피사체의 자유로운 손동작까지 담아냈다. 심길중은 카메라가 시청자를 대신한다는 느낌을 가지고 지나치게 자주 움직이지 않도록 해야 한다고 말했는데,[7] 이런 면에서 <차마고도>는 시청자에게 편안한 감상의 기회를 제공했다.

반면 <리장의 기억>의 카메라는 대부분이 핸드헬드로 이루어져 있다. 게다가 HD카메라와 6mm카메라가 섞여서 나오는데다가 잦은 줌 아웃을 반복하면서 좀처럼 화면에 몰입할 수 없도록 만들었다. 마치 오락 프로그램을 보는 듯한 짧은 커트와 어지러운 화면 조작도 눈살을 찌푸리게 만들기는 마찬가지였다. 사람의 시청심리는 카메라가 정지하여 피사체의 자연스러운 움직임을 보게 될 때 가장 안정감을 느끼기 때문에 고정된 카메라 워크가 가장 중요하며 피사체의 움직임이 흐트러질 경우에는 시청자의 긴장 지속이 어려워진다.[8] 물론 공연의 역동적인 모습을 보여주기 위한 의도임은 충분히 이해할 수 있다. 그러나 '인상리장'은 그 자체로도 생동감 있고 스펙터클한 공연이다. 굳이 카메라의 기교를 집어넣지 않아도 시청자들은 그 웅장함을 충분히 느낄 수 있었을 것이다. 공연에 몰입하도록 만들기 위해 사용한 촬영기법이 오히려 몰입을 저하시키는 결과를 낳은 것이다.

그리고 두 작품 모두 등장인물들이 노래를 부르는 장면이 나오는데, 이를 각각 어떻게 보여주었는가도 상당한 차이점을 가진다. <생명의 차>에서 늙은 마방이 노래를 부르는 장면은 마치 뮤직비디오처럼 화면의 좌측과 우측 하단에 번갈아가면서 자막을 삽입해 노래의 가사를 담고 그 배경에도 아름다운 자연경관을 담은 화면을 몇 장면 삽입했다. 그로 인해 그 애잔한 가사와 아름다운 배경이 어울려 소수민족의 애환을 담고 있는 노래를 더욱 가깝게 느낄 수 있었다. 반면 <리장의 기억>은 인터뷰를 할 때 나오는 자막과 매한가지로 화면의 중앙 하단에 자막을 배치해 그 감정을 반감시켰다.

---

7) 심길중, 『텔레비전제작론』(서울: 한울, 1996).
8) 황인선·한인규, 『영상제작기법』(서울: 기다리, 1993).

차에 관련된 이야기로 그 속의 사람들의 모습까지 진솔하게 담아낸 <차마고도-생명의 차>와 리장의 성공을 보고 우리의 도시문화개발을 돌아보자는 메시지를 담으려 했던 <춤추는 도시-리장의 기억>은 물론 제작비 측면에서도 제작기간 측면에서도 큰 차이를 보인다. 오랜 제작 기간과 많은 제작비가 <차마고도>와 같은 대작 다큐의 필수 조건임은 분명하다. 그러나 <차마고도>의 성공 이유는 거기서 그치지 않는다. 적극적인 연구와 기획, 기존의 다큐멘터리와 달리 차분하고 객관적인 시선으로 시청자들에게 여유를 주었다는 것이 더 큰 성공의 이유였다. 반면 <춤추는 도시>는 낡은 방식의 과거 다큐멘터리를 답습하는 수준에 멈추었기 때문에 방영 전의 기대와는 달리 실망감을 안겨주었다. 제작자는 해설자가 아닌 관찰자의 역할을 견지하며 판단은 시청자의 몫으로 남겨두어야 한다. 화면 속의 사람들과 시청자사이에 다리를 놓아주되 흔들어서는 안 되는 것이다.

하지만 <차마고도>에도 아쉬운 점은 있다. '차마고도'는 20세기 후반까지도 정치적 문제와 분쟁이 많았던 지역이다. 그런 아름다운 모습 이면에 숨겨져 있는 정치적 이야기와 현실을 많이 다루지 않았기 때문에 <차마고도>만 보고서 진정한 '차마고도'를 이해하기에는 조금 부족한 면이 있다. 오랜 역사와 문화가 담긴 길이 왜 파괴되고 마방들은 왜 사라져갔는가를 조명했다면 더 좋은 작품이 탄생했을지도 모른다. 그래도 <차마고도>는 우리나라 다큐멘터리의 가능성을 보여준 훌륭한 작품이다. 앞으로도 이렇게 기존의 관습을 깨는 신선한 다큐작품의 등장으로 우리나라가 다큐멘터리의 샹그리라가 되기를 기대해본다.

 입선작

좁은 공간, 넓은 공감
<EBS 스페이스 공감>, 장르를 뛰어넘는 하나의 음악을 만나다

오윤희

1. 영원히 끝나지 않는 쇼

마지막 노래가 나오기 전에 극장을 나온다. 그러면 영화는 영원히 끝나지 않는다. <어둠속의 댄서>는 이 대사를 남기고 영원히 끝나지 않았다. 오랜 시간이 지났음에도 불구하고 내 안쪽에 이 영화가 흐르는 까닭이다. 여운이 남아 있는 이유다. 차마 놓아주지 못하는 것을 '여운'이라 부른다. 마음 깊이 들어와버린 그 무언가를 칭송하기 위한 표현이다.

텔레비전을 보면서 여운을 느꼈던 적을 떠올리려면 꽤 많은 시간을 거슬러 올라가야 한다. 텔레비전도 모자라 인터넷까지 지식창고 대열에 합세했기 때문이다. '실시간'이라는 말은 이제 '정보'와 동일어가 됐다. 쉴 새 없이 쏟아지는 정보는 사람의 능력을 평가하는 기준이 되어가고 있다. 그러다 보니 시사 프로그램에서나 볼 수 있었던 '정보'가 드라마에도 다큐에도 심지어 음악 프로그램에도 등장한다. 더 많이 주기 위해 더 빨리,

더 크게 소리친다. 정보의 바다에 그대로 가라앉는 기분이다.

MBC의 <쇼! 음악중심>과 KBS의 <뮤직뱅크>는 대표적인 대중음악 프로그램이다. 음악을 즐기는 프로그램은 분명한데, 왜 이들 프로그램에서 두통을 느낄까. 우악스런 소녀들의 함성 때문만도, 현란한 카메라의 움직임 때문만도 아니다. 주인공이 너무 많기 때문이다. 60분이라는 시간 동안 이들 프로그램은 너무 많은 정보를 내어주려 한다. 열 팀이 넘는 가수들이 단 몇 분이라는 시간을 위해 춤추고 노래한다. 머릿속을 꽉 채운 노랫말들을 뒤로 하고 자막이 올라가는 순간, 여운이 남을 공간은 없다. 음악 프로그램만이라도 '줄 것 없는' 방송이 될 수는 없을까.

그러다가 만난 프로그램이 <EBS 스페이스 공감>이다. 관객이 있고 음악이 흐르는 음악 프로그램이다. 어쩌다가 우악스런 함성도 나오고 현란한 카메라 기술도 나온다. 그러나 주인공은 언제나 하나다. 사회자도 없다. 주인공이 되었다면, 혼자 노래하고 설명하고 분위기를 이끌어야 한다. 별로 '줄 것 없는' 방송임에는 틀림없다. 그러나 얻을 것은 많다. 비좁은 무대 위의 열정은 땀방울 하나까지도 너무 잘 보이게 하고 숨소리 하나도 귀에 닿게 한다. 제목 그대로 '공감'을 이끌어내니 시청자는 자연스레 '음악'을 얻어가는 것이다. 그 '음악'은 객석에서 일어난 누군가가 무대를 향해 두 엄지를 치켜든 모습('월드 뮤직으로의 초대 - 테오필루샹트르' 편, 2007.12.1)을 보면서 슬쩍 같이 엄지를 들게 한다. 마지막 노래가 아쉬워 머릿속에, 입속에서 자꾸만 흥얼거리며 좀처럼 놓아주질 않는다. <어둠속의 댄서>는 마지막 노래가 나오기 전에 일어나 '영원'을 얻으라고 말하지만, 마지막 노래를 고이고이 간직하고도 '영원'을 얻을 수 있다. 여운을 주는 이 작은 무대는 자려고 누운 머리맡까지 따라와 '영원히 끝나지 않는 쇼'로 남게 된다.

2. 그저 '음악'일 뿐

<EBS 스페이스 공감>이 많은 이의 공감을 얻을 수 있는 것은 '음악'이라는 카테고리로 얽힌 모든 장르를 초대한다는 점이다. 기존의 잣대를 가지고 이곳 음악을 보지 마시라. 신선함에 놀랄 것이요, 그럼에도 불구하고 샘솟는 친근감에 놀랄 것이다. 신선하면서 친근하기까지 할 수 있는 것은 우리 음악이 가진 장점이다. 한국이라는 사회 아래의 문화들은 생김새가 어떻든 서로 닮아 있다. 태초의 발원지가 지구 반대편이라도 여기 대한민국으로 온 이상 그들은 서로를 마주본다.

그러나 지금까지의 음악 프로그램은 '구분 짓기'의 성격이 짙었다. 팝송만을 틀어주는 라디오 프로그램, 10대 가요만 나오는 TV 음악 쇼, 트로트 전문 프로그램. 대부분의 음악 프로그램들은 '특성화', '전문화'라는 이름으로 고립되어왔다. 다른 계층의 시청을 과감히 사양한 채, 홀로서기의 길을 걸어온 것이다. 드라마나 버라이어티 쇼와 같은 다른 장르에서는 '다양한 계층'을 타깃으로 하면서 왜 음악 프로그램만은 이를 쉽게 포기해버릴까.

<EBS 스페이스 공감>은 모든 계층을 향해 열려 있다. 음악끼리의 '닮음'에 초점이 맞춰져 있다. 아카펠라에서부터 재즈 오케스트라, 드러머까지 다양한 음악이 참여할 수 있는 이유다. 음악에만 초점이 맞춰져 있다면 모든 이들의 공감을 사기에는 역부족이었을 것이다. 무대는 음악보다 한 사람의 가수에 더 무게를 둔다. 음악만을 가지고 소통하려 했다면 여타의 프로그램처럼 서로 배타적일 수밖에 없었을 것이다. 음악에 빠져드는 인간의 모습은 모두 같다는 생각에서 시작된 무대는 정말로 모든 이를 음악에 빠져들게 한다.

이 과정은 모두 진실과 마주하기 위한 수단이다. 작은 무대는 깨달음의

공간이 된다. 그 공간 안에서 시청자는 사회자의 설명 없이도 거뜬히 진리에 도달하는 것이다. 모든 장르는 '음악'이라는 한 단어로 품어진다는 것. 이문수 선생의 아쟁 연주(2007.8.26)를 듣는 표정과 드렁큰 타이거의 힙합 (2007.10.14)을 듣는 표정은 같다. "한국의 힙합은 지극히 개인적인 감정의 표현"이라 말하는 힙합가수 데프콘의 말(200.10.13)과 "인간의 영혼을 정화시키는 음악"이라는 가야금 연주가 황병기 선생의 말(2007.9.23)은 왠지 닮았다. 진리는 의외로 단순하다.

3. 장르에 따라붙는 편견에 대하여

겪어보면 알게 되는 진리가 겉모습에 의해 판별되는 세상이다. 바닥을 쓸고 다니는 바지에 체인을 두른 힙합가수. 아버지들은 한마디 핀잔과 함께 채널을 돌린다. 곱게 차려입은 한복에 가야금을 들고 나오는 국악인. 소녀들은 거침없이 리모컨을 든다. 겪어보기도 전에 미리부터 거부하고 본다. 단지 겉모습만이 만드는 편견이 아니다. 그 너머에는 바로 장르에 관한 편견이 자리 잡고 있다.

소위 '비주류' 음악이라 불리는 장르들은 그들의 가치조차 모르는 누군가에 의해 소외받고 있다. 분명 몰입해서 듣는다면 그 가치에 눈이 부실 텐데 말이다. <EBS 스페이스 공감>은 바로 이 숨은 가치에 집중했다. 그를 위해 '소극장 공연'이라는 카드를 사용한다. 이 작은 공간의 분위기는 우리를 음악에서 분리될 수 없게 하기 때문이다. 몰입에 몰입을 거듭하게 하는 순간, 드디어 진리에 도달하게 되는 것이다. 힙합이 불량스럽고 비판적인 내용을 갖는다는 생각은 오해일 뿐이다. 국악이 재미없다는 말도 누군가의 거짓말임에 틀림없다. 거칠다는 힙합의 가사는 어느 시보다도 부드럽고 감미롭다는 것, 지루하다는 가야금 연주가 전기 기타 연주만큼 정신을 쏙 빼놓는다는 것. 보지 않고는 모를 일이다.

12시라는 늦은 시간도 장점이 된다. 새벽라디오 방송을 듣기 위해 라디오를 켜듯 자연스럽게 리모컨을 들게 하기 때문이다. 벌써 어제가 되어버린 오늘 하루를 조용히 곱씹으며 듣는 음악은 어느새 '나만의 음악'이 된다. 그렇게 내 것이 되었으니 편견을 지우고 애정을 갖게 되는 것은 당연하다. 시청 그 자체가 편견을 지우는 과정이 된다. 어렵지 않다. 편안하게 듣고 이해하면 그만이다. 그런 소일거리로도 일주일에 두 번만큼은 남들 못지않은 음악 마니아가 될 수 있다.

4. 그들만의 공감대

그렇다. <EBS 스페이스 공감>의 일차적인 목적이 시청자와의 공감에 있다면 이차적 목적은 따로 있었다. 장르가 다른 음악과 음악의 공감이 그것이다. 무대라는 매개체를 통한 음악 자체의 소통을 꿈꾸는 것이다. 어쩌면 그들만의 공감에 관객은 그저 참여하는 것뿐일지도 모르겠다.

혹자는 록밴드의 거친 소리와 피아니스트의 부드러운 선율이 어찌 공감을 이루느냐고 반문할지도 모른다. 그러나 두 음악을 접하는 관객의 표정에서, 속속들이 올라오는 게시판의 글에서 이미 오래전에 '공감'이 시작되었다. 다만 이해하는 방식이 다를 뿐이다. 때로는 조용히 환호하기도 하고 때로는 일어나서 몸을 흔들기도 한다. 음악끼리의 소통을 끝냈다면, 관객과의 소통도 자연스레 뒤따른다. 이것이 <EBS 스페이스 공감>이 기대하는 '공감의 과정'이다. 음악 속에 흐르는 땀방울은 모두 똑같음을 알아가는 과정이다.

공감을 위해 그들은 자신을 숨김없이 드러낸다. 클래지콰이의 멤버지만 <뮤직뱅크>에는 나오지 않는 DJ클래지의 음악관을 듣게 되고, 주목받지 못했던 드럼과 건반의 연주자 이름을 알게 된다(2007.10.7). 교육방송임에도 불구하고 자신의 음악관을 '건강한 지랄'이라 말하는 YB밴드의 김진원은 오히려 철학적이기까지 하다(2007.8.18). 누구도 소외되지 않는 솔직함을 무기로 무대에 선다. 이 '뻔뻔함'이 공감을 이끌어내는 비법이다.

<쇼! 음악중심>과 <뮤직뱅크>는 짧은 드라마 같다. '가수'라는 배역을 맡은 인물들이 '악보'라는 대본에 따라 움직이면, 곧 '음악'이라는 드라마가 만들어진다. 반면에 <EBS 스페이스 공감>을 보고 나면 한 편의 다큐멘터리를 본 듯한 여운이 남는다. 배역도 없고 대본도 없다. 오로지 한 가수만 있을 뿐이다. 만들어내는 것과 담아내는 것의 차이다. 일상을 보여주는 드라마보다 일상을 담아내는 다큐멘터리에 더 빨리 맥박이 뛰는 건 순전히 '진정성'의 힘이 아닐까.

반 백수, 그 비린 인생들의 황금나침반

이수진

반복되는 플롯에는 비린 맛이 난다. 이 시대 아이콘은 섹시, 좋은대학, 성형이 아니라 반복이다. 옴부즈맨 방송은 고발의 형태를 빌린 자사 홍보용이 되었고 자막은 아이들이 달달 외울 정도로 정형화되었다. 가끔 다른 프로그램임에도 자막이 매우 흡사할 때가 많은데, 혹여, 은어를 세뇌시키려는 음모가 아닐까라는 생각도 들었다. 그래서 나는 텔레비전을 켜기가 두렵다. 어제 보았던 내용이 무한 반복되고 내가 어제를 사는 것인지 오늘을 사는 것인지 분간이 되지 않는다.

2007년 10월 KBS에서 방영된 <얼렁뚱땅 흥신소>(이하 <흥신소>)라는 작품은 반복이 없는 창작물이다. 문학에 '순수'라는 수식어가 붙듯 이 작품에는 순수라는 말꼬리가 붙는다. 사랑, 야망, 배신을 기대한 시청자라면 애당초 채널을 돌리게 만드는 용기 있는 프로그램이다. 시도라는 말은 동전의 양면과도 같다. 웬만한 미디어를 섭렵한 사람들에게는 새로운 경이감을 주지만 기존의 흥미를 바라는 시청자들에게는 철저하게 외면당한다.

안타깝게도 후자의 인구가 많아서인지 <흥신소>는 시청률 면에서 참패였다. 그러나 배우들은 달랐다. 극중 점술집을 하면서 황금을 찾아 헤맸던 희경역의 예지원은 엉뚱한 매력의 타이틀을 얻었고, 십 년 넘게 극단에서 몸을 숙였던 박희순이라는 배우는 이름을 알렸다. 시청률이 저조함에도 배우들이 강렬한 인상을 남겼다는 것은 아이러니컬한 일이다. 이러한 모순이 <흥신소>를 마니아 드라마로 만드는 원료가 되었다. 마니아 드라마는 방송국 차원에서 그리 환영받을 만한 프로그램이 되지 못한다는 것을 알고 있다. 그러나 돈 되는 프로그램 속에서 돈 안 되는 프로그램이, 살기 위해 발버둥치는 그 창작의 힘을 사랑하지 않을 수 없다. 언제나 길이 하나가 아닌 것처럼 드라마장르도 변화를 꾀해야 한다. 다큐멘터리가 보여주는 창작이 섬세한 지식이라면 드라마의 창작은 상상력이다. 드라마를 사랑하는 시청자가 더 이상 바보라고 불리지 않게 드라마는 진일보해야 한다. 옛날 딴따라라고 불리던 가수가 음악인으로 불리듯, 드라마를 할 일 없는 사람들이나 보는 오락물이라고 생각하는가? 아니면 현대인의 고독을 달래줄 친구 정도로 생각하는가? <흥신소>라는 드라마를 보면서 이 같은 물음은 구겨서 휴지통에 집어넣어버렸다. 왜냐하면 <흥신소>는 오락물이 아니라 작품이었으므로 시청자 개개인의 몫이지, 이거냐 저거냐 하는 이분법적인 물음은 불필요했으니까 말이다.

'황금'이라는 소재는 어쩌면 허무맹랑해서 너털웃음을 짓게 만들 수도 있다. 그러면 소재가 허무맹랑해서는 안 되는 것인가. 아직도 태평양 한가운데에는 보물선이 침전해 있을 수도 있으며 그것을 찾기 위한 지도가 존재한다. 이런 소재가 황당하다면 재벌 남자친구가 알고 보니 배다른 오빠였다는 소재는 어떤가. 매주 쏟아져나오는 재벌관련 소재는 황금에 비해 현실성이 있다는 건가. 일일드라마나 미니시리즈가 방영되는 시간대에 성인들만큼이나 아이들이 깨어 있다는 것을 인식한다면 황금이라는 소재는 꽤 유용한 것이 된다. 무엇을 찾는다는 것은 그만큼 모험심을 자극하니 말이다. 모험은 창작과 발명의 힘이다. 꼭 모험관련 대중문화가 영화나 소설, 만화일 필요는 없다. 가장 가까이에 있는 것, 드라마의 힘을 믿어야 할 때다.

<홍신소>는 황금이라는 큰 줄기에 여러 가지 카테고리가 얽혀 있다. 우선 주인공들이 반 백수나 다름없는데, 그들이 이상하리만큼 긍정적이고 도전적이라는 점이 다른 드라마와의 차이점이다. 네 명의 주인공이 지도를 발견하고, 그 조각을 맞추어 황금에 한발 한발 다가가는 에피소드는 매회 주어지는 소주제문과 절묘하게 맞아떨어진다. 이 드라마의 한 가지 팁이라면 만화처럼 번외편이 존재한다는 것이다. 긴장감 유지를 위해 슥 하고 지나갔던 엑스트라, 조연들의 또 다른 이야기는 전에 지나갔던 장면의 당위성과 폭소를 자아낸다.

중국에서 진나라나 한나라 시대를 소재로 많은 드라마를 제작하는 것과 달리 한국 드라마는 정통사극을 제외하고는 역사에 그다지 관심이 없는 것 같다. 요즘 아이들이 6·25가 임진왜란 시대에 일어난 전쟁이라고 잘못 아는 것도 꼭 아이들의 탓만은 아닌 듯싶다. 주입식이 아니라 매번 보는 드라마로 기본적인 상식을 배울 수 있다면 이러한 비극은 일어나지 않을 텐데, 참으로 안타까운 현실이다.

<홍신소>는 황금의 발생지를 고종으로 끌고 올라가는 데, 고종의 아관파천과 밀실, 그리고 덕수궁으로 되돌아올 수밖에 없었던 이유를 빼곡하게 설명한다. 때문에 매회 스토리는 진일보하고 반복은 찾아볼 수 없다. 한 발자국씩 황금에 다가가면서 인물들은 성장한다. 철없지만 순수한 청년 무열의 배짱과 수천 권의 만화로 다져진 지식인 용수의 추리, 귀신을 볼 줄 아는 삼류 점술가의 고집, 마지막으로 열쇠에 가장 가까이 다가가 있는

백만장자 소녀 은재. 누구 하나 겹쳐지지 않는 인물의 성격으로 네 개의 추(4명의 인물)가 얼마나 팽팽하게 연결될 수 있는지 보여준다. 이 드라마는 애거사 크리스티의 추리소설처럼 장르가 추리드라마이기 때문에 반전에 심혈을 기울였다. 절름발이가 범인이다라는 식의 80년대 반전에서 벗어나 모험의 끝에는 또 다른 모험이 있다는 삶의 정글을 제시한다. 사실 드라마는 삶의 압축판이고 삶은 자연의 압축판이니, 자연으로의 회귀는 곧 삶을 알아가는 것이 된다.

반 백수라는 신조어는 더 이상 낯설지 않은 단어가 되었다. 일을 하고 있는 것 같기는 한데 돈은 없고 불안하게 놀고 있는 젊은이를 지칭하는 반 백수는 <흥신소>의 모티프가 된다. 백만장자 소녀 은재를 제외한 나머지들은 입만 살아 있는 반 백수로 등장하는데 묘하게도 그들이 지껄여 대는 미래지향적인 담화가 듣기 싫지 않다. "사랑해"라고 무한 반복하는 대사보다 삼류라고 불리는 그들의 냉소적인 한 번의 내뱉음이 우물이 나오는 지점을 발견한 사내의 기쁨처럼 달다. '드라마 그 이상의 즐거움'이라는 타이트롤은 <흥신소>에게 붙여진 닉네임 같다.

그러나 이 드라마의 앞에는 단 한 개의 광고도 나오지 않았다. 그만큼 철저하게 상업적으로 외면당했다. 거대한 배우가 나오지 않으니까 혹은 사랑이야기가 아니니까 따위의 변명들로 이 실험적인 드라마는 막을 내렸고, 이것을 교훈 삼아 새로 제작되는 드라마는 앞 다투어 인기배우를 주연으로 사랑드라마를 내놓았다. 사랑이라는 소재가 나쁘다는 이야기가 아니라 소재를 소중히 다루지 않는 태도가 문제다. 같은 대사, 같은 장면, 사랑해, 죽을 만큼 사랑해. 그 이상은 생각하려 하지 않는 게 안타깝다는 이야기다.

미디어가 세상의 중심이 되면서 사랑은 상투적인 것으로 전락했다. 때문에 사랑이라는 단어를 쓰는 것만으로 유치한 사람이 돼버린다. 아름다운 것, 지켜주고 싶은 것, 그래서 백번의 내뱉음보다 한 번의 파괴력을 가져야 하는 단어가 미디어 속에서 무참히 짓밟히는 현시점에 깨끗한 드라마가 절실히 요구된다. 소재의 재탕 삼탕으로 파괴력을 잃은 대사가 아니라 시청자 개개인에게 의미 있게 다가갈 수 있는 것. 그것이 드라마다.

<흥신소>는 분명 흥행 면에서 실패작이다. 많은 사람들은 채널을 돌렸고, 내용에 별다른 관심을 두지 않았다. 1화를 보지 않으면 2화를 짐작할 수 없는 스토리가 원인이었겠지만 짜임새가 바늘 한 땀 한 땀으로 이어져 있으니 띄엄띄엄 보는 시청자에게는 친절하지 않았으리라. 영화를 흔히 집중의 미학이라 한다면 드라마는 산만의 종지부다. 이처럼 대부분의 시청자는 드라마를 보면서 다른 일을 병행한다. 때문에 이해하기 쉽고 언제 보아도 같은 장면, 대사를 선호하는 것이다. <흥신소>는 분명 이 한계를 넘지 못했다. 스토리를 집중시키기 위해서는 영상의 발전이 필요한데, 그런 부분에서 미흡하다. 아무리 맛있는 떡도 예쁘게 고물을 입히고 알맞게 잘라져 있을 때 손이 가는 법이니까.

<흥신소>의 시청률 실패에도 불구하고 이 드라마가 갖는 가능성은 무한하다. 연일 쏟아지는 미스터리물은 똑똑한 주인공이 사건을 해결하거나 자신의 신분이 사실은 재벌이었다는 식의 상위 1%의 등장인물을 내세운다. 사건을 해결하려면 좀 특별한 인물, 나아가 시민들과는 다른 아우라를 지닌 인물을 선호한다. 때문에 대부분의 서민은 결코 영웅이 될 수 없는 서사적 구조를 가지고 있다. 반면, <흥신소>에는 돈을 좇는 반 백수들이 있다. 다른 영웅들처럼 특별한 사명으로 사건을 해결하는 것이 아니라 먹고살 만큼의 돈이 필요해서 혹은 죽기 전에 돈 한번 펑펑 쓰고 싶다는 물질적 욕망에서 사건을 파헤친다. 시작은 돈이었지만 고종의 밀지까지 일이 확대되자, 발을 빼기는커녕 오히려 돈이 더 많이 있을 거라는 그들의

세속적 욕망이 서민의 물질적 욕망을 투영한다. 때문에 시청자들은 불편했을 것이다. 돈을 좇는 나를 보게 되는 꼴이니 말이다. 실은 재벌이든 서민이든 돈에 벌벌 떠는 것은 매한가지인데, 서민의 돈타령은 늘 초라하게만 비친다. 이 드라마의 빛은 이들의 돈타령이 남을 의식하지 않는다는 것에 있다. 훔치는 것도, 남을 공갈하여 얻은 돈도 아닌 순전히 보물을 찾겠다는 것이 뭐가 나쁘냐는 이 당돌함이 신선하다.

반 백수들이 한심한 낙오자들이라고 믿는 시대의 눈에서 조금 떨어져 그들을 보자. 실은 화려한 학력이 없고, 외국연수도 받지 못했으며, 가난한 죄가 그들을 한심한 낙오자로 만들었을 뿐, 아직 반 백수들은 꿈이 있고 희망이 있다. 비단 <흥신소>에서는 그 꿈을 돈이라는 카테고리로 형상화했지만, 더 많은 바람과 더 많은 꿈들이 반 백수라는 이름 속에 있다. 지방대학 졸업 후 수천 통의 이력서를 넣어도 면접 오라는 곳이 없는 사람, 작은 만화 가게에서 코 묻은 돈으로 먹고 산다고 손가락질받는 사람, 열심히 노동을 해도 방 한 칸 얻을 돈이 없는 사람들. 모두 우리가 속한 세상 사람들이다. 우리는 재벌도, 배다른 동생도 없으며 더욱이 백혈병에 걸린 돈 많은 집 딸도 아닌 하루하루 먹고 사는 서민이다. 이들을 반 백수라고 무시한다면 결국 제 얼굴에 침 뱉기겠지.

비록 돈을 좇는 모험이었지만, <흥신소>가 말하고 싶었던 것은 무기력해 있는 반 백수들에게 인생에는 여전히 많은 모험들이 있고 도전해보라는 신호탄이었으리라 생각된다. <흥신소>의 주인공들이 결국 각자의 일을 찾고 다시 꿈을 향해 가듯, 아직은 백수지만 여전히 꿈이 있는 시청자들도 드라마를 통해서 출발의 총성을 들었을 것이다. 드라마의 파괴력, <흥신소>에는 작지만 강한 시대적 메시지가 있다.

탕! 탕! 반 백수들이여, 모험은 이미 시작되었다.

 입선작

한국적 '장르형 드라마'가 나아갈 길

이준목

　최근 몇 년간 국내 드라마 시장에서 나타난 변화 가운데 가장 주목할
만한 현상으로 '장르형 드라마'의 약진을 꼽을 수 있다. 종래 젊은 층을
대상으로 한 트렌디 드라마나 중장년층 취향의 홈드라마 혹은 사극 같은
낡은 분류에서 벗어나, 시청자들은 예전보다 훨씬 다양한 소재와 형식의
드라마들을 접할 수 있게 되었다. 검증된 흥행 공식에만 안주하는 고루한
틀에서 벗어나 서로 다른 장르와의 접목을 시도하는 '퓨전' 장르에 대한
실험이 시도되는가 하면, 특정한 계층과 세대 간의 이야기를 깊이 있게
파헤친 '전문직'이나 이색 소재 드라마가 눈길을 모으기도 했다.

　이러한 장르형 드라마의 약진은 한국 드라마 시장의 낡은 제작 구조와
관행에 근본적인 변화를 요구하는 '대안적 화두'라는 데 그 의미를 둘
수 있다. 2007년 이후 본격화된 한국적 장르형 드라마의 다양한 실험은
전환기를 맞이한 국내 방송가에 새로운 소재와 형식의 개척을 통해 돌파구
를 마련하기 위한 '블루 오션' 전략인 셈이다.

새로운 드라마에 대한 욕구, 다양화된 시청자들의 욕망

장르형 드라마가 성장하게 된 배경은 역시 새로운 이야기에 대한 시청자들의 욕구를 꼽을 수 있다. 2000년대 이후 '트렌디 드라마'로 대표되는 국내의 정통 멜로는 소재 고갈과 재탕이라는 심각한 문제에 직면했다. 국내에 처음 미니시리즈가 도입되었을 당시는 일반 연속극에서 할 수 없는 내용이나 작품의 질을 높인다는 취지였지만, 언제부턴가 구태의연한 내용들이 비슷하게 반복되면서 미니시리즈 본래의 특성이 한동안 실종되었다.

젊은 층의 이야기는 뻔한 삼각관계와 '신데렐라 스토리', 중장년층의 홈드라마는 '불륜'과 고부갈등, 출생의 비밀 등 자극적인 소재에 치우치며 식상할 대로 식상한 시청자들은 틀에 박힌 내용과 형식의 무한 반복으로 연명하는 드라마를 외면하기에 이르렀다.

특정한 작품이 시청률 50~60%를 독점하며 모두가 좋아하는 '국민 드라마'보다는 남들이 어쨌든 '내가 좋아하는 것', '내가 보고 싶은 이야기'를 선호하며 개인적인 취향에 대한 욕구가 보다 다양해진 것이, 오늘날 시청자들의 특징이다. 이것은 과거와 달라진 시대를 맞이하여 보다 '삶의 질'을 지향하는 시청자들의 관심과 문화적 욕구가 그만큼 다양하고 세분화되었다는 의미로 해석할 수 있다.

소재 고갈에 지친 시청자들은 점차 새로운 이야기에 시선을 돌리게 되었다. 여기에 중요한 영향을 미친 것은 국내의 젊은 세대들 사이에서 미드(미국 드라마)와 일드(일본드라마) 현상으로 대표되는 해외 드라마에 대한 열렬한 신드롬을 꼽을 수 있다.

미드와 일드의 특징은 '시즌제'를 바탕으로 한 시추에이션 드라마이며, 보다 디테일한 소재와 기획의 '장르형 드라마'를 지향한다는 점이다. 이 같은 해외드라마 열풍은 소재 고갈로 인한 돌파구를 찾던 한국 드라마가 나아가야 할 방향에 모티프를 제공해주었다. 이러란 해외드라마의 흥행 요소들을 차용하여 한국적 장르형 드라마의 새로운 모델로 등장한 것이 바로 최근의 '전문직 드라마' 열풍이라고 할 수 있다.

전문직 드라마의 성장배경

과거 대부분의 트렌디 드라마나 홈드라마 속에서 '전문직'이라 한다면, 말그대로 주인공을 설명하기 위한 배경으로 쓰였을 뿐 그 이상의, 이하의 의미도 없는 경우가 대부분이었다. <종합병원>이나 <수사반장>같은 고전 시추에이션 드라마들이 넓은 의미에서 오늘날 전문직 드라마의 원형을 제시했다고 할 수 있었지만, 엄밀히 말해 주류는 아니었다.

하지만 최근의 드라마는 직업 자체를 극의 중심으로 끌어들여 심도 있게 다루고 있다. 의사, 사채업자, 언더커버, 국정원 직원, 백수, 홍신소 직원에 이르기까지 주인공의 '직업이 장르를 결정짓는' 이야기가 바로 전문직 드라마인 셈이다.

전문직 드라마가 본격적으로 자리 잡기 시작한 것은 2007년 상반기부터다. <외과의사 봉달희>나 <하얀거탑>, <뉴하트> 같은 작품들은 병원을 무대로 하여 의사들의 일과 사랑, 애환 등에 이르는 다양한 이야기를 상세히 다루면서 호평을 받았다. 이후 전문직을 다룬 드라마가 하나의 트렌드로 자리 잡으면서, <히트>(형사), <외과의사 봉달희>(의학), <에어시티>(항공), <개와 늑대의 시간>(첩보), <로비스트>(국제, 무기 전문가), <식객>(요리)에 이르기까지 그 소재와 범위를 점차 넓혀가고 있다.

때로는 <쩐의 전쟁>(사채업)처럼 대중에게 잘 알려지지 않는 음지의 세계를 조명하는가 하면, <온에어>나 <스포트라이트>(방송)처럼 아예 미디어 스스로를 피사체로 삼아 대중들에게 고해성사의 무대로 삼기도 한다.

성공한 전문직 드라마의 인기 배경에는 다름 아닌 여기에 '한국적인 리얼리티'와 현대사회의 '다변화된 욕망을 대변하는 캐릭터'라는 공통점을 발견할 수 있다. 전문직 드라마의 대표적인 성공사례로 꼽히는 <하얀거 탑>이나 <쩐의 전쟁>의 높은 인기가 말해주는 것은 오늘날 시청자들은 이제 더 이상 달콤한 이상으로 포장된 '픽션'에 매료되지 않는다는 데 있다. 현실에 존재하지 않는 가짜 신데렐라, 권선징악적 해피엔딩보다는 치열한 현대를 살아가고 있는 우리의 일상을 날 것 그대로 대변하는 '살아 있는 캐릭터와 이야기'들이 호평을 얻었다.

<하얀 거탑>은 의사들의 정치 드라마를 통해 의학계의 숨겨진 비리와 경쟁사회를 살아가는 엘리트 지식인들의 현주소를 사실적으로 묘사한 것이 인기 비결이었다. <온에어>는 화려한 스포트라이트로 대변되는 연예계의 이면에 카메라를 들이대며 톱스타와 드라마작가, PD, 매니저 등이 한 드라 마를 만들어가는 과정을 통해 국내 방송 구조와 열악한 드라마 제작환경에 대한 현실을 묘사하는 자기고발적 구성이 돋보였다.

이처럼 리얼리티를 강조하는 추세는 사실 드라마뿐 아니라 다큐, 예능 등 다양한 분야로 확대되고 있다. 우리 시대의 이야기, 현실 속의 나를 투영한 듯한 내용에 시청자들은 공감대를 느끼고 몰입한다. 어쩌면 '직업의 세계'는 그 모티프일 뿐, 전문직 드라마의 본질은 '리얼리티'와 '휴머니즘' 의 사실적 결합에 있다고 할 수 있다.

전문직 드라마에 대한 오해

하지만 이런 전문직 드라마의 인기와 비례하여 부작용에 대한 우려도 만만치 않다. 대표적인 것이 극적 재미를 위한 흥미와 갈등구조 때문에 직업에 대한 왜곡이나 상식에 어긋난 묘사가 나타나고 있다는 것이다. 특히 시청자의 입맛에 맞추기 위해 지나치게 흥미위주의 이야기로 끌고가거나 기획의도에서 벗어나 '유사 멜로'로 치우치는 경향이 대표적이다.

<온에어>의 경우 극중 카메라 감독이 배우의 다리를 선정적으로 훔쳐보는 장면이 카메라 감독에 대한 비하논란으로 이어져, 방송촬영감독 관계자들의 항의를 받기도 했다. 의학드라마 <뉴하트>에서 "한약이 간수치를 높였다"는 내용의 대사로 서양의학에 치우친 관점으로 한의학계를 비하했다는 논란이 일어난 것도 비슷한 사례다.

여기서 중요한 것은 대중들이 전문직 드라마에서 기대하는 요소를 정확하게 인식하고 있어야 한다는 점이다. '전문직 드라마'라는 용어는 엄밀히 말해 장르형 드라마에서 파생된 하나의 흐름일 뿐, 그 자체를 하나의 장르로 규정하기는 무리가 있다. 그것은 단순히 '직업'이나 '이색 소재'에 대한 수요가 아니라 '리얼리티'와 '디테일'에 대한 규칙에 가깝다.

드라마의 배경에 항상 국정원 요원이나 의사, 형사 같은 특수한 직업이 나오는 것이 전문직 드라마는 아니다. 주인공이 주부든 백수든 간에, 잘 만든 이야기라면 전형적인 소재라고 해도 캐릭터와 배경에서 그 디테일이 생생하게 살아 있는 경우가 대부분이다.

문제는 저마다 다양한 배경과 상황들이 극적 구조 안에서 독자적인 매력과 이야기의 당위성을 발휘할 수 있어야 한다는 점이다.

<로비스트>나 <에어시티> 같은 대작 드라마들이 실수한 것도 바로

그런 부분이다. 국제 무기 전문가나 국정원 요원, 항공사 직원 같은 독특한 계층의 캐릭터를 내세웠지만, 정작 이야기를 파고들어 가면 인물과 직업에 대한 세부적인 묘사에서 빈약함을 드러낸다. '미드식 구성'의 맹목적인 따라하기가 가져온 오류는 전문직이 아닌 소재주의 드라마에 가깝다.

국내에서 드라마가 지닌 대중성이란, 스케일이나 소재보다는 얼마나 대중의 일상에서 깊이 밀착하여 공감대를 형성할 수 있는지에 따라 결정된다. 사회 저변의 익숙한 소재들과 캐릭터도 어떻게 장르적으로 소화하느냐에 따라 대중성과 실험성을 동시에 소화할 수도 있다.

한국 드라마의 '장르적 진화'를 위한 숙제

굳이 전문직 이야기만이 아니라도 한국에서 '장르형 드라마'들은 계속해서 증가하고 있다. 예를 들어 전문직 드라마가 아닌 정통 멜로나 사극은 퇴행적인 장르일까.

그렇지 않다. 불륜이 소재인 드라마는 지난해 이후 오히려 급속히 늘어났다. 다만 불륜에 다루는 시선이 과거보다 다양해진 것이 차이점이다. 바람난 남편에게 버림받고(<조강지처클럽>), 친구의 남편을 유혹하는가 하면(<내 남자의 여자>), 이루어질 수 없는 불륜을 숭고한 정신적인 사랑으로 미화(<연인이여>)하기도 한다. 여기서 드라마는 불륜 그 자체에만 집착하기보다 가정의 파경 이후로 시작된 여성들의 '홀로서기'나 중장년층의 현실적 욕망에도 시선을 돌린다.

또한 연령과 계층별로 다양해진 시청자들의 관심사를 반영하는 다양한 소재의 드라마들이 늘어났다. <강남엄마 따라잡기>는 어머니들의 교육열, <황금신부>는 외국인 신부와 '하프코리안', <칼잡이 오수정>과 <9

회말 2아웃>은 30대 이상 올드미스들의 현실적 고민과 애환을 다루었다.

또한 옛날이야기를 넘어 '안방극장의 블록버스터'로 자리 잡은 시대극에서는 <쾌도 홍길동>, <일지매> 등 이종 장르와의 결합을 통한 '퓨전사극', 실제 역사적 사실을 바탕으로 다양한 현대적 상상력을 결합시킨 '팩션' 형태의 사극들이 새롭게 등장했다. 2006년 이후 <주몽>, <연개소문>, <대조영> 등 고구려 시대의 영웅들을 복원하는 '전쟁 사극'은 최근에는 정조, 세종 등 조선시대의 군주를 조명하는 정치사극으로 진화했다. 이러한 작품들은 과거 정사 위주의 관점에서 벗어나 현대적인 시각에서 과거 인물들에 대한 재해석을 시도한다.

최근 하향세를 걸었던 정통 멜로는 사극과 전문직 같은 장르 속에서 새롭게 재생산되고 있다. 그저 사랑타령에만 집착하는 이야기는 환영받지 못하지만, 기존 장르 속에 흡수된 멜로는 텍스트를 보다 다채롭게 해주는 윤활유 같은 역할을 소화한다.

시청률은 낮아도 독창적인 실험성과 감수성에서 높은 평가를 받는 작품들은 '마니아 드라마'라는 새로운 범주로 묶이며 재평가받기에 이르렀다. <얼렁뚱땅 흥신소>, <마왕>, <경성스캔들>, <메리대구 공방전> 같은 작품들은 실험적이고 만화적인 감수성을 지닌 작품이라는 특징을 가지고 있다.

'마니아 드라마' 중에서 대중성과의 결합에 성공한 예로 <커피프린스 1호점>을 들 수 있다. <커피프린스 1호점>은 과거 자기복제에 급급한 기존 트렌디 드라마의 장르적 클리셰들을 현명하게 피해가면서도, 섬세하게 구축된 캐릭터성과 여성적 시선에서 바라본 로맨티시즘 같은 새로운 코드들을 도입하여 대중과의 교감에 성공했다.

또한 케이블 TV는 이제 실험적 드라마들의 무대가 되어가고 있다. <막

돼먹은 영애씨>, <도시괴담 데자뷰>, <KPSI>, <정조암살미스터리-8일> 같은 작품들을 통해 지상파가 시도하지 못하는 표현의 수위와 자유분방한 상상력을 담아내는가 하면, 형식 면에서 한국형 시즌제 드라마의 안착 가능성을 확인하는 등 다양한 성과를 거두고 있다.

결국 장르형 드라마는 소재와 형식의 문제를 떠나, 변화하는 시청자들의 취향에 맞추어 얼마나 '새로운 코드'를 수혈할 수 있느냐에 달려 있다. 문제는 뛰어난 기획력을 유지해줄 수 있는 구성과 대본의 문제다. <개와 늑대의 시간>, <태왕사신기>, <이산>, <하얀거탑>, <커피프린스 1호점> 같은 작품들은 모두 독특한 소재와 장르를 우리 식으로 풀어내는 데 성공한 작품들이다.

그러나 이러한 장르형 드라마의 안착은 단순히 몇몇 작품들의 성적표만으로 결정되지 않는다. 여전히 많은 한국적 장르형 드라마의 한계는 좋은 기획력에 비해 끝까지 세밀한 디테일과 스토리를 구축해갈 수 있는 '뒷심'이 부족하다는 데 있다. 이것은 한국 드라마가 가지고 있는 구조적인 문제점들로 이어진다. 지난해 높은 시청률을 기록한 작품들은 모두 예외 없이 '쪽대본'이나 주2회 70분 편성(미니시리즈·주말극 기준)으로 대표되는 촉박한 제작일정의 한계로부터 자유롭지 못했다. <비천무>나 <사랑해> 같이 드라마 제작구조의 대안적 가능성을 가늠해볼 수 있었던 사전 제작 드라마들의 부진은 아쉬움을 남긴다.

근본적으로 방송이 이러한 시청자들의 다양한 욕구를 모두 담아내지 못하고 있는 것은 여전히 시청률이라는 수치에 의존하여 대중성과 실험성을 단정적으로 구분하는 오류에서 자유롭지 못하기 때문이다. 장르와 소재의 전문성에 맞는 전문 작가군의 육성, 융통성 있는 '반 사전제작구조'의 도입과 단막극의 활성화 등 드라마의 다양성을 위한 기반을 구축해줄 수 있는 근본적인 '인식의 전환'이 뒷받침되지 않는 한, 한국적 장르형 드라마의 정착은 기대하기 힘들다.

'나의 이야기', '우리 시대의 이야기'를 보고 싶다

결국 한국 드라마는 궁극적으로 캐릭터 중심으로 이끌어가는 이야기다. <하얀거탑>의 장준혁, <막돼먹은 영애씨>의 이영애, <커피프린스 1호점>의 고은찬, <쩐의 전쟁>의 금나라, <내 남자의 여자>의 이화영 같은 인물들은 시대의 변화상을 상징하는 인물들이다. 장준혁이나 이화영은 선악의 이분법이나 윤리적 전형성에 얽매이는 대신, 새로운 개성의 캐릭터들로 눈길을 끌었다. 윤리적 관점에서 그들은 악인에 가깝지만 경쟁사회에서 살아남기 위한 몸부림이자 자신의 욕망에 충실한 현대인이라는 측면에서 그들은 결코 미워할 수 없는 연민을 동시에 느끼게 한다. 외모 콤플렉스를 극복한 솔직한 직장여성 캐릭터 영애는 현실적으로 의미있는 캐릭터다.

대중들이 만나고 싶은 캐릭터란 무엇일까. 캐릭터가 다양해져야 한다는 것은 단순히 직업이나 소재의 차원이 아니라, 궁극적으로 극중 인물들이 얼마나 현대적인 복합성을 대변하느냐에 달려 있다. 하나의 기능이나 성격으로 대표되는 전형적 캐릭터는 복잡미묘한 현대인의 생리를 모두 표현하기 어렵다. 장르나 고정관념의 틀에 묶이지 말고 자유롭게 실험하면서 캐릭터가 가지고 있는 본질적인 정체성을 시청자들과 교감하려는 노력이 뒤따라야 할 것이다.

캐릭터들의 다양화는 그저 주인공에게만 머물지 않는다. 종래 트렌디 드라마에서 '주변인'에 머물던 캐릭터들도 과거의 모습에서 벗어나 좀 더 능동적이고 다양한 모습을 지닌 인물로 등장하는 경우가 늘고 있다. 주인공의 친구나 부모님, 남녀노소, 사회적 소수자를 불문하고 저마다 자신의 이야기에 대한 디테일과 욕망이 살아 있는 현실적인 캐릭터를 요구한다. 이처럼 캐릭터가 다양화된다는 건 그만큼 우리 사회가 다양한 개성을 받아들일 수 있는 사회라는 해석이 가능하다.

도한 국내에서 성공적인 장르형 드라마들은 언제나 대작의 스케일보다는 일상적인 부분에서 강한 공감대를 건드려주는 이야기에서 나왔다. <하얀거탑>이나 <커피프린스 1호점>, <내 남자의 여자>가 성공한 것은 소재 자체의 새로움을 넘어 동세대인의 기호와 욕망을 잘 짚어냈기 때문이다. 여기서 중요한 것은 현실의 리얼한 재현이 아니라 현실의 욕망을 어떻게 읽어내느냐에 달렸다. 픽션으로서 드라마 구조 안에서 상황적 현실성과 공감대를 잃지 않으면서도 대중이 원하는 진정성을 조명하여 '일상의 재발견'을 이뤄내는 것이야말로, 한국적 장르형 드라마가 지향해야 할 길이라고 하겠다.

 입선작

작은 차이는 큰 아쉬움을 남기고

전옥선

좋은 영화 한 편을 보는 것은 좋은 책 한 권을 보는 것과 같다. 아니 어쩌면 좋은 책 한 권을 보는 것보다 더 많은 감동을 주는 경우도 흔하다. 영화의 한 장면 한 장면이 머릿속 한 구석을 차지하고 있으면서 외롭거나 슬플 때, 혹은 마음이 아파올 때 어느 새 기억 너머 저쪽에서 마음 애틋한 엽서를 띄워주기 때문이다. 그러니 영화를 알려주는 전문 프로그램이 있다는 것은 영화를 좋아하는 사람들에게는 참 행복한 일이다.

그런 점에서 다양한 영화를 소개하고 시청자에게 영화를 보는 눈을 새롭게 넓혀 주는 목포MBC의 영화정보 프로그램은 특별한 의미가 있다.

같은 듯 다른 느낌: <씨네스쿨> & <필름매거진>

목포MBC의 <씨네스쿨>은 2004년 10월에 시작된 이후 2007년 11월까지 전국의 시청자를 대상으로 영화 정보를 전달하던 프로그램이며 현재는

<필름매거진>으로 개편되어 오후 낮 시간대 전국에 송출 방송되고 있다.

두 프로그램은 영화를 소개하고 다양한 각도에서 영화를 다시 볼 수 있는 재미를 주었다는 공통점이 있으나, 내용 전달 방식에서의 사소한 차이는 개편 프로그램인 <필름매거진>에 대한 작은 아쉬움으로 이어졌다.

개편 전 프로그램인 <씨네스쿨>에서 방송된 코너들을 살펴보면 '개봉작 New', '좋은 영화를 볼 권리', '내 영화 감상 포인트', '알고 보면', '매니아 파일', '인사이드 크레딧', '곱씹어보자', '관객들의 반란' 등이 있었다.

'개봉작 New'는 멜로, 코미디, 액션, SF 등 다양한 장르의 국내외 신작영화를 시청자들에게 1~2분 정도 맛보기 수준으로 짧게 소개해 신작 영화에 대한 시청자의 호기심을 자극하는 재미를 주었다. 진행자는 영화의 줄거리에 치중하기보다는 관객이 '무엇을 생각하면서 영화를 보면 더 재미있을까?'에 대해 생각하게끔 유도하는데 이러한 점이 이 코너의 가장 큰 매력이다. 진행자의 맛깔스런 말과 화면 속에서 빠르게 전개되는 영화의 장면 장면이 조화를 이루어 저절로 화면 속으로 빨려들어 가고 있는 느낌이 들기도 했었다.

반면 6월 1일 방송된 <필름매거진>의 '개봉작 New' 코너에서는 신작 영화 <방울토마토>의 핵심 줄거리를 10여 분 이상 상세하게 소개했다. 마치 영화 전 편을 본 것 같은 느낌이 들면서 굳이 영화관에 가서 신작 영화를 봐야 하는 이유를 찾을 수 없었다. 영화에 대한 간접광고가 지나쳐 흥미를 반감시키는 원인을 제공했음은 재차 설명할 필요도 없는 일이고 예고편 이상의 내용소개는 영화 관람에 대한 흥미를 떨어뜨리는 수준을 넘어 영화를 흥겹게 볼 권리마저 박탈당한 듯한 불유쾌함을 주었다.

<씨네스쿨>의 '내 영화의 감상 포인트'는 주류 또는 비주류를 구분하지

않고 영화를 만든 감독과의 직접 인터뷰로 이루어진 코너였다. 감독 자신이 만든 영화 속에서 관객에게 하고 싶은 이야기와 영화에서 무엇을 보고 읽고 때로는 아쉽게 놓칠 수도 있는 부분을 세심하게 되짚어주어 시청자가 감독의 눈으로 영화를 감상할 수 있는 특별한 경험을 할 수 있게 했다. 감독의 생각을 영화에 투영하여 관람할 수 있어서 영화를 매개로 감독과 좀 더 가까워지는 느낌을 연장시켜 영화를 사랑하는 마음을 더욱 견고하게 할 수 있는 장점을 지닌 코너였다.

<필름매거진>에서는 '내 영화의 한 컷 디렉터스 체어'로 위 코너가 바통을 이어받았다. 최근 실험영화 <쇼킹 패밀리> 감독 경순을 인터뷰한 내용은 인상적이었다. 왜 이런 실험적인 영화를 만들었는가? 우리 안에서 '가족'이란 도대체 어떤 의미를 갖는가? '가족'이란 우리에게 무엇인가? 등 감독에 대한 시청자의 궁금증을 솔직 담백한 인터뷰를 통해 대신 해소해 주면서 비록 현재진행형 영화이지만 열악한 국내 실험 영화 시장을 생각해 볼 때 이러한 실험영화도 꾸준히 제작되고 있었다는 사실과 감독 경순에게 큰 박수를 보내는 즐거운 시간이었음에 분명하다.

<씨네스쿨> '좋은 영화를 볼 권리'는 주류영화에 가려 빛을 보지 못한 채 그냥 묻힐 수 있는 좋은 영화를 찾아내 시청자들로 하여금 영화에 대한 폭 넓은 시각을 가지도록 도와주었다. 좋은 영화를 볼 권리에서 소개한 <별별 이야기>를 예로 들어 살펴보면, 이 영화는 '인권, 차별, 편견'을 다루었는데 장애에 대한 차별, 왕따 이야기, 외모지상주의에 대해 다루었다.

일반적으로 사람들이 늘 보고 있으면서도 특별하게 인식하지 못하고 그냥 스쳐 지나버리는 것에 대해, 우리가 잊고 살아가고 있는 것에 대해, 혹은 외면하고 편하게 살아가고 있는 것에 대해, 한번쯤 다시 생각하게 만들고 다시 한 번 삶에 대해 깊이를 주는 이런 영화를 알려주는 것, 이러한

것은 영화를 보지 않고, 단지 이 코너 한 조각만 보고 있어도 충분히 생각해 볼 수 있는 여지를 준 것이 아닌가 하는 생각이 든다. 이후 방송된 <필름매 거진>에서 독립영화, 단편영화를 소개한 내용이 없었던 점이 가장 아쉬운 것도 바로 '좋은 영화를 볼 권리' 코너에서 느꼈던 충만감과 기쁨을 잊지 못해서인지 모른다.

<씨네스쿨> 'DVD오딧세이'는 극장에서 개봉한 영화나 개봉이 되었다 하더라도 흥행을 하지 못하고 사라진 영화를 DVD를 통해 관객들이 무엇을 볼 것인가에 대해 자세히 설명해준다. 또한 극장 상영물에서는 볼 수 없었다 할지라도 DVD를 통해 새로 보완해서 출품했다거나 영화에서 제대로 전달 되지 못한 감독의 메시지를 감독이 직접 설명해줌으로써 관객의 이해를 돕고 있다. 화질이나 음향에 대한 차이를 자세하게 설명해 실제 영화관에서 보는 것과 집에서 DVD로 보는 것과의 차이를 알 수 있도록 하여 DVD를 보는 데 도움을 준 코너다.

<씨네스쿨> '인사이드 크레딧' 또한 흥미로웠는데 여기서는 스타 일변 의 인터뷰에서 벗어나 조연 연기자, 스텝, 감독, 분장사, 효과 담당 등 영화제작 과정에 참여해 묵묵히 영화를 빛낸 이들을 담아내기도 하고, 영화 속에서 놓칠 수 있는 것들, 예를 들면 각각의 영화가 가지고 있는 오프닝 화면의 유사성이나, 영화를 홍보하기 위해 만든 영상은 어떻게 만드는지에 대한 이야기들을 펼쳐 영화가 가지고 있는 다양한 모습을 보여 주기도 했다.

이밖에도 영화 속 음악이 주는 메시지를 소개했던 '매니아 파일', 감독과 작품에 대한 재해석으로 시청자들의 이해를 높였던 '곱씹어보자' 등이 있었다.

이럴 듯 <씨네스쿨>은 다양한 주류영화와 비주류 영화, 인기 스타와 조연 등을 적절하게 보여주어 방송 시청의 재미와 연출, 연기, 효과 등 영화 전반에 대한 폭 넓은 정보와 비평적 안목을 균형감 있게 제시했던 점이 돋보였다.

<씨네스쿨> 이후: 볼 만한 내용 없는 잡지, <필름매거진>

<필름매거진>은 '충무로 인 & 아웃', '개봉작 New', '디렉터스 컷', '씨네파파라치', '무비 인 더 시티'로 구성되어 있다. 이 코너를 중심으로 <필름매거진>을 살펴보았을 때 무엇이 달라졌을까?

'충무로 인 & 아웃' 코너에서는 제작현장의 감독과 출연 배우를 인터뷰한다. 영화는 뒷배경으로 흘러가고 인터뷰 내용이 사이사이 들어가는데, 10분 동안 계속 인터뷰가 진행되면서 지루한 느낌이 들었으며 신작 영화 소개 사이에 진행된 인터뷰 내용 또한 조금은 동떨어진 느낌이 들기도 했다.

'씨네파파라치'에서는 영화기자 최광희 씨와 팝 칼럼니스트 김태훈 씨가 영화에 대한 이야기를 주고받는다. 이러한 대화는 영상 없이 라디오 프로그램의 DJ와 초대 손님이 이야기를 나누는 형식을 취하고 있는데 시청자가 잘 모를 만한 영화 에피소드, 출연배우, 영화 해석 등을 곁들여 두 전문가의 해박한 지식과 입담을 접할 수 있어 정보와 재미를 나름 전달해주지 않았나 생각한다.

<필름매거진>에서 나타나는 문제점으로는 앞서 말한 신작영화에 대한 지나친 영화 홍보, 폭력과 선정적인 장면의 과다한 노출과 정제되지 않은 언어 사용을 들 수 있다.

언어 사용의 문제점을 살펴보면, '까칠한 시선' 코너에서 청소년의 임신 문제를 다룬 영화를 소개한 적이 있었다.

'주노'가 16살로 임신을 해서 겪는 이야기를 보여주는데, 진행자의 멘트 중에 "아이가 파릇파릇하니까 뱃속의 아이는 건강하겠네" 또는 "얌전한 고양이가 먼저 올라간다"는 표현을 사용했다. 이러한 말들은 영화가 보여주고자 하는 내용과 전혀 맞지 않을 뿐만 아니라 영화의 내용과 상관없이 청소년의 임신문제를 유희 삼아 하는 말로 영화를 제대로 전달해야 할 입장에서 보면 경솔함을 넘어 경박한 진행인 것이다.

'무비 인 더 시티'에서는 어땠는가? "교내 폭력, '체벌'을 생각해본다"라는 주제였는데 여러 영화의 편집 장면을 보여주면서 폭력장면과 욕설 장면을 여과 없이 보여주었다. 이는 필름매거진이 15세 등급판정으로 방송되고 있다고는 하나 문제의 소지가 있는 장면을 특별한 여과 장치 없이 방송하고 있어 청소년에게 나쁜 영향을 미칠 수 있다는 우려감이 들었다. 또한 프로그램의 재미를 위해 폭력을 희화화하기보다 교내폭력의 근본 원인이나 체벌에 대해 좀 더 깊이 있게 생각해볼 수 있는 여지도 함께 다루었으면 하는 아쉬움이 들었다.

시청자 입장에서 <씨네스쿨>을 보다가 <필름매거진>을 보니 갑자기 너무나 동떨어진 느낌이 들어서, '어! 이게 아닌데' 싶었다.

<씨네스쿨>은 극장을 찾아볼 만한 영화 소개와 평소 잘 알지 못했던 영화에 대한 정보와 안목을 제시해 우리 안방에 문화적 공간과 영화 지식의 산실 역할을 해주었다. 이렇듯 <씨네스쿨>이 영화의 재미적 측면과 비평적 측면을 균형감 있게 다루었던 점에 비해 <필름매거진>은 긴 영화소개와 인터뷰의 반복, 그리고 코너 주제에서 벗어난 진행자의 말장난이 방송내용의 주를 이루면서 다양한 영화 소개와 제작 노하우를 제공하려고 했던 방송 초반의 기획의도가 퇴색한 느낌이다.

아! 다시 좋은 영화를 소개하는 프로그램을 만나고 싶다.

 입선작

제자리뛰기를 반복하는 어느 가족 이야기

<미우나 고우나> KBS1 일일드라마의 문제점과 개선방향에 대해

정신한

1. 다람쥐가 되어버린 그들

40%를 넘나드는 높은 시청률을 자랑하던 <미우나 고우나>가 막을 내리고 얼마 전부터 KBS 1TV는 <너는 내 운명>이라는 후속작을 매일 저녁 방송하고 있다. 등장인물이 달라지고 극의 배경 역시 변화했지만 두 편의 일일드라마는 놀랍도록 유사한 구성과 전개, 인물관계를 보여준다. 사실 두 편의 경우에만 이런 현상들이 적용되는 것은 아니다. <미우나 고우나> 역시 전작이었던 <하늘만큼 땅만큼>과 이렇다 할 차별성을 보여주지 못했고 <하늘만큼 땅만큼>은 앞서 방영된 <열아홉 순정>과 닮은꼴로 만들어졌기 때문이다.

물론 저녁시간대 온 가족이 시청하게 되는 가족드라마의 특성상 어느 정도 유사성을 갖는 요소들이 재등장하는 것은 이해될 수 있는 부분이다. 그렇지만 이런 요소들이 반복, 복제의 기능으로서만 작용한다면 분명 간과

하기 힘든 문제점들이 드러나고 있는 것으로 이해할 수 있다. 마치 다람쥐가 쳇바퀴를 돌리듯이 제자리에서 맴돌며 엇비슷한 이야기만을 펼쳐놓고 있는 KBS 1TV의 일일드라마에는 과연 어떤 잘못된 부분들이 도사리고 있는 것일까?

2. <정 때문에>의 미덕

KBS 1TV의 일일드라마는 대개 다양한 연령층으로 구성되는 대가족을 중심축에 두고 주인공 남녀의 로맨스를 펼쳐가는 이원적 스토리로 구성되어진다. 이들 남녀 주인공은 신분이나 지위에서 큰 차이가 나게 설정되는 것이 일반적인데 전작들에서 그랬듯이 <미우나 고우나> 역시 주인공인 강백호와 나단풍은 신분상의 격차를 갖고 있다. 이런 부분들은 극이 진행되며 사랑으로 인해 점차 해소되고 결말부에서 극의 필수적인 귀결점인 결혼으로 골인하게 된다. KBS 1TV의 일일드라마가 만들어낸 일종의 고정적인 구조물인 이 공식들은 오랜 반복의 과정 속에서 어느 사이 부메랑이 되어 드라마의 완성도에 부정적인 방향으로 작용하고 있다.

KBS 1TV의 일일극이 지금처럼 자기복제의 함정 속에 빠져들기 이전, 큰 히트를 기록했던 선배격의 작품들은 가족극의 미덕들을 살리면서도 다양하게 여러 인물들의 이야기를 변주해낼 줄 아는 영민함을 보유하고 있었다. 그들 속에도 남녀 주인공의 러브스토리는 펼쳐졌지만 자기복제라는 느낌은 어디에서도 찾아볼 수 없었다.

<바람은 불어도>, <정 때문에>와 같은 드라마들은 아직까지도 일일극의 교과서적인 작품들로 기억되는 경우로 특히 <정 때문에>는 남녀 주인공보다 주변 인물들의 파노라마적인 스토리들이 더 흥미로웠던 이례적

인 예로 기억될 만하다. 여주인공인 은표를 중심으로 그녀를 둘러싸는 캐릭터들의 현실들이 고른 방식으로 배치되어 있었고 그 속에서 가족 간의 사랑, 화합이란 대명제는 설 자리를 안정적으로 찾을 수가 있었다. 노년층과 중장년층에서 젊은 층까지 여러 시청 층을 감싸 안을 줄 알았던 <정 때문에>는 시청률의 성공뿐만 아니라 작품적인 밀도에서도 손꼽힐 만한 모범적인 사례로 다양성과 보편성의 조화라는 두 마리의 토끼사냥을 이뤄냈던 경우였다.

3. 우리에게도 악녀는 있다

그러나 KBS 1TV 일일극에도 이천 년대 이후 일련의 트렌디 드라마들의 인물공식인 4각 구도의 인물대립이 - 악녀 캐릭터로 대표되는 - 도입되면서 상황은 급반전하게 된다. 이런 변화들은 일시적으로 시청층을 증가시키는 효과들을 가져왔지만 장기적인 관점에서 돌아본다면 득보다는 실을 훨씬 많이 초래하게 된 퇴보 쪽으로의 발걸음으로 기록되어야 할 것이다. 자연스럽게 가족극은 변질되며 선배 드라마들의 미덕을 훼손하게 된다. 분명 은표라는 캐릭터로 대표될 수 있었던 90년대 후반까지의 KBS 1TV 일일드라마의 황금기는 막을 내리게 되고 이전과는 다른 시대가 도래하게 된 것으로 평가할 수 있다.

가족극이라 해서 멜로적인 요소들이 많은 부분을 차지하지 말아야만 할 이유는 없다. 어떤 면에선 잘 그려내기만 하면 시청 층의 파이 자체를 확장할 수 있는 순기능을 내포하고 있기 때문이다. 그렇지만 고정화된 남녀 주인공과 악녀 캐릭터, 보조적인 남자 캐릭터의 단순화된 모습들은 지난 수년간의 KBS 1TV 일일드라마에서 지속적으로 답습되고 있어 아쉬움을 자아낸다.

<미우나 고우나>에서 나단풍과 함께 주연급 여성 캐릭터로 설정된 황지영은 지고지순한 순종형의 캐릭터로 그녀에게는 봉수아라는 악녀 캐릭터가 항상 따라다닌다.

지영과는 오랜 연인 사이던 나선재라는 야심적인 캐릭터를 유혹하여 끝내 자기남자로 만들게 되는 봉수아는 버릇없고 안하무인이며 이기적인 전형적인 일일극 속의 악녀 캐릭터. 이들 세 사람의 관계설정은 때로 실소를 자아내게 할 만큼 상투적이어서 마치 전성기가 지난 트렌디물의 한 장면을 다시 보는 듯한 착각마저 불러일으킨다. 봉수아는 황지영의 따귀를 여러 차례 올려붙이며 심지어는 나선재의 어머니조차 지영에게 폭력을 행사한다. 이쯤 되면 퇴보라는 용어사용도 일일극의 현실 앞에서 크게 어색하지 않게 느껴진다. 전작 <하늘만큼 땅만큼> 역시 주인공들의 로맨스에 재수생과 재벌 2세를 끼워 넣으며 걸림돌로 작용하게 하여 비판의 잣대 위에 오른 바가 있었는데 <미우나 고우나>도 같은 길을 충실하게 걸어갔음은 이천 년대 이후 KBS 1TV 일일극의 방향 수정에서 그 근원적인 원인들을 찾아봐야 할 것이다.

<정 때문에>에서 은표, 대기가 보여주던 아기자기한 사랑이나 대가족의 밀도 깊은 이야기들은 아마 최근 일일극의 풍토 속에서 고색창연한 옛 유물정도로 치부되는지도 모를 일이다.

4. 주인공은 가난하고 외로워야 한다?

특히 <미우나 고우나>의 가장 큰 문제점은 캐릭터들의 상투적인 설정이다. 왜 KBS 1TV 일일드라마 속 남녀 주인공은 항상 어느 한편이 신분상의 핸디캡을 안고 있는 것으로 그려지는지 알다가도 모를 일인데 <열아홉 순정>, <하늘만큼 땅만큼>, <미우나 고우나>, <너는 내 운명>까지 한 치의 어긋남도 없이 공식화되는 설정들은 안타까울 따름이다. 연변에서 온 캔디형 처녀, 출생의 아픔 속에 살아가는 남자 주인공, 이식받은 눈의 원주인과 연인이던 남자와 사랑하게 되는 고아 아가씨까지……. 이쯤 되면 차라리 <미우나 고우나>의 강백호는 준수한 편에 속한다고 할 수 있겠다.

물론 가난하고 어려운 환경 속에 놓인 주인공이 평범하거나 상류계층에 속한 주인공보다 선한 이미지로 묘사되기 쉬우며 좀 더 극적으로 다가선다는 것은 사실이다.

그렇지만 정해놓은 패턴대로가 아니면 안 된다는 듯한 KBS 1TV 일일극의 캐릭터 복제는 시청자에게 답답함을 넘어 짜증스러움을 안겨주고 있다. 현재 방영 중인 <너는 내 운명>의 시청률이 경쟁작의 약세에도 불구하고 답보상태에 머무르고 있는 것도 반복되는 캐릭터의 답습이 주 원인임은 쉽게 짐작해볼 수 있는 일이다.

또한 그 얼굴이 그 얼굴인 듯한 조연 캐릭터들의 무한반복 역시 거론하지 않을 수 없다. <정 때문에>나 <바람은 불어도>와 같은 가족드라마에서 여러 계층의 인물들은 진지하게 고려되고 설정되었다. 그런 과정 속에서 아직까지도 기억되는 황 씨 아저씨나 거시기 같은 인상적인 조연들이 탄생될 수 있었는데 오랜 시간 전에 정립된 이런 캐릭터의 묘미들이 KBS 1TV 일일극에서 더 이상 존립하지 못한 채 정체 내지 퇴행의 길을 걷고 있음은 못내 아쉬운 부분이다.

<정 때문에>의 조연이었던 거시기를 생각해보자, 현재까지도 유지되는 배우 김성환의 이미지를 확립하다시피 했던 이 캐릭터는 어디까지나 보조 인물이었음에도 불구하고 강한 영속성을 갖고 있었다. 가진 것 없이 선배

집에 얹혀사는 신세임에도 낙관적으로 세상을 보며 웃음으로 고민들을
풀어낼 줄 알았던 거시기는 가족드라마의 조연으로서 모범적인 캐릭터였
다. <미우나 고우나>에 과연 이런 캐릭터가 있었던가?

등장인물의 숫자는 이전과 달라지지 않았을지 모르지만 인물들의 삶의
깊이는 비교하기 힘들 정도로 과거 작품들에 비해 미약해진 것이 현실이다.

캐릭터는 답습으로 이뤄지는 것이 아니다. 기존 캐릭터의 장점이라 생각
되는 부분들을 활용하더라도 고민하고 발전시켜서 작품 속의 누군가로
탄생시켜야 하는 것이다. 현재 KBS 1TV 일일극 속의 인물들은 생명력을
상실해가고 있다. 이런 점은 주인공도 조연들도 예외라고 보기 힘들며
의미 없는 캐릭터의 복제 속에선 모든 사람들이 제자리 뛰기만을 반복하게
될 뿐이다.

5. 아름다운 시절의 예외적인 가능성

KBS 1TV는 아침시간대에도 일일드라마를 편성하고 있다. TV소설이라
는 타이틀로 방송되는 이 드라마는 저녁시간대의 일일극과는 사뭇 차별화
되는 특징들을 보여주고 있는데 이 중 한 편이었던 <아름다운 시절>은
1970년대 춘천을 배경으로 한 가족이 겪게 되는 삶의 애환들을 잔잔하게
그려내어 좋은 평가를 받으면서 최근 종영된 바 있다. 향숙·진숙·재범·재혁
의 네 남매를 중심으로 사랑과 복수, 용서와 화해라는 요소들을 따스하게
관조했던 이 드라마는 복고적인 시대상과 영상에다 TV소설이란 호칭이
어색하지 않은 내레이션의 유효적절한 활용으로 짜임새 있는 모습들을
보여주었으며, 흔한 멜로물로 전락할 수 있는 위험에서 스스로를 건져내는
데 성공했다. 물론 대립되는 두 가족 간의 악연과 그 속에서 연계되는

주인공들의 모습은 여타 아침시간대 드라마들의 통속적인 전개에서 완전하게 자유롭지는 못했지만 그럼에도 <아름다운 시절>에 높은 점수를 부여할 수 있는 것은 단점들을 훨씬 상회하는 장점들이 자리하고 있었기 때문이다. <미우나 고우나>에선 문제점으로 드러났던 캐릭터의 자기복제와 획일화가 <아름다운 시절>에서는 정반대의 모습으로 나타나고 있는 것은 대표적인 이 드라마의 장점으로 꼽힐 만하다.

네 남매 중 이기적이며 야심적인 향숙과 순종적이고 희생적인 진숙 간의 대비는 극의 전체적인 흐름을 조율하고 두 사람과 직간접으로 맥이 닿는 여러 인물들의 묘사를 통해 당시 시대상을 시청자들에게 성공적으로 전달해주고 있다. TV소설은 이전에도 복고적인 극의 배경 속에 캐릭터들을 다양하게 배치하는 능력들을 여러 차례 보여준바 있었는데 <아름다운 시절>은 그중에서도 매우 성공적인 케이스로서 조연들의 짜임새 있는 조화를 통해 극의 응집력을 높여내는 완성도 있는 모습들을 보여주었다.

어찌 보면 과거 KBS 1TV의 저녁시간대 일일극의 영광시대를 올바르게 계승하고 있는 쪽은 TV소설이란 생각이 든다. 저녁시간대 일일드라마의 제작진은 멀리 갈 것 없이 동 채널의 <아름다운 시절>에서 바른 지향점을 발견해야만 할 것이다.

6. 차별화되는 구성과 전개

<미우나 고우나>를 분석하면 쉽게 발견할 수 있는 또 다른 문제점은 지나칠 정도로 익숙해져버린 구성과 전개에서의 상투성이다.

KBS 1TV 일일드라마의 트레이드마크처럼 자리해버린 4각 남녀 주인공의 연결고리는─현격하게 신분상의 차이점을 갖는 주인공들과 그들을 방해하며

이어지게 하는 두 남녀를 통해 예약된 해피엔딩으로 귀결된다─이제 반복을 거듭해온 여러 드라마를 통해 익숙하다 못해 식상해져 있다. 제작진은 가족 시간대의 가장 보편적인 구성이기에 지속적으로 차용한다고 강변할지 모르지만 지난 수년간의 저녁시간대 일일극들이 인물들의 얼굴들만 달라졌을 뿐 맞춤형으로 찍어내는 듯한 유사 드라마들로 일관해온 점은 달리 변명의 여지가 없어 보인다.

사실 이런 풍토들을 만들어낸 일등공신은 다름 아닌 시청률이다. 적게는 20%대 초반에서 많게는 40%대의 벽까지 넘어섰던 KBS 1TV 일일극의 흥행질주는 현실에 안주하고 변화를 거부하는 제작풍토를 당연시하게 만들었다. 그런 가운데 습관적으로 채널을 KBS1로 고정하는 중장년층 시청자들의 존재에 대한 높은 시청률의 원인분석과 개선방향은 설 자리를 잃어왔으며 제작진에게 필요성을 느끼도록 만들어주지 못했다.

그러나 고인 물은 썩게 되는 법이다. 오히려 잘나가고 있는 시점에서 과감하고 참신한 시도들로 구성, 전개의 상투성을 극복해내고 차별화를 이뤄내는 것이 시청자에 대해서도 바른 도리일 것으로 생각된다. 이런 부분들로 스스로의 변화를 이뤄냈을 때 KBS 1TV의 일일드라마는 시청률만의 승자가 아닌 진정한 의미에서의 승자로 기록될 수 있을 것이다.

7. 제자리뛰기는 이제 그만

그렇다면 이러한 KBS 1TV 저녁시간대 일일드라마의 문제점들을 해결할 수 있는 현실적인 방안들은 과연 무엇일까?

흥미롭게도 그 첫걸음은 기존 드라마의 답습이 아닌 재활용에서 찾아져야 할 것이다. 높은 시청률을 기록했던 최근작들의 패턴을 공식화하고 그 속에다 극을 짜맞추는 것이 아닌 <정 때문에>, <바람은 불어도>와 같은 완성도와 인기라는 두 마리의 토끼사냥에 성공했던 선배작들의 장점들을 이해하고 수용하는 방식으로 제작진은 시선을 돌려야 하며 그러할 때만이 진정한 의미에서 일일드라마의 개선은 현실화될 수 있을 것으로 여겨진다.

틀에 박힌 것이 아닌 생명력 있는 주인공들을 통해 극의 동기부여가 이뤄져야 함은 물론이며 각자의 영역에서 존재감을 갖는 조연 캐릭터들의 다양화도 필수적이라 할 수 있다. <미우나 고우나>의 경우처럼 들러리를 서는 차원 정도로 조연들을 격하시켜서는 안 되며 주변 인물들이 유기적으로 주인공들과 호흡할 때 드라마는 힘을 얻고 더욱 원활하게 진행될 수 있기 때문이다.

또한 주인공들의 신분상의 격차라든지 우연스러운 만남과 사건들로 극을 전개시키려는 악습에서 탈피하여 시청자들이 자연스럽게 몰입할 수 있는 틀과 내용물을 채워가는 노력들을 이제부터라도 성실하게 해나가야 할 것이다. 만일 이런 악습들이 존재해야만 시청률이 담보된다는 생각을 하는 제작진이 있다면 그것이야말로 큰 착각이다. 시청자들은 오히려 신선하고 좋은 드라마라면 기존 시청 층을 넘어서서 호응을 보낼 것이며, 백보를 양보하여 설령 시청률이란 과실이 그런 요소들에 의해 일정 부분 좌우된다고 하더라도 공영방송의 저녁시간대 드라마로서 시청자들에게 양질의 작품으로 다가선다는 마음가짐은 모든 것에 우선하는 대명제가 될 것이다.

시청자들은 아직까지도 <바람은 불어도>와 <정 때문에>를 기억한다. 그 이유는 우연스러운 설정들의 남발 때문도 식상해진 캐릭터의 설정 때문도 아니다. 가족 간의 정과 살아가는 이야기를 공감 가도록 그려냈던 그들 드라마의 미덕 때문이었으며 우리네의 살아가는 모습들이 그러하듯이 스포트라이트를 받는 주인공에서 작은 단역까지 애정어린 시선으로 진실되게 접근했기에 오래도록 기억 속에 남게 된 것이다.

시청자는 지금도 그런 드라마를 기다리고 있다. 그 기다림을 충족시키기 위해서는 KBS 1TV의 저녁시간대 일일극은 변화해야 한다. 과거 선배들의 유산에서 동시대의 TV소설까지 입에 쓰더라도 몸에 좋은 장점들을 흡수해야 하고 외형상의 조건이 아닌 내면의 매력으로 승부하는 캐릭터들로 삶에 대해 차분하게 이야기해야 한다. 답습되어온 설정, 전개의 문제점들을 벗어버려야 함은 물론이다.

그 노력들이 수반될 때 KBS 1TV의 일일극은 가족드라마라는 호칭 속의 참 의미를 전달할 수 있을 것이며 비로소 제자리 뛰기에서 벗어나서 앞을 향해 달려나갈 수 있게 될 것이다.

유치하지만 찬란한 삶을 살아가는 그들의 이야기

MBC 수목드라마 <메리대구 공방전>

정유리

1. 영상문학, 드라마에 대한 고찰

영상문학인 드라마는 탄탄한 서사와 입체감 있는 캐릭터, 배우의 뛰어난 연기력을 고루 갖추고 있지 않으면 시청자에게 외면받기 십상이다. 그러나 요즘 몇몇 드라마는 낮은 시청률과 제작사의 사정을 이유로 들어 방영 도중 작가를 교체했다. 또 스타 기용이라는 이슈를 만들어내기 위해 연기 경험이 전무한 연예인을 캐스팅해 드라마로서의 정체성이 흔들리는 현상이 발생하기도 했다. 허구의 공간에서 실재를 그럴 듯하게 표현하는 데 실패한 것이다. 게다가 불륜과 선정성, 폭력을 여과 없이 내보냄으로써 드라마의 역할과 기능에 대해 재고해야 한다는 비판의 목소리가 높아지고 있다.

드라마는 보여주기와 들려주기를 비중 있게 다뤄야 한다. 보여주기에 치중하면 한낱 눈요기에 머무를 수밖에 없고 들려주기에 치중하면 재미와 대중성을 획득하지 못할 수도 있기 때문이다. 드라마는 영상 예술이란 카테고리에 속해 있다. 드라마 제작에 참여하는 스태프와 배우들은 처절한 고민 없이 만든 드라마는 삼류 에피소드로 전락할 수밖에 없음을 유의해야 할 것이다.

드라마는 우리의 표본적인 혹은 특별한 삶을 이야기로 엮어 영상미로 승화시킨 장르다. 시청자는 소비자로서 취향에 맞는 드라마를 선택한다. 공감할 수 있고 대리 만족하며 카타르시스를 느낄 수 있는 내용 위주의 드라마로 말이다.

연속성을 지닌 드라마는 허술한 구조와 편집으로 시청자를 첫 회부터 최종회까지 흡입할 수 없다. 미디어 중에서 텔레비전을 가장 오랜 시간 접하는 시청자는 비평가적 안목을 가지고 있으며 소통하기 위해 적극적인 태도를 보이기 때문이다. 그러나 시청률이 높은 드라마가 작품성을 지니고 있다는 절대적인 법칙은 없다. 그저 그런 완성도를 보이지만 시기를 잘 탄 운이 좋은 드라마도 있고 톱스타와 엄청난 제작비를 무기로 내세워 시청자들의 관심을 끈 드라마도 있기 때문이다. 반면 시청률이 한 드라마에 편중됨으로써 생각의 영역을 확장시키고 스스로를 성찰할 수 있는 계기를 제공함에도 불구하고 낮은 시청률을 기록하는 마니아 드라마가 양산되기도 했다. 마니아 드라마는 때론 급작스런 종영으로 화면에서 사라지기도 하지만 소수 시청자의 전폭적인 지지를 받으며 오랫동안 회자되는 이른바 괜찮은, 혹은 명품 드라마로 이름을 남기기도 한다. 비록 SBS <쩐의 전쟁>에 밀려 쓸쓸한 퇴장을 했지만 진정한 마니아 드라마로서의 의의를 남긴, 가볍지만 사뭇 진지한 <메리대구 공방전>에 대해 살펴보기로 한다.

2. 꿈꾸는 젊음

인터넷 소설 『한심남녀 공방전』을 각색한 <메리대구 공방전>의 주인공은 메리와 대구다. 메리와 대구는 이 시대를 살아가는 백수다. 물리적으로 독립하지 못해 불완전한 존재로 낙인찍혔지만 그들의 삶이 어둡고 고단한 것만은 아니다. 메리는 뮤지컬 배우라는, 대구는 성공한 무협 소설가라는 꿈을 가지고 있기 때문이다. 그러나 메리와 대구를 바라보는 주위의 시선은 냉소적이다. 사회가 정해놓은 규격화된 틀 안에 정착하기를 거부했기 때문이다. 메리와 대구는 20대를 훌쩍 넘겼음에도 불구하고 내세울 만한 직업을 갖지 못했다. 즉석밥을 덤으로 주는 오백 원짜리 컵라면에 집착할 수밖에 없을 정도로 빈곤한 그들은 어쩔 수 없이 부모님과 대학 선배에게 얹혀산다. 하루하루가 평탄치 않지만 메리와 대구는 의식주라는 삶의 부가적인 요소 대신 궁극적인 목적을 추구한다. <메리대구 공방전>은 비록 안정성이 결여됐지만 꿈을 이루기 위해 도전하는 과정을 조명하고 있는 것이다. 이는 <메리대구 공방전>이 담고 있는 메시지다.

시청자와 메리, 대구의 거리는 가깝다. 누구나 한번쯤 꿈과 현실의 길목에서 방황을 했으며 정신적 욕구를 채우기 위해 과감한 선택을 내린 적이 있기 때문이다. 또 관계를 맺은 사람들과 충돌하고 사랑을 나누며 교감하는 모습이 우리의 일상과 다를 바 없다. 그래서 시청자들은 일정한 거리를 두지만 화면 안에서 전개되는 메리와 대구에 쉽게 몰입할 수 있다.

메리는 결혼을 하면 정기적으로 월급을 가져다줄 수 있는 도진을, 대구는 경제적으로 풍족한 소란을 선택하지 않았다. 가진 것이라곤 꿈뿐인 서로를 믿고 의지하기로 결심한다. 젊음이 젊음을 이해하고 동반자 역할을 하는 상호보완성을 띠는 것이다. 이것저것 계산하지 않고 순수성을 지향하는 메리와 대구는 젊음의 패기를 보여주고 있다.

꿈을 이루기 위해 앞으로 나갈 때마다 좌절하지만 다시 일어서고 마음 가는 대로 행동하는 메리와 대구는 젊음의 본질이 형상화된 인물들이다. 메리와 대구의 실패가 고맙기까지 한 것은 젊음의 가능성을 확인시켜줬기 때문이다.

자신의 인생을 구성해나가는 메리와 대구의 용기가 평범한 것이라고 생각한다면 큰 오산이다. 때로는 이기적인 객기를 부릴 수 있는 결단력과, 상처에도 아무렇지 않은 듯 웃을 수 있는 젊음의 뻔뻔함이 필요하기 때문이다. "내 꿈은 충치야. 갖고 있어도 아프고 빼 버리기도 아프다." (<메리대구 공방전>)

메리와 대구는 오히려 꿈을 품는 아픔을 동경한다. 그러나 그들은 씩씩하다. 지금의 아픔은 자신들을 성숙하게 발전시켜주고 훗날 꿈을 이루었을 때의 희열을 배가시켜줄 것이라고 굳게 믿기 때문이다. 현실에 안주하는 우리는 생각이 젊은 메리와 대구를 본받아야 할 것이다.

3. 과장의 미학

<메리대구 공방전>은 만화적인 요소를 포함하고 있다. 만화적 요소는 내용의 과장으로 표현됐다. 이 과장은 <메리대구 공방전>만의 메커니즘으로 자리 잡는 데 성공했다.

<메리대구 공방전>은 형식적인 측면에서도 새로움을 시도했다. 몇 개의 짧막한 장면에 머무르지 않고 한 편의 이야기가 계속 전개되는 인서트 (insert) 방식을 차용함으로써 극의 지루함을 덜어내고 시청자의 집중력을 요구한 것이다.

먼저 <메리대구 공방전>의 내용을 장면으로 나누어 살펴보자. 메리와 대구는 황제 슈퍼의 일자리를 얻기 위해 1, 2, 3차에 걸친 입사 전형에서 경쟁을 한다. 근소한 차이로 평가에서 앞선 대구가 아르바이트생으로 뽑힌다. 그러나 메리는 바람에 떨어진 간판 글씨에 머리를 맞아 기절을 하고 사장의 배려로 황제 슈퍼에서 일을 하게 된다. 논리적인 관점에서 분석을 하면 말도 안 되는 작위적인 설정이다. 그러나 이는 <메리대구 공방전>의 가장 큰 장점으로 작용한다. '메리대구 공방전의 시청자라면 극 중 어떤 상황이라도 받아들일 수 있어야 한다'는 열린 사고를 전제로 하는 능청스러움은 시청자들의 수평적 감정을 지속해나가는 재미없는 드라마와 차별되는 부분이기 때문이다.

메리는 게스트 하우스를 운영하는 엄마를 돕기는커녕 잦은 실수로 외국인 손님을 모두 쫓아낸다. 화가 난 엄마는 고무호스를 휘둘러 메리를 때리고 벌을 준다. 외국인 손님들은 사진을 찍어 인터넷에 올리고 메리는 한국을 방문한 모든 외국인이 기피하는 인물이 되고 만다. 공간의 제한성을 넘나들며 메리가 'crazy girl'로 치부되는 코믹함은 과장이 주는 즐거움이다. 무협소설을 쓰는 대구의 상상은 또 하나의 이야기로 극에 삽입됐다. 현실과 환상이 분리된 이중 구조로 두 개의 이야기가 펼쳐지는 것이다. 메리는 대구의 환상 속에서 백발광녀가 된다. 백발광녀 메리는 자신을 배신한 남자친구에게 복수하기 위해 오랜 시간 수행을 한다. 메리가 천 켤레의 기차표 무쇠신을 신고 절대 무공을 익히고 결투를 하는 장면은 유치하기까지 하다. 그러나 백발광녀(환상)에는 현실이 투영되어 있다는 점을 간과해서는 안 된다. 복합적이고 다양성을 지닌 대구의 고뇌가 담겨 있기 때문이다. 목표를 이루기 위해 인내하는 것에 대한 어려움. 보통 사람 대구의 이러한 고뇌는 우리의 문제와 겹치는 부분이 분명 있다.

시청자는 재미를 주기 위한 요소와 드라마의 깊이를 더 해주는 숨기기를 구분할 줄 알아야 한다. 현실과 환상이 분리된 이중 구조는 인물 간의 관계와 심리 묘사를 두드러지게 하기 위한 장치이기에 주의 깊게 살펴봐야 할 필요가 있는 것이다.

백발광녀는 대구에게만 허용된 환상의 세계다. 자신의 혼란스러운 상황을 유머러스한 상황으로 변환시킨 것이다. 그러나 시청자는 단절되지 않고 환상의 세계를 따라 시선을 움직이며 관찰할 수 있다. 시청자에게 제작진의 의도를 찾고 드라마 해석에 능동적으로 참여할 기회가 주어지는 것이다. 이는 결코 어려운 일이 아니다. <메리대구 공방전>은 힘을 뺀 채 상상을 재연했고 과장이라는 단순성만 더했기 때문이다. 백발광녀는 대구가 현실을 일탈하기 위해 만든 통로였던 것이다.

<메리대구 공방전>에 나타나는 과장은 드라마의 흐름을 유연하게 했다. 또 시청자들에게 <메리대구 공방전>을 각인시킬 수 있는 도구적 면모도 가지고 있었다. 이는 과장은 드라마가 피해야 할 것이 아니라 드라마의 한 속성이 될 수 있음을 보여준 일례다.

4. 신데렐라의 부재

매체가 확장되면서 시청자들은 해외 드라마를 손쉽게 접할 수 있다. 다양한 소재와 이국적인 이야기를 탐험하는 것은 매력적인 일이 아닐 수 없다. 필자도 호기심에 얼마 전 대만 드라마를 몇 편 시청했다. 그러나 결과는 매우 실망스러웠다. 명문가에서 태어난 남자와 가난하지만 씩씩한 여자의 로맨스가 대부분이었기 때문이다(단정은 아니다). 남자에게는 왕자를, 여자에게는 왕자로 인해 계급이 급부상하는 신데렐라의 상징성을 부여해도 큰 무리는 없을 것이다. 우리나라 드라마의 사정도 크게 다르진 않다. 신데렐라를 보여주고 싶어 하고, 보여주길 원하는 딜레마에 빠져 있는 것이다. 그러나 <메리대구 공방전>은 이러한 진부함을 탈피했다.

<메리대구 공방전>의 등장인물들은 뚜렷한 개성을 보인다. 주연은 물론 조연까지 각자의 스타일이 정립돼 있어 서로 부딪히고 끌어안는 모습을 보는 재미도 쏠쏠하다. 그러나 이는 장점이자 단점으로 다가온다. 워낙 성격이 강한 인물들을 다루다 보니 산만한 감도 없지 않아 있었기 때문이다.

<메리대구 공방전>의 주인공격이라 할 수 있는 등장인물은 메리, 대구, 도진, 소란이다. 메리는 꿋꿋하고 밝은 성격을 가지고 있지만 음식에 대한 강한 집착을 보인다. 대구는 외모부터 범상치 않다. 파마로 한없이 부풀려진 머리와 특이한 말투는 마치 도인 같다. 도진은 고등학교 선생님으로서의 자질을 훌륭하게 갖추었다. 무조건 바른 생각과 행동이라는 생활 지침은 무척 심심해 보이지만 자기만족을 하며 살아가기에 별 문제는 없다. 소란은 짝퉁 패리스 힐튼이다. 막강한 부를 휘두르며 대구를 쥐락펴락하고 싶어 하지만 결국 실패한다.

다르기만 한 이 네 사람에게도 공통점은 있다. 바로 콤플렉스를 가지고 있다는 것이다. 메리는 실패한 꿈이라는 콤플렉스를 가지고 있다. 뮤지컬 배우 오디션에서 숱하게 낙방을 한 메리는 자신감을 상실하고 포기 상태에 까지 이른다. 대구는 자신을 버리고 간 아버지에 대한 증오를 품고 있다. 가족에 대한 트라우마를 가지고 있는 대구는 버티기 위해 얄미울 정도로 개인적인 성향을 보인다. 도진은 융통성 없는 사람으로 평가된다. 소란은 뚱뚱하고 못생긴 외모는 수술로 변화시켰지만 사랑을 한 번도 해보지 못했다는 콤플렉스를 가지고 있다.

우리는 네 명의 주인공이 콤플렉스를 극복하는 과정에 주목할 필요가 있다. 신데렐라처럼 요정들이 도와주거나 왕자님이 거친 상황에서 구원해 주지 않기 때문이다. 메리는 온갖 구박을 견뎌내며 될 때까지 오디션을 본다. 단역이긴 하지만 결국 무대에 서는 데 성공한다. 대구는 아버지에게 분노를 표출하며 자신의 영역에서 밀어내지만 교감을 통해 아버지를 이해 한다. 도진은 어디로 튈지 모르는 소란을 사랑으로 감싸며 포용력을 넓히기 시작했고 소란은 도진에게 묘한 감정을 느낀다.

네 명의 주인공은 각자의 역량으로 콤플렉스를 이겨나간다. 서로의 영역에 개입해 다투기도 하고 일이 뜻대로 풀리지 않아 좌절도 한다. 하지만 콤플렉스에 대한 상처를 치유하고 재출발을 하는 상황이 꼭 나쁜 것만은 아니다. 여유를 가지고 자아성찰을 할 수 있는 소중한 기회를 획득했기 때문이다. 이들에게 조력자의 과한 친절은 필요 없다. 충분히 젊고 자신의 부족함을 인지하고 있기 때문이다. 물론 메리, 대구, 도진, 소란은 완벽하게 콤플렉스를 극복하지 못했다. 그러나 우리는 미완성된 결말에 불쾌해하지 않아도 된다. 그들은 우리를 대변하는 완벽한 사람이 아니기 때문이다.

메리, 대구, 도진, 소란의 삶은 현재 진행형이다. 그들은 미친 듯이 사랑해 도 좋고 마구 울고 웃어도 되는 중요한 시기를 지금 막 지나고 있다. 젊고 삶에 대한 강한 의지를 보이는 그들은 충분한 자격이 있으니 말이다. 이처럼 <메리대구 공방전>에는 메리, 대구, 도진, 소란과 우리만 있을 뿐 만들어진 신데렐라는 없었다.

5. TV는 창조의 상자

텔레비전이란 딱딱한 기계는 디지털화된 우리를 말랑하게 만드는 힘을 가지고 있다. 무딘 감정을 자극하고 생각의 여지를 던져주기 때문이다.

특히 드라마는 상상과 현실을 접목함으로써 색다른 경험을 할 수 있는 장을 마련해준다. 개연성이 지나치게 도드라져 시청자의 신뢰를 깨트리고 철저한 준비 없이 임기응변으로 전파만 낭비하는 드라마도 있지만 말이다. <메리대구 공방전>은 모처럼 여러모로 칭찬할 수 있는 드라마다. 젊음과 우리의 자화상을 유쾌한 환상과 리얼리즘이란 프리즘을 통해 그려냈기 때문이다. 또 등장인물과 구성은 통통 튀지만 저변에는 갖가지 희로애락과 삶의 아이러니가 깔려 있다. <메리대구 공방전>은 드라마적 요소에 의한 가벼움을 통해 인생의 진중함을 반추할 수 있는 드라마인 것이다. 그러나 <메리대구 공방전>에 대한 평가는 인색했다. 낮은 시청률로 인해 매스컴에서 다뤄진 횟수가 적었으며 이로 인해 긍정적인 호응을 이끌어낼 기회를 잃은 것이다. 기존 드라마의 전형성을 깬 <메리대구 공방전>은 재평가를 받아야 할 필요가 있다. 예측불허인 젊음과 멋대로 하게 내버려두라는 제작진의 호기가 뿜어내는 에너지는 그 어떤 드라마보다 강력했기 때문이다. 시청률이 낮으면 어떠한가. 소수의 시청자가 열렬한 반응으로 드라마의 존재감을 증명하고 있으니 말이다(몇몇의 시청자일지라도 그들은 텔레비전의 주변인이 아니라 중심이다!). 우리는 드라마의 위상을 높이기 위해서라도 시청률이라는 수치보다 소통하기 위한 노력에 무게 추를 옮겨야 할 것이다.

드라마 제작자는 반짝이는 아이디어와 탄탄한 서사에 대한 연구는 끊임없이 해야 할 것이다. 텔레비전은 바보상자가 아닌 창조와 예술이 범람하는 매체라는 것을 확인시켜주기 위해서라도 말이다.

잃어버린 시청자를 찾아서

<TV 속의 TV> 속으로

조성호

1. 나를 알기 위한 전제조건: 의지, 호수 그리고 타인

네 자신을 알라. 이 말을 소크라테스가 처음 한 게 아니라는 걸 알게 되고 조금 허탈했다. 성인의 아우라가 감싸고 있던 심오한 격언이 민중에 의해 구전된 출처불명의 속담으로 격하(?)된 듯했다. 그러나 곰곰이 생각해 보면 김새는 일만은 아니다. 누가 먼저 했든, 이 말이 시공을 넘어 생명력을 갖는 건 어떤 특별함이 있어서다. 추측건대 그건 바로 '실천의 어려움' 때문 아닐까? 어쩌면 인간은 자기 자신 혹은 남이 하기 힘든 일을 강조 또는 강요함으로써 윤리적 우위를 점하려는 본능이 있는지도 모르겠다.

자신을 알기가 얼마나 어려운지는 그리스 신화에 나오는 나르시스 (Narcissus)를 보면 된다. 호수에 비친 자신만 바라보다가 맞은 비극적 최후는 그런 시도조차 망설이게 한다. 그러니 자기를 제대로 알기란 얼마나 고된 일일까? 하지만 다행히도, 나르시스 이야기는 두 가지 교훈을 담고 있다.

그것은 자신을 알기 위해 호수만 들여다보면 안 된다는 것, 그리고 타인의 도움을 구한다면 객관적일 뿐 아니라 정신병(나르시시즘)까지 예방할 수 있다는 것이다.

이제 나르시스 이야기를 통해 '나를 알기 위한 전제조건' 세 가지를 추론할 수 있다. 그것은 나를 알고자 하는 '의지'와 나를 비춰줄 '호수', 그리고 호수에 빠지지 않도록 나를 잡아줄 '타인'의 존재다. 물론 나르시스의 경우, 애초 그럴 의지나 말려줄 타인이 없었기 때문에 불행하게 끝날 수밖에 없었다. 그러면 이를 2008년 현재 대한민국 지상파 방송사업자 MBC에 적용해보자. MBC의 호수는 누가 뭐래도 <TV 속의 TV>다. 그리고 이 글은 MBC를 지켜줄 타인, 즉 시청자를 찾아나선 짧은 여행이다.

2. '나르시스의 비극'을 피하기 위한 MBC의 몸부림

MBC는 자신을 알고 있을까? 물론 공영기관인 방송문화진흥회 그리고 박정희와 육영수의 이름을 딴 정수장학회가 7대 3의 지분을 가진, 광고수익에 의존하는 공영방송사라는 것 정도는 알 것이다. 하지만 시청자에게 MBC는 소유구조가 아니라 프로그램을 통해 규정된다. 즉, 프로그램의 질이 MBC에 대한 평가로 이어진다.

<TV 속의 TV>는 국내 타 방송사에 앞서 MBC의 '의지'로 방영한 시청자 평가프로그램이다. 참고로 작년 9월 22일에 700회를 맞았을 때 SBS <열린 TV 시청자 세상>은 445회, KBS <TV비평 시청자데스크>는 222회에 불과했다. 최초 방영 9년 뒤인 2000년에 제정된 「통합방송법」의 신설조항 제89조 제1항은 시청자 평가프로그램의 필요성을 인정함으로써 MBC의 선택이 결국 옳았음을 증명했다.

이 시간은 시청자에게는 한 주 동안 본 프로그램을 정리하는 소중한 기회이다. 질문 역시 그러한 정리의 일부다. 예를 들어 작년 6월 23일자 '시청자 포럼' 코너를 통해 "<7옥타브>(2007.6.20)에서 10대 대표 출연자라 해놓고 왜 10대가 아닌 사람이 출연했는지", 또는 올해 3월 8일자 같은 코너를 통해 "<불만제로>(2008.2.28)에서 소가죽을 화학약품 처리해 만든 젤라틴이 어떻게 안전하다고 검증받게 됐는지" 물을 수 있다.

또 시청자는 드라마를 보고 TV를 향해서가 아니라 TV 안에서 '훈수'를 둘 수 있게 됐다. 작년 9월 1일자 '시청자 포럼'에서 소개된 <개와 늑대의 시간>(2007.8.30)의 한 장면에 대한 상반된 의견이 그 예다. 한 인물이 환각상태에 빠진 장면을 너무 적나라하게 묘사한 것 같다고 평한 의견과 실감나는 연기가 흥미진진했다는 응원을 동시에 보여줌으로써 시청자는 다른 이들의 다양한 반응을 알 수 있다.

이처럼 '시청자 포럼'에서 다루는 대략 10가지(올해부터 그 수를 늘렸다) 정도의 프로그램에 대한 시청자 의견은 단순한 감상부터 날카로운 지적까지 다채롭다. 긍정 혹은 부정적인 평가의 수가 프로그램마다 다르고 각각의 분량도 짧지만 허투루 넘길 만한 의견은 별로 없다. 게다가 부정적인 의견의 비중을 지속적으로 늘려 심지어 올해 2월 2일, 9일에는 긍정적인 의견이 겨우 하나씩만 소개됐다.

'시청자 포럼'의 코너 속 코너인 '생생 인터뷰'는 질문 하나를 정해 거리에 나가 사람들의 목소리를 듣는 시간이다. 오락 프로그램의 법칙 (2007.5.19)에 대한 질문을 통해 간판 프로그램에 대한 비판적인 의견을 듣는 것은 MBC 입장에서 유쾌한 일은 아니다. 마찬가지로 자제해줬으면 하는 장면(2007.8.18), 그만 다뤘으면 하는 소재(2007.9.1), 오락 프로그램 출연자들의 말과 행동(2007.12.1), 소품의 간접광고 효과(2008.2.2) 등은 쓴소리 들을 것을 각오한 소재들이다. '시청자 포럼'의 다음 코너 'TV 돋보기'에 선 프로그램을 하나 정해 돋보기로 보듯 그 특징과 아쉬운 점, 나아가야 할 방향 등을 꼼꼼히 살펴본다. 1~2명의 평론가나 교수, 거리 시민들의 의견을 구체적으로 들려준다. 작년 6월부터 생긴 변화는 리포터의 간접전달 대신 해당 제작진의 목소리를 들을 수 있게 되었다는 것이다. 제작진의 사정인진 몰라도 <쇼! 음악중심>(2008.2.23)을 제외한 여러 제작진으로부터 의문과 아쉬움에 대한 답을 듣게 된 것은 하나의 성취라 할 수 있겠다.

앞서 언급한 법 제89조 제2항("시청자 평가프로그램에는 시청자위원회가 선임하는 1인의 시청자평가원이 직접 출연하여 의견을 진술할 수 있다")에 따라 마련된 코너가 '평가원 보고'다. 가장 짧은 시간(3~4분)을 할애하는 코너로 한 명의 시청자평가원이 출연한다. 꼭 하나의 프로그램이 아니더라도 '주말 연속극 형식'(2007.6.30)이나 '오락 프로그램의 자막'(2007.8.11), '시사교양 프로그램의 최근 경향'(2007.9.1) 등 폭넓은 주제로 여러 프로그램을 동시에 다루기도 한다.

3. 3불(불충분, 불균형, 불공정) 평가의 문제

이 정도가 '나르시스의 비극'을 피하려는 MBC의 노력이다. 그러나 지난 1년(2007.5.5~2008.4.26) 동안 52회 분량의 <TV 속의 TV>를 보며 떠오른 건 비극을 앞둔 나르시스였다. 외로운 나르시스가 자신에게 반하듯 MBC도 자신의 프로그램에 반했다. 방송의 책무에 관한 문제가 끊임없이 제기돼도 <TV 속의 TV>는 수줍게 MBC를 타이를 뿐이다. 시청자 의견은 허공에서 맴돌고 진행자들의 구색 맞추기 식의 발언만 반복된다. 비판은 겉돌고 현실은 계속된다. 예수가 경계한 '먼저 된 자'(마태복음 20:16)의 오만인가?

법에서 정한 최소요건만 간신히 충족시킨 채 생색내기 혹은 체면치레 정도로 토요일 오전 60분을 힘겹게 때우는 모습은 보기 민망하다. 그 속에 보이는 건 시청자자 아니라 또 다른 TV, 즉 MBC 자신의 얼굴이다.

MBC가 생각하는 시청자주권을 잘 보여주는 것이 바로 '평가원 보고'다. 이 코너가 차지하는 시간만큼 MBC는 시청자를 존중한다. 물론 법의 허점이 문제다. 방송사에 의해 위촉되고(「방송법」 제87조 제2항) 방송사를 제재할 실질적 수단조차 없는 시청자위원회가 임명하는 평가원 중 1명이 출연해 의견을 진술 '할 수 있다'('해야 한다'가 아니다)는 조항은 방송사의 편의에 일조한다. 굳이 까다로운 평가원을 많이 출연시켜 쓴소리 많이 안 들어도 되고 출연 시간 역시 몇 분이든 전혀 상관없다. 지금보다 더 줄여 '1분 뉴스'처럼 한다 해도, 아니 심지어 출연시키지 않아도 합법적이다.

게다가 평가원은 특정 시간이 아닌 여러 번 방영된 프로그램을 주로 다뤄 평가 대상의 폭이 넓어져 정교한 평가를 기대하기 힘들다. 각 평가원마다 다루는 프로그램도 달라 같은 잘못을 반복하는 프로그램에 대한 지적도 어렵다. 시간마저 촉박하다면 세세한 장면을 일일이 언급하긴 턱없이 부족하다. 그래서 두루뭉술한 단순 감상 정도의 평가를 할 가능성이 높다. 더구나 그 대상조차 작년 5월 26일자 휴먼 다큐멘터리 <사랑>처럼 평가원의 눈물을 자아내거나 작년 8월 25일자 <무한도전>처럼 평가원의 취향에 부합한다면 공정한 평가는 어려워진다.

대상 프로그램 장르의 심각한 편중도 눈에 띈다. 즉, 예능과 드라마가 압도적이다. 지난 1년 동안 '시청자 포럼'에서 다뤄진 프로그램 중 반 정도가 예능, 약 30%가 드라마다. 나머지가 시사교양, 보도인데, 놀랍게도 보도는 단 1%도 안 된다. 예능, 드라마만을 다룬 경우도 13회나 된다. 유일하게 이 코너를 통해 다뤄진 보도 프로그램은 <뉴스 후>로 총 두 번(2008.3.15, 2008.4.5)에 걸쳐 3건의 의견만 소개됐다. <뉴스데스크> 같은 뉴스 쇼(news show)는 '시청자 포럼'에서 전혀 볼 수 없었다. 그러기에 자사 프로그램 띄우기를 비판한 작년 10월 13일치 '평가원 보고'('자사 홍보성 뉴스에 대해')나 아프간 인질석방 관련 오보와 버지니아 총기난사 사건 묘사의 선정성을 지적한 올해 1월 5일치 '평가원 보고'('2007년 MBC 저널리즘 활동 점검')는 가뭄의 단비 같았다.

'TV 돋보기' 코너의 구성도 오해의 소지가 있다. 여기서도 예능이 약 40%로 가장 많이 다뤄졌지만 '시청자 포럼'에 비해 상대적으로 낮은 데다 드라마와 시사교양이 같은 비율이라는 게 위안이 된다. 보도 프로그램은 작년 11월 24일치 <통일전망대>뿐이다. 흥미로운 점은 쏟는 정성에 비해 '시청자 포럼'의 엄밀한 잣대와 다르다는 것이다. 물론 겨우 10분('평가원 보고'의 2배 이상이다!) 동안 많게는 수십 회를 방영한 프로그램을 다루는 게 쉽진 않다. 그렇지만 시청자가 지금 처음 본 것처럼 대상 프로그램을 '친절하게' 취급하지만 않으면 시간을 절약할 수 있다. 프로그램의 특징, 장점, 제언 등을 제작진과 거리의 시민들 및 전문가가 일일이 말한다면 양적으로 봤을 때 아쉬운 점은 덜 부각될 수밖에 없다. 이 코너가 프로그램의 컨설팅을 담당하는 시간인지 헷갈리는 것도 그 때문이다. 시청자 평가프로그램은 프로그램의 완성도보다는 방송의 책무를 따지는 자리다.

4. 자사 홍보프로그램으로 거듭나는 법

지금까지의 지적을 울며 겨자 먹기로 받아들여도 희망은 있다. 아직 MBC에겐 '시청자 포럼'의 코너 속 코너인 '바로 이 장면' 그리고 'TV 돋보기'와 비슷한 분량의 'TV 시간여행'과 'TV 문화창조'가 남아 있기 때문이다. 세 코너만 합치면 아무리 엄정한 잣대를 들이대도 가뿐히 만회할 수 있다. 시청자 평가프로그램의 구성과 형식을 구체화하지 않은 법 덕분에 <TV 속의 TV>는 자사 홍보프로그램으로 거듭날 수 있는 충분한 가능성이 있다.

먼저 그 가능성은 적극적인 영상남용으로 실현된다. 이 방법은 간헐적으로 사용되어오다가 작년 9월 15일치 'TV 문화창조'('장수 프로그램의 미학')에서 드디어 그 절정에 다다랐는데 무려 31가지(그중 4가지는 2회 이상) 프로그램의 제목을 빠른 편집으로 노출시켰다. 한 교수의 차분하고 조용한 설명과 함께 말이다. 자료화면에 곁들인 큰 음량도 시청자로 하여금 평가 자체보다 관련 영상에 더욱 집중할 수 있게 해 유용하다. 선정성, 폭력성, 자극성 문제로 지적된 화면을 그대로 한 번 더 보여주는 것도 초기에 깨달은 좋은 홍보 전략이다.

'평가원 보고'만큼 짧은 '바로 이 장면'을 '시청자 포럼'만큼 늘리는 게 두 번째 방법이다. 이 방법은 예능(15건), 드라마(4건)에 비해 시사교양(25건)과 보도(8건)를 많이 다룬 전례 덕에, 이 코너에서 장르의 전체적인 불균형을 보정한다는 명분이 있다. 이름 그대로 한 주에 방영된 프로그램 중 하나를 골라 적당히 편집해 보여주는 '편안한'(방송사에겐 더더욱) 시간이기 때문에 쓴소리 들을 필요가 없다. 시청자에겐 직접 장면을 '고를 권리'까지 주니, 프로그램 평가에 참여한다는 착시효과도 노릴 수 있다. 골라준 장면이 마땅치 않으면 <TV 속의 TV> 제작진이 직접 골라도 상관없다.

마지막으로 'TV 시간여행'으로 MBC의 이미지 개선을 노릴 수 있다. 작년 5월 26일치 '신고합니다! 추억의 병영생활'같이 가슴 찡한 소재든지 11월 17일치 '한 잔의 추억'처럼 방송심의에 관한 규정 제27조(건전한 생활기풍)의 준수보다는 술 소비 자극으로 인한 '경제 살리기'에 이바지할 소재도 괜찮다. 아니면 어린이날을 손수 챙기고(2007.5.5, '오늘은 어린이날 우리들 세상!') 전쟁 시 후퇴가 얼마나 중요한지 몸소 보여준(2007.8.4, '아! 한강!') 이승만이나 '추억이라 웃음 짓게 하는' 교련시간(2007.8.18, '추억 속으로 사라진 것들')과 '평가는 엇갈리지만 한국인에게 상징적인' 새마을운동(2008.3.15, '잘살아보세~!')을 국민에게 선사한 박정희를 떠올리며 독재의 향수에 취하게 해주는 것도 나쁘지 않다. 고유가 시대에 에너지 절약 캠페인(2007.9.8, '아껴야 잘살죠! 에너지 절약')에 나서는 것도 국익에 보탬이 될 테니 추천한다. 이건 적어도 강준만이 『권력변환』(인물과사상사, 2006)에서 말한, TV가 '앵벌이'로 나선 '평화의 댐' 사건(537쪽) 같은 대국민 사기극은 아니니까.

5. 멀지 않은 2010년

헌법 1조만큼 알면 유익한 게 「방송법」 시행령 제16조다. 여기 보면 MBC를 포함한 모든 방송사가 가진 전파 '사용권'(소유권이 아니다)의 유효기간은 고작 3년이다. 즉, 작년 말에 재허가를 받은 MBC의 권리는 2010년에 사라질 수도 있다. 그러니 방송사가 시청자에게 이런 사실을 알리고 싶지 않은 건 당연하다. 공기나 물처럼 전파는 국민의 재산인 공공재이며 이를 사유화할 수 없다는 사실도 마찬가지다. 방송사가 국민의 재산을 빌려 쓰는 데 불과하다는 것과 방송 본연의 임무에 충실하지 못할 때 사용권이 박탈될 수도 있다는 것을 과거 '수신료 거부 운동'이 한창이던 시절에 사람들이 깨달았다면 어땠을까? 아마 재허가 추천권을 갖고 있던 방송위원회(현 방송통신위원회)를 압박했을 것이다. 여론의 압력으로 더 엄격한 심사를 받게 된 방송사는 보다 빠르게 방송다워지지 않았을까 싶다.

지금은 어떨까? 행정부에서 독립돼 있던 과거와는 달리 방송통신위원회는 대통령 직속 기구가 됐고, 그 수장은 대통령 최측근이다. 이는 분명 방송사의 독립성에 영향을 줄 것이다. 독립성은 방송의 공공성, 공정성, 공익성을 지키기 위한 필수조건이다. 따라서 민영화 위협에 처한 MBC는 정부와 광고주(시청률)의 압력에 시달릴 가능성이 크다. 만약 MBC가 정부에 순응한다면 '땡전 뉴스'의 부활을 용납하지 않을 촛불파도가 MBC를 덮칠 것이다. 또한 시청률 경쟁에 몰입해 더욱 선정적이고 폭력적이며 자극적인 '예의 없는' 방송을 계속 내보낸다면 국민은 광우병만큼 위험한 방송환경으로부터 아이들을 지키고자 사용권을 회수하려 할 것이다. 이런 난국을 타개할 묘책은 이미 MBC가 갖고 있다.

재허가 추천 심사에 시청자 대표의 참석을 명문화하는 등 법이 제대로 정비만 되면 <TV 속의 TV>의 중요성은 커진다. 작년 심사에서 10가지 항목 중 하나인 '방송평가'의 비중이 무려 500점(전체 1,000점 중 650점 이상 받아야 추천)에 이르기 때문이다. 문제 방송에 가한 행정처분을 통한 감점처리까지 감안하면 프로그램 평가는 무시할 수 없다. 더욱이 촛불시위 같은 온건한 방법만으로도 정부와 독점언론의 무능과 모순쯤은 폭로할 수 있음을 가볍게 '체험학습'하는 게 요즘 국민이다. 이런 국민을 배경으로 정치와 자본의 권력에 당당히 맞서 진정한 방송으로 거듭나는 게 MBC의 심사에도 유리하고 방송의 발전에도 바람직하지 않을까? 물론 선택이야 자유지만, 방송으로 먹고살려면 방송다워야 한다.

플라톤의 『소크라테스의 변명』을 보면 죽음을 앞두고 법정에 선 소크라테스는 자신을 '신이 보낸 등에'라고 표현한다. 거대하지만 둔한 말 같은 아테네를 깨어 있게 하기 위해 신이 붙여놓은 따끔한 벌레라는 거다. 과연 <TV 속의 TV>는 MBC의 등에가 될 수 있을까?

과학과 방송의 공존 모색하기

최규환

과학보도·방송 홍수 시대

오늘날 우리 과학기술은 하루가 다르게 발전하고 있다. 그리 멀지 않은 과거에도 우리는 '과학'하면 우주나 공상과학, 화학실험, 원소 등 물리적인 측면으로 어렵게 생각했다. 그러나 과학기술의 발전으로 우리들의 작은 생활 속에도 과학이 숨어 있게 되었다. 방송에서도 과학을 주제로 다루는 프로그램이 아니더라도 거의 모든 프로그램에 과학적인 부분이 들어 있다. 그래서 과학방송의 영역도 확대되어 순수과학뿐 아니라 보건의료, 환경, 기상, IT 등 삶의 질과 관련된 일들이 과학방송의 대상이 되고 있다. 방송에서는 최근의 광우병과 조류인플루엔자(AI), 지구온난화, 자연재해 등 여러 가지 분야에서의 과학을 다루고 있다.

뉴스에서는 새로운 과학기술에 대해 보도하고, '과학'으로 미스터리를 검증하며, 교양 프로그램에서는 '초고속카메라'로 물방울을 관찰하고, 건

강다큐를 통해 우리 몸의 과학에 대해 알아가고, 시사 프로그램에서는 '광우병'을 검증한다.

이렇게 과학에 대한 방송은 늘어만 가는데 양적인 성장에 질적인 성장이 뒷받침되고 있는지 생각해볼 때다.

우주에 대한 관심 외면하게 만드는 우주인 방송

1957년 10월 4일 세계 최초의 인공위성 스푸트니크 1호가 지구궤도에 오르면서 우리나라에서도 우주에 대한 관심이 증폭되었다. 사람이 띄워 올린 물체가 달이 되어 지구 주위를 돌고 하늘에 띄워 올린 인공물체가 어떻게 땅에 떨어지지 않고 계속 고공에 머물 수 있는지, 당시로서는 충격적인 사실이 전해지자 사람들은 우주에 대한 관심을 갖게 되었다.

그로부터 50여 년이 지난 2008년 4월 8일. 우리나라 사람이 최초로 우주인이 되었다. 이 일은 일반 국민을 대상으로 우주인 신청을 받고 선정되는 과정이 보도되면서 전 국민적인 관심을 얻었다. 그렇기에 이번 우주인 탄생으로 우주과학과 과학기술에 대한 관심이 크게 일어날 것으로 보였다.

그러나 우주인 방송은 시청자들에게 기대보다 실망을 안겨주었다. 시청자뿐만 아니라 SBS 역시 주관방송사로 발 벗고 나서며 사업 추진비 50억 원, 각종 특집 프로그램 제작비로 50억 원 등 총 100억 원 가까이 투자한 것을 감안하면, 만족스럽지만은 못한 수치다.

단독중계로 무려 100억 원이라는 비용을 사용했지만 방송은 우주인에서 '우주'보다는 '인(人)'과 그 앞의 수식어 '최초'에 지나치게 집착하면서 시청자들의 관심을 외면으로 돌리게 만들었다. 사실 국내 최초 우주인을 두고 우주인이냐 아니면 단순 우주관광객 아니냐는 비판의 시선도 많았다.

하지만 그 논쟁을 떠나서 이는 방송이 만들어낸 것이라고 해도 과언이 아니다.

SBS는 중계비용은 물론 최대 뉴스거리라 할 수 있는 다음날 국회의원 총선거 관련 뉴스마저도 '잠시 뒤에' 전해드리겠다며 우주인 방송에 집중했다. 그러나 SBS는 '노래하는 소연 씨', '소연과 함께 있으면 즐거워 그녀는 성격미인'(4월 13일), '이소연, 빵과 소금으로 환영식', '내 딸 소연이 맞구나! 화상으로 만난 우주모녀'(4월 11일) 등의 보도는 물론 심지어 방송뉴스를 통해 가족의 생일까지 전달해주었다. 이런 방식으로 이 씨의 성격과 우주에서의 이벤트 등을 강조했다.

시청자들은 우주인 한 사람보다 우주의 환경을 보고 싶었지 사람을 보고 싶었던 것이 아니다. 개인사는 물론 다른 유명인과 화상통화 등 지나치게 이벤트를 추구했다.

과학기자들에게는 한국과학기자협회가 정한 과학보도 윤리지침(2005. 11.30 제정)이 있다. 지침에는 "과학적 사실에 관한 취재 및 보도를 함에 있어 결과를 함부로 예단하지 않는 것은 물론 추측보도를 자제한다", "과학적 사건을 보도함에 있어 '세계 최초' 또는 '국내 최초'라는 표현을 삼가고 그것이 국가와 사회 발전에 기여할 것인지를 고려한다"고 명시되어 있다. 과학보도 윤리지침은 과학기자만 지키는 것이 아니라 과학기사와 관련된 모두에게 해당되는 내용이다.

SBS는 지나치게 최초를 강조한데다 우주기술 분야의 첫 걸음에 불과한 이번 사업을 '우주시대 개막'으로 곧바로 연결하는 등 이번 방문의 의미를 현실적으로 평가하지 않은데다 우주과학기술 분야에서 후발주자에 속하는 우리가 선진국을 따라잡기 위해 해야 할 일을 냉정하게 짚기보다는 쇼와 이벤트 뉴스가 넘쳐났던 것도 아쉬운 대목이다.

SBS는 이번 사업에 대해 "대한민국 우주 개발 역사에 새로운 페이지가 열렸다"(4월 8일) "세계에서 11번째로 우주에서 과학실험을 수행한 나라로 위상이 높아진다"(4월 8일)고 평가했다.

우주과학기술 발전의 전기를 마련했고 첫걸음을 내딛은 것은 의미 있는 일이나 이번 사업이 곧 '우주시대의 개막'을 가져오는 것은 아니다. 이 씨가 우주에서 한 과학실험이 우주과학기술에 어떤 도움이 되는지에 대해서도 의견이 분분하다. 이러한 점은 짚지 않은 채 이번 사업을 곧 '우주시대 개막'과 연결한 것은 과대 포장이자 환상 부추기기는 아닐까.

성한표 SBS 사외이사 역시 <열린 TV 시청자 세상>(4월 12일) 뉴스비평에서 "우주인 탄생은 중요한 이벤트인 것은 분명하나 SBS 뉴스가 전망하듯 우주인 탄생 자체가 우주기술의 도약을 가져오는 것은 아니다"고 지적했다.

이어서 "뉴스는 우리나라가 이번 우주인 탄생을 계기로 앞으로 미국, 러시아, 일본 등과 국제 우주정거장에서 공동연구작업을 적극 수행하기로 했다고 보도했지만 어떤 구체적인 계획이 진행되고 있는지 보도하지 않았을 뿐만 아니라 국제우주정거장에서의 공동연구가 무엇을 의미하는지조차 SBS뉴스로는 알 수 없다"고 비판하기도 했다.

SBS가 많은 비용을 투자한 것도 사실이고 이는 전 국민적 관심사에 대한 방송사의 올바른 선택이었고 그렇기 때문에 타 방송사보다 많은 보도를 한 것도 옳은 행동이다. 그러나 절차보다 내용이 너무 허술했다. 보도국장의 말처럼 보도 내용이 우주에 대한 국민 일반의 관심과 이공계 홀대에 대한 국민의 생각을 바꿀 수 있는지는 의문이다. 우주에 대한 국민들의 지속적인 관심은 물론이고 방송사들이 그렇게 소중히 여기는 시청률마저 우주선 발사 순간(29%)을 제외하고는 원하는 성과를 거두지 못하고 연일 하락했다.

사실 이번 기회는 우주과학에 대한 관심과 여론을 형성하고 이를 지속할 수 있는 좋은 기회였다. 하지만 발사된 우주선이 채 돌아오기도 전에 발사순간 이후부터 무관심으로 기울기 시작했고 다른 큰 이슈들이 많았다고 해도 우주인 탄생 이전과 다를 바 없어졌다.

과학의 대중화: 돋보이는 사례들

과학의 대중화란 단순히 엔터테인먼트화하는 것이 아니다. 지나친 대중화는 흥미위주로 흘러 오히려 역효과를 불러일으킬 뿐이다. 역효과가 아닌 함께 상승하는 시너지효과를 내는 대중화가 필요하다. 과학의 영역이면서 우리 생활에서 빠질 수 없는 것들은 너무나도 많다. 전문용어를 풀어서 아무리 쉽게 설명한다 해도 나의 생활과 관련이 없으면 수많은 정보, 수많은 프로그램들 속에서 선택되기 어렵다.

과학의 영역이 확대되고 과학이 국민적 관심거리로 등장하는 경우가 많아짐에 따라 과학관련 프로그램도 늘어나고 있다. 그러나 역시 양적인 증가보다는 질적인 증가가 필요한 시점이다. 이런 시점에서도 돋보이는 과학 프로그램들이 눈에 띈다.

KBS 1TV <과학카페>에서는 생활과 밀접한 소재와 친근하거나 추억을 자극하는 소재로 과학의 대중화를 시도하고 있다. 오히려 전혀 관련이 적을 것 같은 정치의 영역에까지 접근한다.

미인의 조건, 혜성충돌설의 미스터리, 좋은 목소리, 문화와 과학의 만남, 냉동인간 등 흥미를 끄는 소재들로 가득하다. 특히 지난 대선 기간에는 정치성향과 이를 뇌 MRI 촬영으로 연관 짓는 등 시의적절하고 흥미로우면서도 과학에 대해 알 수 있는 기회가 되었다.

<과학카페>는 정말 차 한 잔 마시면서 가볍게 과학을 즐길 수 있다는 점에서 전문용어가 난무하던 이전의 과학 프로그램과는 차이를 보인다. 카이스트 바이오 뇌공학과 정재승 교수의 책『과학콘서트』는 2003년 출간 이후 베스트셀러를 유지하고 있다. 이 책 역시 우리 일상의 소재를 과학과 연결해 쉽게 풀어내어 대중의 과학화에 성공했다는 점에서 <과학카페>와 닮은 점이 있다.

SBS의 우주인 방송에서도 누구나 한번쯤 가져보았을 우주에 대한 환상이나 우주인에 대한 어렸을 적의 꿈이나 막연한 동경을 통해 대중화를 시도했다면 지금 가 있는 우주인의 개인적 일상보다 더 시청자들의 눈길을 사로잡을 수 있었을 것이다.

EBS <지식채널e>는 짧은 시간 안에 과학을 전달한다. 약 5분여의 짧은 시간이지만 프로그램은 정확성과 대중성 모두를 챙기기에 충분한 시간이 될 수 있음을 보여준다. <지식채널e>는 정확한 수치를 제시한다. 50여 가지, 약 100가지가 아니라 17.5%, 327개 등 정확한 수치를 자료에 의해 제시하고 인물과 사례를 제시한다. 프로그램 마지막에 프로그램 제작에 사용된 참고자료 표기도 잊지 않는다. 이를 통해 시청자는 짧은 시간 때문에 얻지 못했던 더 많은 정보를 찾아볼 수 있는 기회를 갖게 되면서 프로그램의 완성도를 높인다. 가장 큰 내용상의 장점은 과학의 긍정적·부정적인 면을 모두 다룬다는 것이다. 웃음과 사랑, 눈물 등 인간에 대한 고찰과 우주와 바이러스, 태아의 생성과정을 다루지만 비타민제의 부작용, 단지 인간의 발전을 위해 희생되어간 수많은 실험동물들에 대해서도 잊지 않는다.

자칫 딱딱할 수 있는 프로그램 내용에는 EBS의 <미래포럼2050>에서와 같이 가상신문을 통해 오늘의 프로그램 주제를 제시하여 생기를 불어넣는 것도 좋은 방법이다.

과학은 '열광'이 아니라 '성찰'을 필요로 한다: 과학의 이면에도 관심을 가져야

'과학은 열광이 아니라 성찰을 필요로 한다.' 과학사회학 칼럼니스트 이충웅 씨의 책 제목이다. 방송이 과학을 대할 때 진지한 검증보다 최초나 장밋빛 전망 그리고 이를 통한 상업성까지 지나치게 '열광'하는 것은 아닌지 우려스럽다.

다시 과학보도 윤리지침을 보면 "새로운 과학적 발견 및 발명에 관한 취재 및 보도는 연구팀 관계자 등 이해당사자의 발언에만 의존하는 것을 지양하고, 이해관계가 없는 국내외 관련 전문가의 견해를 반드시 확인한다"고 했다.

과학을 다룰 때 방송은 연일 쏟아지는 신기술과 실험결과에 장밋빛 미래만을 늘어놓는다. 하지만 방송은 과학의 이면에 어떤 일들이 벌어지고 있는지 다른 시각도 바라보아야 한다.

앞서 지적했던 KBS <과학카페>의 경우 70회가 넘는 방송횟수 동안 지구온난화와 태풍 등 자연재해에 대한 단 몇 회의 내용을 제외하고는 냉동인간, 최신 과학기술을 적용한 의료기기, 2030년의 주택 등 대체로 과학기술에 대한 밝은 미래만을 제시하고 있다. 과학을 통해 미래에 대한 희망을 주는 것이 중요하나 그 과정의 문제점의 제시와 해결을 통해 더 나은 희망을 추구하는 것은 더 중요하다.

방송에서 다루는 과학은 과학 전문 프로그램이든 뉴스보도든 대체로 미래에 대한 밝은 전망이지 진지한 성찰은 찾아보기 어렵다. 한때 식품첨가물, 의약품 등의 부작용과 상업성의 문제 등에 관한 책이 쏟아져나올 때도 대부분의 방송에서는 좀처럼 찾아보기 어려운 소재였다.

조류인플루엔자(AI) 치료제로 널리 알려진 '타미플루(Tamiflu)'는 우리나라에서 AI가 발병하기 전인 올 초부터 타미플루에 내성을 가진 병원균이 급속히 확산되고 있으며 이 약에 대한 부작용도 보고되면서 질병관리본부역시 문제가 있음을 인식하고 있었다.

타미플루에 대한 지나친 환상을 경계하는 목소리는 오래전부터 나왔었다. 전문가들은 타미플루가 실험실 실험에서 AI바이러스 자체를 죽이지는 못하고 다만 증식을 못하게 억제하는 역할을 하며 하루 이틀 사이에 복용해야만 효과를 볼 수 있어 막상 AI가 창궐했을 때 과연 얼마나 효과적으로 사용할 수 있을 지 불투명하다며 회의적인 입장이었다. 실제로 일본에서 부작용으로 사망하는 사례가 생겼고 우리나라도 20세 이하의 타미플루 판매를 금지했다.

그러나 방송은 정부가 타미플루의 비축을 늘리기로 했다는 보도와 AI의 확산에 대한 피해, AI란 무엇인가에 대한 정보전달에 그치는 아쉬움을 남겼다.

나미플루를 대량 구입해 비축해놓고 정작 이를 사용할 수 없는 상황이 올 수도 있고 부작용도 무시할 수 없다는 의견이 있었지만 이를 보도한 방송이 있긴 했으나 비중 있지 못했고 이에 대한 진지한 검증은 찾아보기 어려웠다. 어떤 측면에서는 문제상황에 혼란을 가중시키는 것 아니냐는 비판을 하겠지만 과학의 영역 특히 생명과 연관되는 영역에서는 혼란의 진정보다 진지한 접근이 필요하다.

또한 새로운 연구결과물에 대해 각종 수식어를 사용해가며 박수치는 것도 좋지만 한번쯤은 이러한 수많은 실험들 속에 희생되었을 흰쥐나 기니피그 등 실험동물에 대한 윤리에 대해서도 고민해봐야 한다. 뛰어난 신기술이 개발되었다 하더라도 그것이 초고가라면 어떤 사람에게는 오히려 서글픈 현실만 일깨워줄 수 있다. 또한 실험실 뒷면에서 벌어지고 있는 은밀한 거래와 단순히 연구비를 위한 의미 없는 실험의 반복과 이를 묵인하는 단체 등 화려한 과학기술 뒤에 감춰진 이면도 다룰 수 있어야 한다. ≪네이처≫나 ≪사이언스≫ 등 과학잡지나 외신, 통신사, 전문지 등에 의존하는 정보로 설명하기에는 과학은 감춰진 부분이 많다.

사회적 영향력이 큰 방송도 성과에 대한 무조건적인 믿음보다 진지한 검증으로 이면을 들춰낼 수 있지 않을까? 줄기세포 논문 조작 사건이나 이번 광우병 파동 역시 오래전부터 제기되어왔던 내용이지만 환상과 설마 하는 언론에 묻혀버린 결과 사회적 파장이 매우 커진 뒤에야 모두 달려들어 우후죽순 식의 보도로 오히려 혼란스러운 상황이 되어버렸다.

신문보다 방송에 기대를 거는 이유

과학발전에 있어서 신문과 방송 모두 책임을 가지고 있지만 방송의 역할이 더 중요하다고 본다. 방송은 신문보다 더 많은 사람들이 접할 뿐만 아니라 과학의 영역 특성상 지면의 제약이 있는 신문보다 방송이 더 자세하고 알기 쉽게 시청자들에게 전달할 수 있기 때문이다.

또한 각종 그래픽을 통해 시청자들의 이해를 도울 수 있고 각종 실험과 검증의 과정을 총체적으로 접근, 한 번에 볼 수 있기 때문이다.

2004년 SBS <환경의 역습>, 2005년 MBC <PD수첩-줄기세포 논문 검증>, 2006년 KBS다큐 <마음> 등 사회적으로 이슈를 제공하고 좋은 평가를 받는 과학 프로그램들이 늘어가고 있다. 올해의 광우병 파동에 대한 방송 역시 논란도 있지만 다양한 정보제공으로 시청자들이 과학에 대해 더 알고 가까워질 수 있도록 하는 데 도움을 주고 있다.

함께 가는 과학과 방송

과학과 방송 모두 사회 속에 존재하는 것이며 사회발전의 원동력이다. 그렇기에 과학과 방송은 함께 가야 한다. 방송이 이만큼 발전한 것은 수많은 방송인들의 노고도 있겠지만 과학의 역할이 크다. 최초의 TV개발에서 디지털방송, HDTV, DMB 그리고 최근의 IPTV, 또한 수많은 카메라와 장비 초당 1,000장 이상을 잡아내는 초고속카메라까지.

방송은 과학기술에 대한 국민적 관심과 과학에 대한 희망을 이끌어내어 여전히 계속되고 있는 이공계기피현상과 순수·기초과학에 대한 소외현상에 대한 대안을 제시해야 한다.

과학의 대중화나 엔터테인먼트화는 역시 피할 수 없는 현실이다. 피할 수 없다면 지나침을 경계해야 한다. 과학에 대한 관심을 이끌기 위해 지나친 대중화를 시도하면 과학발전과 대중의 관심 두 마리 토끼 모두 놓치게 된다.

전 국민적 혼란에 빠졌던 2005년 황우석 교수 논문조작 사건의 취재내용을 다룬 <PD수첩> 취재파일인 한학수 MBC PD의 책은 500페이지가 넘는다. 이는 과학기술에 대한 진지한 검증노력과 과학에 대한 애정에 다름 아니다. 이 정도까지는 아니더라도 과학에 대한 사랑과 의미를 깨닫고 이를 시청자들에게 전달하는 방송인들이 많아졌으면 하는 바람이다.

2005년의 줄기세포 조작사건, 우리나라 최초의 우주인 탄생, 최근의 광우병 문제까지 과학에 대한 관심은 높아졌고 어느 정도의 용어는 알 만큼 국민들의 과학상식 수준도 높아졌다. 이 시점에서 방송은 진지한 검증과 성찰을 통해 과학과 방송이 공존할 수 있는 길을 모색할 때다.

 입선작

개념 방송과 술자리 방송의 경계선에 선 <명랑히어로>

재밌지만 가볍지 않게, 진지하지만 무겁지 않게, 결코 쉽지 않은 숙제

최보윤

'세상이 바뀌었다.' '연예인도 바뀌었고, 방송도 바뀌었다.' 요즘처럼 '바뀜'의 속도와 파장이 큰 것은 살면서 처음 느껴본다. 물론 지금보다 더 빠른 변화의 시대가 있었다. 하지만 적어도 1985년에 세상의 빛을 본 나에게는 요즘이 가장 빠르고, 시끄럽다.

이번 미국과의 쇠고기 협상은 많은 것을 바꿔놓았다. 텔레비전 뉴스에 의지해 정보를 얻고 혀를 끌끌 차는 데 그쳤던 국민들이 이제는 인터넷을 통해 실시간으로 정보를 공유하고, 하나 둘 청계광장으로 촛불을 들고 나오더니, '대국민 촛불 문화제'를 만들어냈다. 어디 그 뿐인가. 연예인들도 바뀌었다. '공인'임을 자처하며, 몸 사리기에 급급했던 연예인들이 달라졌다. 정치색이 노출되는 순간 연예인 생명이 끝난다고 여기던 선배 세대와 달리 독한 발언까지 서슴지 않으며 다양한 정치·사회적 발언에 나서고 있다. 이러한 연예인들을 바라보는 시선도 바뀌었다. 예전 같았으면, '코미디 한다', '정치하려고 저런다'며 부정적 시각이 많았을 터인데, 이번엔

좀 다르다. '개념 연예인'이라는 호칭까지 붙여가며 공론화시키고, 치켜세우고 있다. 그 바람에 방송가에도 덩달아 변화가 생긴 것 같다. '시청률'에 울고 웃는 것이 방송사이기에 비교적 낮은 시청률을 보이는 토론 프로그램들은 심야에 편성되는 것이 통상이었고, 각 방송사당 토론 프로그램은 한 두 개가 다였다. 하지만 요즘 이례적으로 토론 프로그램이 시청자들의 관심을 받으면서, 변화의 바람이 불고 있다. 토론 프로그램들의 시간대 이동이 예고되고 있고, 뿐만 아니라 지극히 자극적이고 선정적인 오락 프로그램들이 주를 이뤘던 케이블 방송사에서까지도 토론 프로그램을 제작한다는 소식이 들려오고 있다.

이에 발 맞춰 오락 프로그램에까지 토론의 바람이 불고 있다. 오락과 시사 토론이 결합한 프로그램이 등장했는데, MBC의 <명랑히어로>가 그것이다. '독특한 식견을 가진 연예인들이 모여 사회, 문화, 정치 경제, 연예 등 온갖 핫 이슈에 관해 방담을 펼치는 이색 토크쇼'라는 기획의도로 오락 프로그램으로서 새로운 블루 오션 개척에 나선 것이다.

사실 오래전부터, <명랑히어로>와 같이 시사와 오락이 결합된 프로그램을 만들고자 하는 열망은 높았다. 개그맨 김형곤이나 이주일이 개그에 정치를 녹여 '정치 풍자 개그'로 활약하던 때가 있었고, 얼마 전 막을 내렸지만 최근까지도 시사 풍자 코미디를 위해 노력했던 '폭소클럽'이 있었다. 하지만, 아직까지 한국 예능계에서 시사와 오락이라는 두 가지 요건을 충족시키기에는 버거운 것이 사실이다. 시사를 강조하다 보면 너무 무거워져 시청률이 나오지 않고, 오락을 강조하면 여타 다른 오락 프로그램들과의 차별성을 찾아볼 수 없었다.

체육을 잘하면 영어를 잘 못하고, 국어를 잘하면 수학을 잘 못하는 것과 같은 이치로 볼 수 있다. 물론 두루두루 잘 섭렵하는 학생도 있겠지만,

항상 상대적인 부분이 존재하는 법이다. 대부분 어느 한쪽으로 조금씩 기울어지기 마련인 것 같다.

시사와 오락 역시 마찬가지다. 이 역시 어느 한쪽으로 기울어지기 십상이고, 그 중심을 잡기가 여간 힘든 일이 아니다. 그런 의미에서 시사와 오락의 혼합물 <명랑히어로>는 중심을 잘 잡고 있는지 짚어보고, 앞으로 나아갈 길을 모색해보고자 한다.

현재 <명랑히어로>는 태어난 지 갓 2달 된, TV프로그램으로서는 아직까지 유년기를 보내고 있는 프로그램이라 볼 수 있다. 그러므로 필자는 이 프로그램이 올바른 성장기를 거쳐 안정적인 어른으로 정착할 수 있도록 두 가지 숙제를 내주는 방향으로 비평을 해보려 한다.

숙제 1: 재밌지만, 가볍지 않게

3월 29일 첫 방송 이후, 지금까지 <명랑히어로>는 시사와 오락이라는 그 어려운 결합을 꽤 성공적으로 이끌어내고 있다. 그 중심에는 특유의 '편안함'과 시청자들의 '욕구'가 있었다. 7명의 MC가 반원형으로 쭉 둘러앉아 도란도란 때로는 티격태격 이야기를 나누는 모습이 우리네 술자리와 많이 닮았다. 친구나 학교 선후배들, 혹은 가족들과 마주한 술자리와 비슷한 형색에 넋두리식 말잔치가 더해진다. 마치 TV 속 아나운서, 개그맨, 연예인들과 함께 술 한잔 기울이며 수다를 떨고 있는 듯한 착각이 들 정도다. 가끔씩 남자 MC들은 박미선에게 "누나, 누나 말도 맞는데"라고 불쑥불쑥 말하는 것을 보면, 이들마저도 방송이란 사실을 잊은 듯 보인다. 이렇게 방송상에서는 다소 격식이 없어 보일 법한 호칭과 언행도 <명랑히어로> 안에서는 큰 불쾌감 없이 인정된다. 이러한 비결은 프로그램 속 주인공들과 유대감을 느끼는 시청자들의 '편안함'에서 찾을 수 있지 않을까?

또 필자가 처음으로 <명랑히어로>를 접한 것은 아주 우연이었다. 어느 4월 무료함에 몸서리치던 날 밤, 우연히 케이블 채널을 돌리다가 접한 것이었다. 무료함에 감각마저 잃은 채, 리모컨을 만지작거리던 중 발견한 보배랄까. 그렇게 <명랑히어로>와 첫 대면을 한 후, 되도록 본 방송을 놓치지 않고 챙겨보리라 다짐했다. 20~30대 또래라면, 필자와 같이 우연한 기회에 접하고, 곧 애착을 갖게 된 시청자들이 많지 않았을까 조심스레 짐작해본다. 그저 가벼운 웃음이 난무하는 버라이어티를 보자니, 보고 나서 느낄 허망함을 이미 잘 알고 있고, 지루함을 감수하고 시사 교양 프로그램을 보려 마음먹어봐도 리모컨에 손은 다시 버라이어티로 가고 있고. 이런 감정을 느껴본 사람이라면, 누구나 필자와 같이 웃음이 포인트지만, 가볍지만은 않은 해학적인 웃음이 있는 그런 프로그램을 내심 기다려왔을 것이다. 게다가 <명랑히어로>는 시기까지 적절했다. 시사 교양이나 토론 프로그램은 보편적으로 사회가 혼란스러울 때, 시끄러울 때 인기가 있곤 했다. 요즘 역시 대한민국 전체가 뒤숭숭한 마당에 <명랑히어로>는 하나의 '재밌는' 시사 토론 프로그램으로서 적절하게 시청자의 마음을 꿰뚫고 들어온 것이다.

이렇게 방송 특유의 편안한 분위기와 넉살, 거기에 시기적절하게 시청자들의 욕구가 맞물려 <명랑히어로>는 서서히 자리를 잡아가는 모양새다. 비록 시청률은 한 자릿수지만, MBC 홈페이지의 예능 프로그램 다시보기 순위에서 5위에 랭크되는 등, 필자와 같은 고정적 마니아층을 형성하며 '개념 연예인'과 같이 '개념 방송'으로 나아가고 있는 것이다.

하지만 프로그램 초반에는 다소 그 '개념'을 온전히 챙기지 못해 안타까운 면도 많았다. 제일 먼저 프로그램을 이끌어나가는 MC 군단의 '개념'이 모자란듯 보일 때는 안타깝다 못해 화가 날 때도 있었다. 특히 여타 방송에서 가벼운 웃음으로 정평이 나 있는 '신정환' 같은 경우는 초반에 시사와 오락의 혼합이라는 새로운 장르에 적응하지 못하는 모습이 역력했다. 다소 어려운 얘기가 나오면 무조건 개그로 막아보려 애쓰는 모습을 보이며 <명랑히어로>를 일반 오락 프로그램으로 회귀시키려는 모습을 보이기도 하고, 말꼬리 잡기로 토크의 맥을 끊어놓기 일쑤였다. 게다가 유머, 웃음에 대한 자부심이 꽤 큰 사람들이 7명이나 모여 있다 보니, 자연스럽게 시사보다는 오락적 요소에 열을 올렸던 것이 사실이다. 또 종종 편안함이 도를 넘어 막말로 이어지는가 하면, 방송 초반에는 서로 인신공격이 오가는 것은 물론이고, 독설과 폭로가 난무했다. 그럴 땐 비슷한 포맷의 '라디오 스타'와 별반 다를 것 없어 보여 안타깝기가 이루 말로 표현할 수 없었다. 또 명색의 토론인데(난상 토론이지만), 누군가가 반대되는 의견을 내놓을 양 치면, 아예 말할 기회마저 뺏어버리는 모습에서 시사와 오락의 결합의 한계점을 확인시켜주는 듯했다.

그렇다면, 이러한 한계점을 해결할 방법은 없을까? <명랑히어로>가 올바르게 성장하기 위한 길 중 하나로, '재밌지만, 가볍지 않게 진행되어야 한다'는 것을 첫 번째 숙제로 제시하고 싶다. 쉬운 듯 말했지만, 이보다 어려운 것이 어디 있으랴. 다 알고 이해한다. 하지만 시사 오락 프로그램으로써 기본적이고 필수 불가결한 요건일 것이다.

우선 지금 7명의 MC 체제로는 현재의 가벼움과 난잡함을 극복해내기에 한계가 있을 듯싶다. 진정한 개념 방송으로 입지를 굳히려면, 이들의 '토크'를 '토론'화시켜줄 안내자가 한 명쯤 있어야 하지 않을까. 물론 김성주나 박미선이 그런 역할로 투입된 것 같다. 하지만 분명한 것은 이 두 명이 아직까지 나머지 MC들을 제압할 만한 힘을 발휘하지 못하고 있다는 것이다. <명랑히어로>를 보다 보면, '구라히어로'라는 생각이 문득 들 만큼, '김구라'의 우렁찬 목소리에 나머지 MC들의 목소리(의견)가 묻히고, 프로그램 전체가 김구라 한 명에게 점령당한 느낌마저 들 때가 있다. 조금 더 각각의 MC들 모두가 다양한 의견을 낼 수 있도록 통로를 만들어줄 수 있는 뚝심 있으면서도 재치 있는 하지만, 보다 토론에 전문적인 객원 MC가 한 명 정도 더 필요해 보인다. 또 민감한 소재를 다루는 만큼 MC들의 개념을 챙기기 위한 '교육'이 전제되어야 프로그램이 장수 할 수 있을 것이다. 말실수 한번 잘못하면, 연예인 당사자 한 명의 매장뿐만 아니라, 프로그램 자체의 존폐에 위협이 올 것이기 때문이다. 이번에 '정선희'와 같은 경우에서 확실히 연예인의 '말'이 어떠한 파장을 몰고 오는지 알 수 있지 않았나. 별 생각 없이 던진 말 한마디였겠지만, 그 말 한마디에 정선희는 현재 연예인으로서의 생명 자체가 불투명해지고 있고, 뿐만 아니라 그녀가 맡았던 프로그램들의 공영성마저 의심받고 있는 상황이다.

숙제 2: 진지하지만, 무겁지 않게

<명랑히어로>는 MBC의 봄 개편을 맞아 5월 26일부터 토요일 오후 시간대(5시 35)에서 저녁 시간대(오후 11시 45분)로 전격 재편성될 예정이다. MBC의 공영성과 시청률, 두 마리 토끼를 잡을 전략 중 하나로 <명랑히어로>의 재편성이 결정된 것이다. 이는 <명랑히어로>의 주 시청 층이 20~30대임을 감안 할 때, 시청 층이 주로 10대인 토요일 오후 시간대보다 훨씬 괜찮은 조건의 시간대라 여겨진다. 하지만 <명랑히어로>를 애청하는 한 사람으로서 꼭 당부해두고 싶은 말이 있다.

"방송 시간대가 바뀌더라도 초심을 잃지 말아달라!"

공영성을 강화하겠다는 편성의 의지는 높게 사나 과연 실질적으로 이 부분이 얼마나 강화될지 의문이다. 오히려 시간대를 옮기면서 시청률 측면 만이 강화되지는 않을지 벌써부터 우려되기 때문이다. 시간대를 옮기고 하는 첫 방송에 개그맨 이경규가 초대 손님으로 나올 것이 예고되었다. 예고 장면만 봐도 이경규가 얼마나 웃음에 집착을 보일지, 이경규와 다른 MC들의 유머 경쟁이 얼마나 치열할지 알 만하다. 시청률을 핑계로 초심을 잃고, 토크의 난잡함만을 더하는 것은 분명히 경계해야 한다. 지금까지 확보된 시청 층이 <명랑히어로>를 사랑하고 높게 평가했던 이유가 무엇이 었는지 잊지 말아주길 바란다.

그렇다고, 시간대를 옮긴다고 해서 오락을 아예 배재하고 시사를 강조해 야 한다는 것은 아니다. 단지 좀 더 진지함을 추구하지만 무겁지는 않게 적절하게 이끌어달라 부탁하는 것이다. 이 역시 쉽지 않은 주문이라는 것을 잘 안다. 하지만 제작진은 애초에 이런 부분을 감당하겠다는 의지로 이 프로그램을 시작한 것은 아닌지 되묻고 싶다. 거듭 되풀이하지만, 초심을 잃지 말아달라는 뜻이다.

게스트가 필요하다면, 기존 MC들과 충돌하는 '이경규' 같은 개그맨이 아니라, MC들과는 차별화될 수 있는 사람을 등장시켜야 할 것이다. 그래야 토크의 '산만함'이 가라앉을 수 있을 것이고, 게다가 진지하지만 무겁지 않은 길로 가는 하나의 해법이 될 수도 있기 때문이다.

'태클을 건다'라는 것은 어떠한 태클이건 그 태클이 논리적으로 정당함을 입증할 수 있어야 한다. 또 그에 따른 어떠한 대책도 내놓을 수 있어야 할 것이다. 이런 측면에서 지금까지 <명랑히어로>는 말장난 수준의 대책 만을 내놓았을 뿐, 전문적이고 실질적인 대안은 내놓지 못했다고 보여진다. 쥐머리가 나왔던 과자 제품에는 '쥐머리가 한 번 나온 적이 있다'라는 문구를 표기하자라든지, '기부금 입학한 학생은 리본을 달아주자'와 같은 대안은 웃음거리는 될지언정 실질적으로 사회에 도움이 되는 대안 제시가 못 된다. 단지 웃기기 위한 한밤중의 '쇼'가 될지, 진지한 면이 있는 토론인데 그 와중에 웃음을 발견할 수 있는 '뉴 버라이어티'로 자리 잡을지는 여기에 달려 있다. 단순히 말장난 수준에서 그치는 것이 아니라 그보다 한 단계 나아가 대안 마련에도 충실한, 그로써 시청자들이 무언가 깨달음을 얻을 수 있고, 나아가 좀 거창하지만 세상을 계몽할 수 있는 그런 방송이 되어주길 바란다.

예전에 '고승덕'과 같은 스타 변호사들이 어떻게 배출되었는지 생각해보자. '법률'과 '오락'을 결합한 신(新)버라이어티 프로그램에서 대안을 제시해주는 전문가로 등장하면서 시청자들에게 웃음과 배움을 동시에 주며 프로그램과 함께 사랑을 받은 것이다. 오락 프로그램에 전문가를 배치한다는 것, 절대 불가능하지도 불운하지도 않다. 시도해보라. 이러한 숙제를 풀기 위한 시도가 <명랑히어로>를 더욱 살찌게 해줄 것이다. 또 한편으로 너무 진지함에 치중되지 않기 위해, 형식 포맷에 변화를 줘보는 것은 어떨지 조심스럽게 제안해본다. 토크와 콩트를 결합한 <무릎팍 도사>나 <해피투게더> 같은 오락 프로그램의 경우 두 가지 소스를 잘 버무리기 위해, 형식의 파괴를 주었다. <무릎팍 도사>는 점집, <해피투게더>는 찜질방이라는 공간의 형식을 도입하면서, 콩트와 더불어 진행자와 게스트들의 토크가 자연스럽게 흐를 수 있도록 돕는 데 톡톡히 한 역할을 했다. 이와 같은 맥락에서 오락과 시사를 결합하는 <명랑히어로>도 조금은 다른 형식의 포맷을 시도해보는 것도 좋을 듯싶다. 가령 국민의 진솔함이 묻어나오는 '포장마차'나 '삼겹살' 혹은 '대청마루'와 같은 느낌의 공간에서의 먹을거리와 함께하는 토론(토크)은 어떨까. '진지하지만 무겁지 않게'라는 어려운 숙제를 푸는 데 조금 도움이 되지 않을까 싶다.

숙제에 최선을 다해 진정한 히어로 되길

앞서 제시한 '재밌지만 가볍지 않게, 진지하지만 무겁지 않게'의 두 가지 숙제는 어찌 보면 당연히 <명랑히어로>가 지향해야 할 길이다. 명확한 해답이 되어줄 만한 선례도 없고, 비교적 보이지 않는 것의 문제이기 때문에 숙제를 푸는 데 많은 어려움이 따를 것이다. 그에 따른 제작진과 출연진의 고충도 충분히 이해한다. 하지만 어렵다고 해서 숙제를 단번에 포기했다간, 그에 마땅한 후환이 뒤따를 것이다. 숙제를 내준 사람(시청자)의 뭇매(시청률 하락)를 맞게 될 것이 자명하다. 그렇기 때문에라도 숙제를 푸는데 최선을 다해주길 바란다.

지금까지 비교적 안정적인 시청률을 보이고 있는 <명랑히어로>지만, 이대로는 조금 위태롭다. 조금만 비틀면 금방이라도 개념 방송과 술자리 방송의 경계선에서 쓰러지기 십상이기 때문이다. 경계선에 위태롭게 서 있는 지금, 중심을 잡는 데 온 전력을 다해주길 바란다. 재미 아니면 진지의 선택의 문제도 아니고 그 중간을 얼마나 적절하게 혼합하여 유지하느냐의 문제다. 또 그 중심에서 어떠한 방향으로 세상을 일깨우는 데 기여하느냐는 후에 <명랑히어로>의 평가를 달리할 것이다. 부디 <명랑히어로>가 숙제를 계속해서 잘 풀어내, 진정한 태클 버라이어티 토론 프로그램으로, TV오락 프로그램의 역사에 기리 남을 만한 진정한 히어로가 되어주길 바란다.

과거를 바라보는 엄숙주의여 안녕

KBS 드라마 <경성스캔들>

최재인

1. 엄숙주의를 탈피한 담백한 시선

2008년 정국을 밝힌 촛불들을 보며 기성세대는 적잖이 충격을 받았다. 청계광장을 비롯한 서울의 중심부를 밝힌 젊은 촛불들은 기성세대가 사회를 바라보는 시선의 문법을 탈피했다. 집회 현장에서 이들은 '2MB 포맷하는 데 몇 초나 걸릴까요?'라는 피켓을 들고, 시위대의 행진을 막는 전경차에 '불법주차' 딱지를 붙이며, 해산 방송을 하는 경찰에게 "노래해!"를 외친다. 또한 다음 아고라로 대표되는 인터넷에서 토론을 벌이며 자유롭게 의견을 나눈다. 이들에게는 '중심성'이라는 기존의 운동문법이 존재하지 않는다.

광장에 나온 젊은이들은 매일매일 거리의 '축제'를 벌인다. 40여 일 넘게 지속된 촛불집회를 촉발한 이슈는 정부의 쇠고기 협상이고, 집회 현장에서 거론되는 의제도 공기업 민영화와 같이 정치적인 것들이지만 이들에게서 엄숙함은 찾아볼 수 없다.

이들은 한 손에 촛불을 들고 간간이 붉은 악마를 상징하는 머리띠를 매기도 한다. 인터넷 실시간 동영상으로 각 가정에서 집회에 동참하기도, 밤새 인터넷 토론에 참여하기도 한다. 2002년, 2006년 시청광장을 가득 메운 열기가 인터넷과 광장의 온·오프라인을 넘나들며 2008년 현재 젊은이들을 중심으로 이어지고 있다. 지극히 정치적인 사안을 다루는 방식은 즐거움과 신선함 그리고 열정의 과정이다.

이런 현상을 두고 '새로운 세대의 출현'이라는 분석이 있다. 87년 대통령 직선제 이후 절차적 차원의 민주주의가 자리 잡으며 민주주의 사회의 시민으로서 성장했다는 얘기다. 개발독재정권에 두려움을 가지는 한편으로 이에 맞섰던 기성세대와는 다른 방식의 시민화가 이루어진 셈이다. 민주주의를 삶의 원리로 체득해온 젊은이들은 기성세대가 미처 인지하지 못한 부분에 문제를 느끼면서도 다른 방식으로 문제를 해결할 방법을 모색할 토대를 가진다. 독재정권에 대한 공포로 인해 공권력에 두려움을 갖기보다 시민의 의사에 반하는 정권을 조롱하며 권위를 인정하지 않는 자신감을 보인다는 설명이다.

이는 일종의 '탈권위주의적 태도'라 할 수 있다. 권력자원을 가진 인물에 대해 무조건적으로 복종하는 대신 이를 비틀고 조롱한다. 삶의 문제를 정치화시킬 수 있는 동력을 스스로에게서 찾는다. 개인주의적이고 탈정치적으로 여겨지던 젊은이들이 자기 삶의 문제를 인지하는 순간 열정적인 정치 주체로 등장한 셈이다. 또한 의견의 상호 다양성을 존중하면서 집회를 둘러싼 다양한 해석과 의제를 도출하고 있다. 오늘을 사는 젊은 피가 능동적인 흐름이 되어 대한민국 곳곳의 혈류를 이룬다.

탈권위주의적인 속성은 노마드(유목적인 주체)로 불리는 탈근대의 주민들의 특징이다. 하나의 일원화된 중심을 거부하고 다양한 방식으로 수렴되는 과정을 거친다. 온·오프라인과 같은 물리적 공간에 제약받지도 않는다. 이들은 접속할 수 있는 통로가 있다면 어디든지, 어떻게든 서로에게 닿아 소통하고 역사의 흐름을 다종다양하게 만들 수 있다. 기득권을 가진 어떤 담론도 그대로 수용하지 않는다. 각자의 만남이 이루어지는 과정 속에서 다양한 해석을 만들어낸다. 현재를 사는 우리들의 시선으로 세계를 바라보고 이를 다양하게 구성한다.

유목적인 주체들이 바라보는 역사 또한 기성세대가 바라보던 방식과 차이를 보인다. 하나의 권력이란 중심에 동의하거나 반대하는 이분법적인 대결구도를 그대로 받아들이지 않는다. 다양한 관심사와 취향 및 의견을 반영하듯, 비주류적인 것으로서 지금껏 주목받지 못한 역사에 대해서도 해석의 여지를 남긴다. E. H. 카(E. H. Carr)가 "역사는 현재와 과거의 끊임없는 대화"라고 말했듯, 탈권위주의적인 구성원들의 태도는 역사 또한 다양한 방식으로 해석을 가능하게 했다.

'고통으로 점철된 역사'라 여겨지는 시대 또한 예외는 아니다. 다양한 방향으로 튈 준비가 되어 있는 유목적 주체들은 괴로운 경험으로 점철된 역사 또한 비틀어보는 가능성을 보인다. 개발독재정권에 맞서 싸우던 개발독재정권 시대도, 일제의 폭압에 맞서 싸우다 죽어나간 독립투사들이 살던 시대도 모두 예외는 아니다. 고통스러웠을지언정 지금의 자기처럼 개인적인 삶과 사회를 동시에 고민했을 인간적인 모습의 총체적인 삶에 대해 관심을 가진다. '선한 의지로 열심히 투쟁하던 열사 또는 독립투사'뿐만이 아니라 사랑, 가족, 진로 등을 동시에 고민한 인간들이 살았던 당시를 바라보는 것이다. 이러한 시선은 2008년 서울 시청 광장만큼이나 역동적이었을 과거를 복원시키는 힘이 된다.

2. 그 시대에도 살았을 청춘들의 이야기

KBS <경성스캔들>(2007)은 탈권위주의적 주체들이 과거를 바라보는 방식을 드러낸 작품이다. 1930년대 경성을 배경으로 20대 남녀 네 명의 이야기가 펼쳐진다. 하지만 드라마가 그리는 경성은 지금껏 우리가 배워오던 1930년과 상당히 다르다.

댄스홀 '파라다이스'에서 비밀 댄스파티가 밤마다 열리고, 황색저널리즘을 표방하는 '지라시'는 당대 연예인에 버금가는 인물들의 가십거리를 발굴한다. 경성 최고의 카사노바 선우완(강지환 분)은 '단 10분(just 10minute)!'을 외치며 세상일에 무관심하고, 기생 차송주(한고은 분)는 일본인 최고 관료들을 접대하며 주가를 올린다. 심각하고 진지한 자세로 친일인사나 일본인 관료를 처단하는 독립투사들이 등장하지 않는 상황은 그 자체로 '스캔들'이라고 할 만하다.

주인공 선우완, 나여경(한지민 분), 차송주, 이수현(류진 분) 네 인물의 관계는 시대의 엄혹함에 어울리지 않을 만큼 낭만적이다. 이들은 "연애는 조국 해방을 위한 가장 강력한 혁명전술"이라면서 호감을 갖는 상대에 대한 마음을 숨기지 않는다.

'조선의 마지막 여자'라 불리던 나여경과 연애를 하겠다는 지라시 친구들과 내기를 걸었던 선우완은 나여경을 진심으로 사랑하며 '조국에 대한 사랑'에도 눈을 뜬다. 비밀결사조직인 애물단의 수장인 이수현은 조직원인 나여경을 보호하기 위해 '거짓 연애'를 지령으로 내리며 자신을 좋아하는 차송주의 마음을 심란하게 만들기도 했다.

사랑의 감정이 깊어지는 순간순간은 이들이 성장하는 과정이기도 하다. 연애에만 관심이 있던 룸펜인 선우완은 나여경에게 "네가 나한테 혁명이 뭔지 가르쳐줘. 그럼 내가 너한테 사랑이 뭔지 가르쳐줄게"라며 조국을 해방시키는 과정에 동참할 것을 표현한다. 나여경은 순사인 이강구에게 구타당한 선우완을 보며 좀 더 철저하면서도 현재의 삶의 행복에도 관심을 가져야겠다는 깨달음을 얻는다. 소시민적이던 '지라시' 기자들도 어여쁜 차송주가 애물단원인 것을 눈으로 확인하고는 용기를 내어 자기가 할 수 있는 수준의 실천에 동참한다.

<경성스캔들>의 시대에 사는 1930년대 경성의 젊은이들은 사랑 때문에 울고 웃는 평범한 청춘들이다. 2000년대를 사는 젊은이들과 별반 다르지 않게 그려진다. 하지만 이들이 연애만 하는 것은 아니다. 사랑하는 사람과 행복한 삶을 꾸리기 위해, 조국 해방에도 관심을 갖게 된다. 이를테면 '조선 독립'이 곧 당시의 '생활형 이슈'가 된 셈이다. 부조리한 정치탄압과 차별이 이루어지는 세계가 아닌 내 가족, 친구들과 행복하게 사는 사회가 되었으면 하는 바람이 일제에 반기를 드는 힘이 되었다. 악독한 친일 인사(또는 일본인 관료)들인 '칠필살(七必殺)' 처단과 마지막 회에 이루어진 '파라다이스' 총격신은 연애하던 청춘들이 사회에 참여하던 모습을 드라마틱하게 그려냈다.

<경성스캔들>이 보인 키치적인 표현 방식도 지금껏 일제시대를 다룬 드라마와는 차별성을 보인다. 완과 여경이 드라이브를 갔다가 비를 맞아서 고립된 장면을 상상하며 호들갑을 떠는 지라시 기자들의 모습이나, 내기에서 진 '지라시' 기자 신세기가 누드사진을 찍어야 한다는 상황설정은 상당히 코믹하게 그려진다. '지라시'의 가십기사만큼이나 선정적(?)으로 보일 수 있는 모습들은 일견 철딱서니 없어 보이지만 다양하게 읽힐 수 있는 성격을 인물들에게 부여하는 데 일조한다.

<경성스캔들>이 바라본 경성에는 역사교과서에서 다룬 엄숙함이 들어 있지 않다. 드라마는 각자 개인사적인 아픔을 안고 살아가는 젊은이들이

당시 했을 법한 고민과 실제 행동들을 현대의 감각으로 재기발랄하게 그려냈다.

이는 일제시대를 바라보는 오늘날의 시선이 과거와는 다른 방식으로 대화했다는 얘기이기도 하다. 역사 교과서가 그리는 일제의 폭압, 그동안 대중매체들이 수없이 만들어온 일제의 악마적 행태가 아닌 '숨겨진 1인치'의 역사에 대해 우리들이 관심을 가졌기에 가능한 것이다. '내가 그 시대에 살았더라면 어땠을까'라는 현실적인 물음이, 다양한 고민을 했을 생활인으로서의 1930년대 경성의 젊은이들을 창조한 셈이다. 자못 가벼워 보이지만 상당히 진지하면서도 가슴에 와 닿는 인물들의 이야기는 화려하지는 못해도 열정이 느껴지는 1930년대의 새로운 텍스트를 만들어낸다.

3. 다양한 텍스트의 출현이 이어지길 바라며

<경성스캔들>은 1930년대를 살았을 젊은이들에게 새로운 숨을 불어넣었다. 좌충우돌하며 이들이 그려낸 경성은 2008년 한국만큼이나 역동적이고 다양하다. 평범한 젊은이들이 독립투사가 되어가고 연인과 조국을 함께 사랑하는 과정은 이 시대를 살아가는 젊은이들의 모습과 닮은 점이 많다.

기존의 역사 텍스트를 다르게 읽는 과거와의 대화는 앞으로도 지속될 것이다. <경성스캔들>이 새로운 해석의 첫 단추를 꿰었듯, 다른 해석도 충분히 가능할 것이다. <경성스캔들>에서 나여경이 선우완의 사랑을 받는 다소 수동적인 존재로 그려졌던 것은 아직 우리 사회가 여성을 주체로 인식하는 모습이 부족하다는 것을 반영한 것이라 볼 수 있다. 앞으로 우리가 사회적 소수자인 여성을, 나이 어린 세대를 능동적인 주체로 바라본다면 제2, 제3의 <경성스캔들>이 충분히 나오게 될 것이다. 1930년대 경성뿐만

이 아닌 1980년대 광주 등 아픈 기억으로 굴곡진 현대사의 순간들이 새롭게
창조될 수 있을 것이다. 2008년 우리가 전국에 수놓은 촛불만큼이나 다양하
게 재해석될 과거의 모습들이 기대된다.

방송, 소통의 미학

2008 좋은 방송을 위한 시민의 비평상 수상집

ⓒ 방송문화진흥회, 2008

지은이 ㅣ 방송문화진흥회
펴낸이 ㅣ 김종수
펴낸곳 ㅣ 도서출판 한울

편집책임 ㅣ 신인영
편집 ㅣ 양은주

초판 1쇄 인쇄 ㅣ 2008년 7월 15일
초판 1쇄 발행 ㅣ 2008년 7월 24일

주소 ㅣ 413-832 파주시 교하읍 문발리 507-2(본사)
　　　 121-801 서울시 마포구 공덕동 105-90 서울빌딩 3층(서울사무소)
전화 ㅣ 영업 02-326-0095, 편집 02-336-6183
팩스 ㅣ 02-333-7543
홈페이지 ㅣ www.hanulbooks.co.kr
등록 ㅣ 1980년 3월 13일, 제406-2003-051호

Printed in Korea.
ISBN 978-89-460-3940-7 03070

* 책값은 겉표지에 표시되어 있습니다.